给排水工程与市政道路

王宏图　姚　远　张宏伟　主编

吉林科学技术出版社

图书在版编目（CIP）数据

给排水工程与市政道路 / 王宏图，姚远，张宏伟主编 . -- 长春 : 吉林科学技术出版社，2020.1
ISBN 978-7-5578-6395-1

Ⅰ . ①给… Ⅱ . ①王… ②姚… ③张… Ⅲ . ①市政工程－道路工程－给排水系统－研究－中国 Ⅳ . ① U417.3

中国版本图书馆 CIP 数据核字（2019）第 299342 号

给排水工程与市政道路

主　　编	王宏图　姚　远　张宏伟	
出 版 人	李　梁	
责任编辑	端金香	
封面设计	刘　华	
制　　版	王　朋	
开　　本	185mm×260mm	
字　　数	310 千字	
印　　张	14	
版　　次	2020 年 1 月第 1 版	
印　　次	2020 年 1 月第 1 次印刷	

出　　版	吉林科学技术出版社
发　　行	吉林科学技术出版社
地　　址	长春市福祉大路 5788 号出版集团 A 座
邮　　编	130118

发行部电话／传真	0431—81629529	81629530	81629531
	81629532	81629533	81629534

储运部电话	0431—86059116
编辑部电话	0431—81629517
网　　址	www.jlstp.net
印　　刷	北京宝莲鸿图科技有限公司

书　　号	ISBN 978-7-5578-6395-1
定　　价	60.00 元

前　言

随着社会的不断进步，人们对城市道路的追求已经不仅仅是体现在道路上的安全和舒适，同时要减低道路与运营成本和道路的使用时间，所以对道路的要求将不再单一。路基的稳定性等一系列的使用性能对于道路都是至关重要，而路基的性能是受到路面积水影响，因此，道路积水的排除就成了另一个关键，积水不但影响交通安全还破坏了路的使用寿命，所以，在城市道路的设计中，必须要合理设计道路的给排水工程。

市政给排水的主要任务是对城市径流、生活污水、工农业废水的收集、输送、净化、利用和排放。市政道路给排水设施是城市基础设施的重要组成部分，市政道路给排水设施的好坏直接影响到城市功能的发挥，城市道路的使用寿命，同人们的日常生活息息相关。随着城市化进程的加快，城市水污染问题日益加重，优化城市市政道路给排水工程设计是解决城市水污染的有效途径。

本书将首先通过绪论对给排水工程和市政道路进行综述，然后论述水的利用和水源保护、市政给排水工程、给水排水管网、水质工程、城市道路工程、城市园林工程等部分进行了简要的阐述。

目 录

第一章 绪 论

近年来，随着我国城市建设的飞速发展，市政道路施工技术也有了进一步提高和创新，但随之而来的就是工程质量问题。由于市政道路建设工程中参与施工的工作人员水平参差不齐，施工操作不规范，施工中的质量监管体系不够完善，但为了消除市政道路施工所引起的不合格或不满意效果的因素，从而达到质量要求，就需要全面提高施工队伍的整体素质，真正做到按施工技术规范施工，按操作规程操作，才能避免或减少质量缺陷。

随着城镇化进程的不断加快，城市人口日益膨胀，同时全球气候变化莫测，城市市政公用设施落后的局面已无法适应目前形势的变化，近期已有多个城市出现严重的内涝现象，造成了极大的财产损失和极坏的社会影响，同时也暴露出市政工程质量缺陷等一系列问题。因此，改造完善市政给排水设施为当务之急，同时严抓给排水工程质量控制刻不容缓。

第一节 给排水工程综述

一、给排水工程施工管理与工程质量管理

（一）给排水工程施工管理与工程质量管理的重要性

给排水工程是保障城市正常运转的重要设施之一，其施工的质量与城市生活息息相关。随着城市化建设的不断推进，使得我国水资源日益紧缺，因此在给排水工程施工时一定要保证给排水工程的施工质量，保证其达到最大节水效果。给排水工程施工质量的好坏不仅影响到正常使用，更存在严重的水资源浪费现象，因此需要做好工程各方面管理工作。给排水管道的主要作用不仅是收集并输送城市产生的降水、生活污水和工业废水，还能为生活居住在城市的人群创造一个安稳舒适的生活环境，维护生态的平衡，确保城市经济和环境的可持续发展。但是，给排水系统具有一定的特殊性在施工时应采取施工相对的措施，因其管网大部分深埋地下，通常情况管网出现问题，难以及时发现并进行处理，如果发生问题，就会影响居民正常的生活与生产，因此，对给排水工程施工管理与工程质量管理进行分析具有重要意义。

（二）给排水工程施工管理与工程质量管理存在的主要问题

1. 现场施工管理的问题

给排水工程现场施工管理问题主要原因在于施工企业一味地追求施工进度，还有不少单位仅仅为了自身的经济利益不惜违背最基本的职业道德，在施工过程中大肆偷工减料或大胆擅自更改给排水系统管道的设计路线等严重影响施工质量的情况也是存在的。同时，业主单位也有疏于对工程施工现场的有力监督与控制也是一个比较严重的问题，其表现主要体现在对工程主体的监控不明确，附属监督部门机构设置冗杂重叠，相关强制性的施工标准严重缺乏可实施性。这些问题归根结底就是单位管理人员思想意识上存在责任心不足、工作态度不严谨的问题，进而导致难以在实际的给排水工程施工管理与工程质量管理中发挥应有的作用。

2. 施工技术能力的问题

给排水工程施工管理与工程质量管理是一项复杂的系统工作，施工单位主要作为质量管理与控制的主体，应对工程的施工质量负主要的责任。给排水工程施工管理与控制主要的常见问题是企业规模小、资质能力有效、资金技术力量水平薄弱不足以承担工程建设施工任务却能够中标，还有在不同施工企业之间还经常出现"分包代管"或转包等不法行为，这些现象往往都会造成施工企业为图经济效益而不得不大幅度压缩施工工期，这样一来就给施工质量的管理与控制增加了难度，工程施工质量就更难以达到预期的质量要求。

3. 监理工作不到位的问题

给排水工程中的监理机构受委托于建设单位主要监督管理现场的施工质量，而在实际的现场施工中监理工作往往都会受到非常多的干扰因素，从而导致工程监理不严格。这一问题一方面是由于现场监理人员自身的道德素质水平低下或专业技能不足所导致，另一方面是与施工企业能否主动配合现场监理人员对施工质量监督与管理工作相关，出现一方面的问题都极有可能对给排水管道的质量管理造成消极的影响。

（三）加强给排水工程施工管理与工程质量管理的措施

1. 熟悉了解图纸

给排水工程施工前，相关人员首先必须熟悉了解图纸，认为需要做好以下几点：

（1）施工方与建设方、设计方、监理方进行四方图纸会审及技术交底。

（2）结合图纸深入施工现场了解本工程的基本全貌加管线总长度、管线走向、管材直径、检查井数量等，还有与工作面开挖有关的地形、地貌、地物等，特别要注意查明地下天然气、自来水、电力等交叉管线的位置，管线所属单位对施工单位进行交底，施工单位施工时做好标志及保护措施。

（3）依照图纸确定的桩号走向水准测量复测一遍，避免出错。由于提供的地形资料在图纸设计前有一定的时间差，所以，地形可能会随时间的变化而发生变化，就会对工程预算造价带来影响，这一点是应该引起重视的，并且要及时与评审单位联系进行评审。

2. 健全完善质量监管体系制度标准

目前，我国对城市道路的给排水工程的施工管理部门不够重视，没有一套完善的质量监督管理体系和制度标准。不专业的监管人员，不标准的管理制度，以及不完善的监管体系，都是影响城市道路给排水工程质量的重要因素。因此，需要对给排水管道的施工管理人员进行相关规章制度的培训，并号召大家积极与业内相关人员进行交流和沟通，通过研究和讨论确定出能保证给排水工程施工质量的监管体系和统一的标准制度。

3. 严格按照国家相关质量检验标准的执行

给排水管道是国家重点监管的城市建设项目之一，国家对其质量也有着严格的检验标准。在给排水工程施工质量管控中，质检人员要在深入理解和熟悉国家相关质量标准的基础上，对施工全过程进行严格的监督与管理。在给排水工程施工中，一旦发现违规操作或偷工减料现象，质检人员要及时制止，并上报工程管理部门，监督其尽快制定整改方案和改进措施。

4. 加强给排水工程的检验

在给排水工程施工中，施工单位要根据设计方案合理选择质量合格的管道材料，并且对其质量进行全面的检验。由于给排水管道对于管道使用年限的要求一般在 20 年以上，所以一定要对于管道材料的抗渗性、抗压性进行严格的检验，防止在使用过程中出现严重的渗漏或变形等质量问题。在给排水工程施工中，给排水管道的安装流程是否规范，对于施工质量的管控具有重要的影响。

二、给排水工程安全施工与质量控制

（一）给排水工程施工中的安全和质量问题

现如今，随着时代的不断发展，人们对于居住条件的要求正在不断地提高，这就对建筑工程当中的设施技术提出了更高的要求。因此在简述设计过程当中，应详细的考虑到给排水的相关问题，例如排水管材等，只有做好了给排水施工，才能够真正地满足人们的生活需求。在实际的给排水施工过程当中，一般有室内外供给水管大小不同、管道布局不合理等多种问题。

1. 给排水管容易受阻

立管较多的给排水管结构需要安装在转角处，当因环境因素不得不安装在门角或窗扇边时，必须保证在门窗能正常使用的前提下进行安装。

2. 水泵的使用不稳定

一般来讲，在实际的施工过程当中通常采用二次供水的方法来进行水泵的安装。在实际的使用之前，应了解水泵的规格等数据，同时掌握其运行模式。除此之外，在施工完毕之后，还应针对实际的使用情况进行调试。

3. 室内外供给水管大小不同

在施工过程中，可能会出现由于压力不够导致给排水系统运行不顺畅的情况，这时经常表现为室外的供水管距离建筑物比较远，供水管管径小于室内给水管。所以，在施工前需要详细掌握室内外供给水管的关系。

4. 地漏设置欠规范

为了避免因为地面泄水而妨碍人们的正常生活和造成不卫生的现象发生，设计地漏时应尽可能地避免安装在门口，在进行位置的选择设置时尽可能地考虑卫生环境关系。

（二）给排水工程施工中的安全和质量管理分析

给排水工程的施工阶段，要按照设计要求选择合格的材料，保质保量，并确保施工内容的落实，把握好施工的进度和效率，保证施工顺利进行。对水电做好调度工作，建立一套切实可行的质量控制体系，将各项任务进行及时合理的分配，并认真做好日常的质量控制记录。

1. 施工安全管理

在实际的施工过程当中，应注意做好安全检查工作，避免出现相应的安全问题。如果施工管沟需要占用道路，则应根据实际情况进行统一部署，保证道路通畅。此外，对于凉水塔的施工还应严抓防火工作，防止火灾事故的出现。

2. 施工质量管理

总承包单位要严格按照质量管理计划进行施工安排，严把质量关，并向所有的施工单位强调质量管理的重要性，在每一个质量控制点提前做好检查工作，确保合格之后再进行下一步施工。并且很有必要对施工单位的质量保证体系进行经常性的督查，保证其按照科学合理的操作进行各项施工，另外可以采用经济手段进行质量检验评比，从而引起施工人员的高度重视，推动施工质量按照要求顺利实施。

3. 提升安全和质量的措施

（1）加强施工安全管理

加强施工过程中相关工作人员的安全巡视制度，保证每周至少一次的安全巡视，及时发现和解决承包商在施工过程中出现的安全问题。在巡视过程中重点注意施工的人员安全问题、使用的机械设备、施工材料的规范使用、材料的质量保证以及施工技术的合理性等。只要出现任何安全方面的问题，都必须立刻进行改进和纠正，以防安全问题和人员安全问题的发生。

（2）增强施工质量管理

在给排水工程施工之前，应该做好严密的计划和安排，认真审查与核对工程设计图纸和设计文件，充分考虑其与现场施工的实际情况和要求的符合程度，找出相应的方法有效地避免管道与电缆之间、各个管道与管道之间、管线与梁柱之间出现的冲突。在水泥、混凝土管和沙石等方面，要检查它们的性能、规格及质量标准等是否与设计要求相符，必要时到厂家进行考察，对水泥和混凝土管等进行抽样调查。

第二节 市政道路综述

一、市政道路管理与质量提高

近年来，随着我国城市建设的飞速发展，市政道路施工技术也有了进一步提高和创新。但随之而来的就是工程质量问题。由于市政道路建设工程中参与施工的工作人员水平参差不齐，施工操作不规范，施工中的质量监管体系不够完善，但为了消除市政道路施工所引起的不合格或不满意效果的因素，从而达到质量要求，就需要全面提高施工队伍的整体素质，真正做到按施工技术规范施工，按操作规程操作，才能避免或减少质量缺陷。

（一）加强项目管理，提高工程质量

市政道路工程的质量的提高需要以标准来检验工程，以规范来衡量工程，只有这样市政道路工程才能得到保证。以下是提高市政道路工程质量管理的几个要点：

1. 组织统筹设计及前期的准备工作

在市政道路设计时，不仅要考虑长远的发展及城市长远的整体的规划，更要考虑的是城市市区雨水、污水的排放，这就要求在进行道路工程设计时要用高标准、高起点来要求自己。此外，对于市政道路的设计还应考虑到电力、燃气、给排水、通信等等专业的平面交叉及竖向布置，这样可以避免通车后出现破路、埋管等等现象的发生。

2. 建立优质施工队伍，增强质量意识

工程质量高于一切，加强对工程质量重要性的宣传，提高全体员工质量意识。施工队伍素质的高低，对工程质量起着决定性的作用，选取施工组织能力强，施工方法、工艺先进，机械设备精良，一支技术过硬，管理科学、合理，机械设备齐全，施工手段先进，综合素质较高的施工队伍，是保证工程高质量的根本。建立健全岗位责任制度，将质量责任落实到每个工作人员，提高责任心。还需要建立完善的质量管理制度以及与管理制度相适应的保障机制。质量管理制度应该从质量标准、人事管理以及技术标准等多个方面来综合

性的制定，而管理制度的保障机制主要有质量监督体制以及质量评价机制，等等。

3. 加强施工现场的技术管理

道路施工质量很容易受技术的影响，因此相关人员要注意修正一些常见的技术问题，技术路线也要做好监控工作，技术管理体现在很多环节，其中技工的岗前培训就是重要的内容，培训后的技术人员还需要考核，这对保证工程的质量有很大的影响；每个工序都离不开技术人员的操作，因此技工掌握标准化的技能是非常重要的；道路施工这项工程需要技工人员要不断更新自身的专业技能，而这需要相关工程单位的配合，在施工中运用新型的技术是符合道路建设的现代化需求的；技术管理的内容体现在多个方面，技术资料的管理在工程中发挥着很大的作用，因此相关单位要让专人负责这项工作。

4. 组织协调工作

工程项目按照施工组织设计并且围绕着质量、工期、成本等制定相应施工目标，在每个阶段、每个工序、每项施工任务中积极组织，力求达到平衡。当然，在不同的施工阶段、不同部位，对不同工作人员，甚至不同操作人员有不一样的要求，所以，对于基层施工人员和技术人员的组织协调控制方式不能千篇一律，基层施工人员和技术人员在施工阶段的组织管理中应区别不同情况，根据轻重缓急，把主要精力用在影响实现施工整体目标最薄弱的环节上去，发现偏离目标的倾向就应在施工过程中及时采取措施，及时补救。

（二）提高对施工材料及其设备的管理

1. 市政道路施工建设所需材料，必须是经过严格检验的完全符合安全要求的产品，市政道路施工建设所使用的材料，会直接影响到市政道路的质量，影响到人们的正常生活，但是在施工过程中，会因为种种原因而出现施工材料的隐患。比如选材人员的业务水平，会因为选材人员对材料质量、性能、作用等等方面的不了解而影响工程的质量，也可能在资金方面有所欠缺，为了节省项目投资提高项目利润而被迫选用了价格低廉的劣质商品，这样虽然解决了一时问题，但对工程质量的伤害是巨大的。

2. 加强对工程机械及设备的管理，随着市政道路工程建设机械化程度越来越高，在施工过程中所运用到的机械设备也相应增加（比如说搅拌机、压路机、压光机、摊平机、等等）。这些机械的运用从施工质量以及造价方面来考虑的话，这些机械设备我们就必须对其进行有效的管理才能确保这些机械设备能够在最佳的工作状态下以最合理的组合来实施市政道路的工程作业，从而有效地提高施工效率并在工程质量上得以保证，同时还能起到降低人工成本的目的。

（三）施工过程质量控制与管理

1. 对建设单位的质量行为控制与管理

市政应按照国家法律法规的要求将工程承包给一些有工商营业执照和具有市政基础道

路工程资质的施工单位。根据市政基础设施道路工程的特点，可以适当地配备一些专业的质量管理人员，依法行使工程监理。此外必须委托相应的资质单位进行再次监督，同时签订监理合同来明确彼此的义务与责任。

2. 对设计单位的质量行为的控制与管理

设计单位其实是市政道路工程设计的主要实施者，其设计的质量直接决定着此次工程的施工质量。所以设计单位的选择必须贯彻执行国家市政基础设施道路工程设计标准以及其他相关规定，还有设计单位必须有相关的资质等级许可，在其能够承受的范围内进行承包市政道路工程设计。

3. 对施工单位的质量行为的控制与管理

施工阶段对于市政道路工程质量管控来说是重中之重，因它不仅要求施工单位严格遵循国家有关施工规定，还要遵循设计部门进行审定，在施工过程中不得擅自更改工程方案及偷工减料，当这其中出现差错时，应及时反馈给监理单位或建设单位。

二、市政道路创新管理

（一）建筑施工管理创新的意义

经济不断发展的今天，在科学发展观的指导下，各行各业都需要掌握各种的市场信息，树立新的思想，从新的思维得到新的方法建立新的机制，从而完善自身的施工管理模式，探索出更加适合自身的发展途径。同时，随着现代企业的优化升级，我国的建筑业发展不断加快步伐，在施工中，取得质量和价格的优势，就要求企业在施工管理创新中求成败，因为施工的社会效益对企业的社会效益影响较大。我们要紧跟上施工管理创新的步伐，只有不断地在新的道路上前进，才能解决企业在发展过程中存在的问题，才能优化自身的发展结构，在创新的道路上稳步前进。今年以来，伴随建筑行业的崛起，各类型的工程项目活动都在城市中开展，而工程的施工与周围环境更为密切，它关系到城市居民的日常生活和工作，就需要我们不断地完善自身的施工工艺以及施工技术，以适应高标准的要求。工程建设所需的各种材料以及新工艺的涌现对施工企业带来了新的挑战，为不断适应新的市场环境，我们必须不断增强自身的施工技术管理水平，也要提高施工技术的优化程度。同时，施工建设大量新工种的出现及新型施工设备的不断应用都促使着市政工程一系列的技术优化。

（二）市政道路工程的特点和质量通病

1. 检查井和雨水井与路面连接处存在塌陷

在市政工程道路施工中，需要很多辅助设施来完成市政的整体规划，其中最为重要的就是多个检查井，雨水井和排水管道设置在行车道中。如果设置的井盖宽度较小，不利于后续的回填夯实作业。不能有效保证压实作业的施工质量。当雨水较大，道路排水困难时，就会使泥土更加松软，在不断受力情况下，就会出现塌陷情况。同时，在市政道路施工中，还存在管理和监督不严的情况，不能及时发现出现的问题，从而使得检查井，雨水井和路面连接地方出现塌陷现象。这种情况严重影响了路面的行车质量和安全，大大增加了道路养护成本和维修难度。

2.市政道路设计不合理

在设计阶段，市政道路工程整体设计内容不规范，在内容上、深度上以及广度上都很难达到要求和标准，严重影响着施工设计作用有效的发挥。在一些施工设计中，严重存在着重技术而轻管理的现象，导致在施工过程中，管理工作严重脱节。如果市政道路施工建设项目组织设计的技术人员，没有现代的管理理论知识，就会直接影响到施工设计的质量和施工管理工作的实施。

3.施工质量管理任务不明确

在市政道路施工过程中，普遍存在工程分包的现象，而且对工程分包没有明确的范围和定义，就导致一些施工单位在利益的驱动下，往往不顾实际情况，承担更多的施工工作和任务，就会导致施工管理不明确，认为增加施工管理的困难，使协调管理工作更为复杂。有些施工单位片面强调工期，忽视施工的质量；有些施工人员素质普遍较差，施工质量意识很差，对施工管理没有足够的重视，对施工的质量控制不到位，落实力度不够，这严重影响施工质量和进度。

（三）市政道路施工管理创新要点

1.机制管理创新

保证施工安全且高质的完成就需要从施工基础的每一个环节入手，就需要建立和完善现有的管理体制。管理人员在施工过程中起到重要的监督作用，这需要监管人员对施工过程进行全面的、多方面的检查。要及时地调整和解决检查出来的安全问题以及质量问题。在每次检查之后，要进行相应的记录和汇报，以便给施工人员进行提供参考以及作为技术管理的参考依据。充分调动设计人员的积极性，减少人员的行政干预，放权给技术人员，避免发生重大的质量事故。

2.人员技术的创新

施工人员参与施工单位的技术培训工作，并检查培训结果。对施工人员的技术水平要求进行提高，确保在施工过程中，施工人员的技术能力能保证工程的质量以及其自身的生命安全。合理的确定每天的休息时间以避免因工作人员的疲劳工作出现相应的安全事故，可根据不同人的体力、情绪、治理等安排其工程施工作业，科学合理有序地组织工程施工，进行人性化的管理，加强技术措施、管理措施。所有和施工有关的人员，都必须参与安全管理并在管理中承担责任，并签订安全责任书。

3. 化工工序质量创新

一般工序即为对市政的相应的道路桥梁中的产物造成了较小的影响的工序。关键工序即为对相应的市政工程影响较为严重的施工工序。然而不管是怎样的工序，都需要相应的监督管理团队进行较为全面的把控与了解，进而对其进行科学有效地控制。同时为了使得相应的市政工程在施工过程中不出现任何的意外，就需要施工单位与施工单位之间的工作交接做到位，在进行交接工作的时候，可以适当地进行较为深刻与全面的交流讨论，相互之间总结经验教训，并且施工单位之间也要及时指出其中市政施工工程中存在的哪些不足需及时改正。

三、市政道路工程项目管理

（一）市政道路工程项目管理工作难点

1. 工期有限

市政道路工程主要施工范围在市区内部，会在一定程度上影响周边居民生活和出行，为了减小对附近民众影响，通常工期规定时限较短。如何在有限时间内保证工程质量和功能，需要工程建造部门相互协作，实现各项工程完美对接，实行难度非常大。

2. 环境影响

市政道路是城市主干道，周边人口分布比较密集、施工空间比较狭小、公共设施比较多，稍有不慎，会造成人员伤亡、施工材料损坏、破坏公共设施。种种不良操作都使项目管理工作十分困难。

3. 拆迁赔偿

由于市政道路建设在闹市区，处于地价较贵位置，施工前期拆迁时，会出现赔偿金谈不拢现象。例如，有些居民漫天要价，超出工程预算，延缓工程进度。设定赔偿计划，既要符合预算，又要让居民满意，是一个难题。

4. 地下管线

为了增大城市利用空间，许多生活管道一般埋藏在地下。水资源供应、燃气输送、电力传递管道在地下交叉分布，错综复杂。在进行市政道路工程建设时，稍有不慎，破坏相应管道，会引发触电事故、燃气中毒。施工人员要具有较高技术能力，注意地下管线排布状况，合理铺设市政道路，防止出现管道破损、路面地基不牢。因此，地下管线排布对市政道路工程项目管理是一个非常大的考验。

（二）市政道路工程项目管理具体强化措施

市政道路工程项目管理工作要以工程建设为基本条件，实现全方位强化措施，具体操作从资金投入、建筑质量、建设进度、施工安全几个方面入手落实。

1. 资金投入

在建设市政道路之前，需要进行拆迁赔偿和资金预算两方面资金统筹工作，强化道路工程项目管理就要实现对资金合理控制，保证建设资金能够维持正常施工。

（1）拆迁赔偿

在进行施工之前，要考虑生态环境、公共设施、居民建筑拆迁问题，进行分析预算，将拆迁赔偿进行统计，能够符合投资标准。例如，某某夸大拆迁资金数目，若进行赔付，会影响市政道路工程资金链供应，导致工程建造得不到保证，所以最后投资方放弃资金投入。在进行拆迁赔偿时，要与拆迁户签订补偿协议，保证施工正规化，杜绝发生多次索要拆迁款现象。在进行拆迁费预算时，人员要加强细则处理，避免后期施工时，由于民众纠纷造成工期延误。

（2）资金预算

资金预算对市政道路工程招标与设计环节起到重要作用。招标工作的资金预算能够让招标者与投标者快速达成共识，让市政道路工程快速投入施工状态。在进行投标预算时，要周详分析工程所需资金，防止施工过程中资金链断裂，烂尾工程现象发生。设计环节中，要请专业人士进行实地考察，获取市政道路地下各种管线排布图，根据管线铺设方式、交错情况，合理设计道路规划方案，保证施工过程中不会出现破坏管道，造成居民生活不便，也避免二次返工，造成大量经济损失。合理的设计方案与招标意向书能够有效强化市政道路工程项目管理。

2. 建筑质量

要想得到理想态市政道路工程建筑效果，应对建筑质量实行项目管理措施。市政道路工程是城市的主要运行道路，建筑质量问题关系人们出行安全，质量不标准，可能造成人员伤亡、车辆损毁，不仅威胁个人利益，还会对社会和谐造成不良影响。在市政道路建造过程中，要加强监督工作，保证工程质量符合外观美学和内部功能学标准。建筑质量主要有以下几个方面：

（1）在施工过程中，保证人员按照规定操作，减小操作不当让路面不光滑、整体发生漏油、局部结构不稳定状况出现，影响城市美观和妨碍交通。

（2）道路铺设时，要具备极好流畅性，避免坡度过大、转角过急、摩擦过强、尺寸超标，引起交通事故发生。

（3）要加强路面维护工作，防止道路坑洼和断层状况出现，埋下交通安全隐患。

（4）要合理设置排水管道，避免路面积水，引起建筑质量变化，破坏道路性能，增加出行危险。

（5）要设置相应公共设施，做好细节处理。比如加强道路边缘石、人行道护栏、盲道识别砖等设施建设，有效提高市政道路工程质量管理。例如，可以在人行横道两端设立智能栏杆，当红灯亮时，一旦有人路过，会喷洒水柱，阻止人员通行，信号灯变绿后停止喷射。添加这种设备，能够提高建筑质量，让出行更有序，减小事故发生率。

3. 建设进度

通过调整建设进度，能够强化市政道路工程项目管理。建设进度控制工作能够让资金链维持工程所需，让工程在规定时限内完成，保证工程质量和功能达到设计水准。在建筑过程中，要对一些原有设施进行拆迁处理，在拆除前要进行合理规划，对于能够不影响路面建设的公共设施采取保留，加快工程进度；对于一定要拆除的基础设施，尽量保持其完好性，方便进行回收利用，减少采集工作，浪费施工时间。在正常施工时，要对材料种类、尺寸、规格等做好统计，采集足够建材满足施工需要，避免二次购材消耗大量人力、财力，拖慢工程进度。另外，使用高端施工设备能加快工作效率，缩短建设进度。

4. 施工安全

市政道路工程规模较大，施工工艺复杂，涵盖内容比较广、周边环境因素影响较多，很可能由于一个环节疏忽，造成严重安全事故，所以施工安全是强化项目管理中比较重要的一环。

第一，加强人员安全意识，让施工人员在施工时规范操作，减少失误率。例如，可以举办案例分析大会，探讨各种由于人员失误造成意外，用惨重代价震慑员工，提高员工警惕性，集中注意力干好本职工作。

第二，对于施工方案中各项施工环节，做好危险预估，做好防范措施。例如，在施工场所布置防护围栏，减小建材掉落隐患；为人员配备高端防护装备防止机器误伤；设置消防排水管道，防止施工途中出现火灾现象。

第三，加强施工材料保管工作，对于还未投入使用材料，进行专门安放，防止与其他建筑材料相互反应，造成材料损失、火灾蔓延、爆炸事故，埋下安全隐患；对于施工废料进行统一处理，防止其污染环境，造成生态失衡，对人们生存造成威胁。例如，南方某工厂废料处理不当，引起河水污染，出现罕见"红河"现象，造成大量人员恐慌，社会负面影响非常严重。

四、市政道路工程的质量影响因素与控制措施

随着我国经济的快速发展，城市市政基础设施道路工程建设规模越来越大，加强工程质量控制尤为重要。畅通的道路，快捷的交通，作为一座城市的窗口，直接反映了城市的管理水平。市政道路工程具有线长、沿线地质水文条件多变、结构终年外露的特征，同时，城市道路的地下、地面及空中，由于管线、路面、过街地下通道或过街人行天桥的立体分布，各种城市公用设施、交通设施与道路建设同步建设，又加大了工程的复杂性。所以，工程相关的主体必须实施科学的管理方法，确保市政道路工程的质量。

（一）城市道路当前现状

1. 城市路面塌陷裂缝

塌陷裂缝是沥青路面最常见的破坏现象之一，随着使用年限的增加，不论路面基层是柔性的还是半刚性的，都会出现塌陷裂缝现象。还有路面辅助设施多，有很多雨水井都设在行车道上，还有不少排水干管及检查井也设在行车道上，因此，当其井背宽度较小时，回填夯实就十分困难，压实度检查也难以进行。施工中经常发生的疏忽或监控不严，必然使道路发生变形，工程出现质量问题，导致常见的雨水井及检查井与路面接缝处出现塌落缺陷，造成行车中出现跳车现象。造成年年返修。

2. 车辙

车辙是在行车荷载重复作用下，路面产生累计永久性的带状凹槽。在正常情况下，车辙有三种类型：

一是由于荷载作用超过路面各层的强度而产生的结构性车辙。

二是沥青混凝土侧向变形造成的流动性车辙。

三是由施工中沥青面层本身的压密问题所造成的车辙。

路基的强度和稳定性是保证路面强度和稳定性的基本条件，破坏得比较严重。

3. 路面不平，水破坏

路面经过碾压，但凹凸不平部分的峰谷长度小于碾轮接触面，即出现疙瘩坑表面，由于，密实度不好，突起部分密实度高，低洼部分密实度差，从而造成路面结构层的密实度和强度也不均匀。再就经过雨季雨水的渗透以及冬春季节的雪水水分积聚，使软黏土基中会渗入大量水分，大大降低了结构的稳定性，支撑不住路面结构，导致路面变形破坏。还有早期施工时破坏现象表现为：唧浆，沉陷，沥青从集料表面脱附等。唧浆是由于沥青面层透水和路面结构内部排水不畅，降水或路表积水通过面层中的空隙渗入路面并长期滞留，浸泡和冲刷基层材料中的结合料而形成灰浆，在行车荷载的作用下，灰浆透过沥青面层空隙被挤压到路表，形成大面积泛白的现象。沉陷是因为唧浆达到一定程度出现的路面沉陷现象，路面此时会显得凹凸不平，从而给通行的车辆带来不便。

（二）影响市政道路工程质量的因素

1. 市政施工图审查

现在国家有建筑施工图设计文件审查办法，但是市政工程施工图设计文件审查管理办法方面还是不健全，这使市政施工图审查机构在审查市政施工图时有些审查难以操作。许多地市县施工图审查机构，无市政施工图审查资质，无相应资格专业人员，这就使施工图审查批准制度难以得到切实贯彻，发挥其应有的作用。

2. 投标单位资质审核

很多企业外借资质证书或挂靠施工资质企业的小包工头、小建筑公司虽然已中标，但多数施工实力有限，既无机械设备也无专业技术人员，形成了中标公司不施工，施工单位无能力的不良局面。这不仅影响了工程的施工进度，而且直接影响了工程的整体质量。

3. 施工单位

施工单位想方设法扩大变更工程量或虚计变更工程量。在路基原地质达不到道路承载力要求，需要换填其他材料时，施工单位往往有意识地以各种借口扩大换填量，横向上面积增加，纵向上深度加大，实际变更工程量远远超出经济变更工程量，加大了政府投资。还有一些施工单位采取特别低劣的手法，使可不变更工程成为变更，使变更量小的工程成为变更量大的工程。如个别施工单位借靠自然条件，将不应排入或可绕开路基或应采取措施排除的雨水、河水、污水等排入、存入或通过路基段，使得原本符合工程质量技术要求的，经过水的浸泡而不合格，最终导致换填材料或抛石挤淤，这样就加重了工程量。同时由于积水的存在，给实测原地面高程带来困难，给施工单位弄虚作假、虚计工程量创造了机会。从而也影响了道路的工程质量。

4. 基本程序环节

（1）决策是前提

项目建议书和可行性研究报告是工程建设的根本，它是投资、质量和工期控制的基本依据，关系到工程项目建设资金保证、时效保证和资源保证，决定了工程的设计、施工是否符合规定的标准（如不同市政道路等级）以及能否达到规定的质量目标。项目决策应充分考虑投资、质量和工期等目标间的对立统一关系，确定项目应达到的质量目标和水平。项目建议书必须真实地反映项目建设现状、规划方案和未来需求。可行性研究必须在细致调查的基础上，严格地从技术、经济、环境和社会效益等方面进行科学分析，并有严密的论证依据和审批确认手续，待准备工作完成后方可施工。

（2）勘测设计是基础

工程施工是需要一个根本的东西，这个根本的东西就是勘测设计。举例说：一个城市的市政道路选线，这就需要我们准确反映市政道路的自然条件，然后设定市政道路的平面位置和纵横布置、结构大小类型、材料类型和组成等工程实体要素．这就决定了市政道路的实用性，也进一步决定了施工的难度和质量成本。没有高质量的设计就没有高质量的工程。倘若设计自身就出现了漏洞和缺憾以及不具有人性化，方案设计狭隘，那么这样必然导致豆腐渣工程的出现，所以说：设计是工程的灵魂。

（3）施工是关键

施工是指按照设计文件和相关标准规范将设计意图付诸实现的测量、作业、检验、形成工程实体并提供质量保证的活动。人们常说："工程质量是干出来的。"工程质量的好坏起着决定作用的就是施工。任何完美的设计蓝图都要通过施工来体现。在施工中如果发现与设计不相吻合，就要通知设计部门及时修改。要做到设计与施工相配合。在施工中还要注意使用的材料、设备及工艺等等具体的配套措施。严格按照施工规范进行施工，才能建设出优质的道路。

5. 建设工程作业要素

（1）施工组织

是指直接参与工程项目的组织者、指挥者和操作者。就工程而言，人在其中扮演着决定性的作用。人的主观能动性的发挥以及素质是衡量工程质量的重要因素。工程人员的素质包括很多，例如：管理水平，控制水平，技术娴熟度以及个人的道德品格等等诸方面。要完成一项保质保量的工程就要不断地提高人的各项素质以及改善劳动条件等，这样才能激发施工人员的劳动热情和高潮；不断提高个人对待质量安全的意识，使其注重质量对工程安全的重要性；不断加强人员的技术培养和考核，提高专业知识；提高个人的职业素养和良好的工作心态。

（2）材料

市政道路工程材料包括构成工程实体的各类原材料、半成品（混合料）和成品（构配件、产品、设备等），种类繁多、性能各异。工程材料是工程建设的物质基础，因此，材料质量是工程质量的基础。材料选择、组成是否合理，质量是否检验合格，运输、保管、使用是否恰当等，都直接影响工程实体的内在质量和外观，影响工程结构的强度和承载力，影响路面使用性能，影响工程的使用寿命。认真检查进场材料，严禁不符合规格的材料进入施工场地。如果发现不合格的材料应及时改正措施。

（3）机械设备

施工设施、生产设备、运输设备、操作工具以及测量仪器、试验检测仪器设备等都是施工必备的，是现代化工程建设和质量管理不可缺少的设施，应满足工程项目的不同特点、设计要求和工艺要求，要合理选择，正确使用、管理和保养。为施工提供保障。

（4）工艺

施工工艺主要是指工程施工现场采用的施工方案、技术措施、工艺手段、施工方法和控制流程等。市政道路路基路面、桥涵、隧道、交通工程设施等都有非常严格的施工工艺控制要求。按照工序进行施工，要彻底清除垫层表面的浮砂、浮土和杂物，如局部地段垫层损坏，则清理干净后用二灰混合料填补并碾压，经洒水后再正式摊铺二灰层，对拌好的混合料进行压实试验，以便确定压缩系数或松散系数，以此确定每个断面的松铺厚度，由于配合比和材料的差异，每天应首先做松散系数的试验，然后再进行大面积摊铺；摊铺时对宽度、高度、平整度和横坡度进行质量监控；采用饱和洒水碾压，25t（250kN）振动压路机第一天压6～8遍，第二天再压4～6遍，二灰稳定碎石基层即成型；通过7天的湿式养生后，工程处进行质量自检，整理有关技术资料，请监理进行检查和请求弯沉测试。

（三）提高市政道路工程质量控制措施

为了消除市政道路施工所引起的不合格或不满意效果的因素，从而达到质量要求并获得经济效益，就需要做好质量控制的工作。

1. 原材料质量控制

在市场经济的环境下，各种材料销售名目繁多，对采购人员极易产生误导，一定要严把材料关。重点要做到"两看一检"，即：

（1）看厂家资质

选择有国家认证的生产许可企业，有一定的技术检验、资金雄厚、社会信誉度高的生产厂家，随时掌握材料的质量、价格、厂方的供货情况。

（2）看产品质量报告

对原材料、成品、半成品、构配件、设备必须有出厂质量合格证书、出厂检（试）验报告及复试报告，并注明使用工程项目名称、规格、数量、进场日期、经办签名及原件存放点。

（3）对材料进行抽样检查

材料进入施工现场前必须按现行国家有关标准的规定抽取试样，交由具有相应资质的检测、试验机构进行复试，复试结果合格方可使用，递交材料。

2. 测量质量控制

由于市政道路工程的线型布置特点，平面控制点通常按复合导线布设，市政道路由于建筑物、构造物较密，地下管线复杂加之排水管道定位精度要求相对较高，因此应提高其测量精度，以免发生配套管线碰头和擦边现象；市政道路工程高程控制一般按线路布设成复合水准路线，水准点的布设应有永久性水准点和临时性水准点两种，在路线起、终点和需长期观测的重点工程附近宜设置永久性水准点，应标志明显、牢固、使用方便，高程测量的精度要求不低于三等，并按有关规范规定的观测计算方法进行复测并签证，测量控制要严格按照二级复核程序要求，即施工单位放样、复核无误后，报监理复核，误差值必须控制在允许误差值内，并及时完成测点任务后加以测量保护，监理检查、记录并复核签收。

3. 施工过程控制

施工方法在市政道路工程质量起着决定的作用。施工方案必须实行分级审批制度，在每一分项工程施工的都要按照方案来进行。道路施工主要工序为：

排水沟→沟槽两侧回填振实→道路路基挖填、路床→车行道基层→车行道混凝土面层→砌路沿石→人行道路基→人行道基层→预制人行道砌块铺砌→结工。

开工项目经理应按施工规范、操作规程、质量标准对每道工序进行技术交底，严格控制各工序的质量，每个工序的分部、分项需设计、质监、监理依规检验合格后才能进行下一道工序施工，做到每道施工工序完成，质量保证。

4. 路基及土方质量控制

路基及土方工程施工中常见的质量问题有：路基局部沉陷、边坡滑塌、路堤失稳、基底压实度达不到标准、路基弹簧、路床积水，挖方时土方坍塌、侧移、下陷、超挖、放坡不到位，回填土标高厚度不控制、不密实、表层不平整、不均匀下沉等。对此，可以采取以下控制措施：

（1）路基及沟槽的中线、边线经复测合格，水准标高放到现场并经复验，原有管线以及邻近建筑保护落实后，方准予施工开挖。

（2）选用级配较好的粗粒土作为填筑材料，同时要严格控制土的含水量，土方路基及沟槽应分层填筑和压实，每层的压实厚度不应超过20cm。

（3）同一水平层应采用同类材料，不得混填。

5. 混凝土路面施工质量控制

在混凝土路面工程施工中，通常会出现混凝土配比不符合要求、和易性不好、抗压抗折强度低、路面出现裂缝、露石露砂、蜂窝、胀缝不贯通、传力杆失效等问题。对此，可以采取以下控制措施：

（1）在混合料配合比设计中，单位水泥用量不应小于300kg，以保证水泥混凝土有足够的强度、耐久性及抗腐蚀性。

（2）在施工中，对混凝土的坍落度及水灰比根据施工条件的不同进行适当调节，因各地施工方法不一，气温影响不同，采用坍落度大小也有差异，一般为1～2.5cm，城市道路最大水灰比不应大于0.5；混凝土的单位用水量，应按骨料种类、最大粒径、级配和掺用外加剂等通过试验确定。

（3）在浇筑混凝土路面时，应将基层浇水湿透。混凝土采用平板式振捣器振捣时，振捣要均匀、到位，砂浆层厚度控制在5mm范围内，沿模板边、接口边的混凝土要灌实，先用插入式振捣器仔细振捣，再用平板式振捣器振实。

6. 工程验收把关

由参与工程建设活动的建设单位、监理单位、施工单位共同对建设项目的质量进行验收及评定，并由政府交通主管部门和质量监督机构依法进行监督检查，是对市政道路工程质量进行最后确认，验证施工技术是否符合规定的技术标准、能否交付使用把好最后一道关。市政道路工程验收工作应当做到公正、公平和科学。

第二章 水的利用与水源保护

水是人类发展不可缺少的自然资源，是人类和一切生物赖以生存的物质基础。不论是生活或是生产活动都离不开水这一宝贵的自然资源，水既是人体的重要组成，又是人体新陈代谢的介质，人体的水含量占体重的2/3，维持人类正常的生理代谢，每天每人至少需要2～3L水。同时工业生产、农田灌溉、城市生活都需要消耗大量的水。随着人口的增长，城市化、工业化以及灌溉对水的需求日益增加，21世纪将出现许多用水紧缺的问题。但是当今世界，水资源不足和污染构成的水源危机成为任何一个国家在政策、经济和技术上所面临的复杂问题和社会经济发展的主要制约因素。

第一节 水资源利用

一、我国水资源现状

（一）水资源贫乏，供需矛盾突出

我国水资源总量不少，但人均、亩均水资源量很少。我国水资源总量为28124亿立方米，其中河川径流27115亿立方米，少于巴西、苏联、加拿大，居世界第四位。但我国人均水量只有$2350m^3$，只有世界人均占有水量的27%。根据149个国家按1990年人口统计的人均占有水量由多到少排列，中国排在第110位。耕地每公顷平均水量$27867m^3$，约为世界的3/4。可见按我国人均拥有水量及单位面积耕地拥有水量来看，我国是一个水资源比较贫乏的国家。

据预测，到2000年即使充分挖掘现有水利工程潜力，兴建一些新的水利项目，全国可供水量总量预计为$6678 \times 106m^3$，仍缺水$418 \times 108m^3$。

（二）水资源地区分布不均匀

我国水资源地区分布不均匀，水资源的分布与人口、耕地的分布不相适应。我国北方人口占全国总人口的2/5，但水资源占有量不足全国水资源总量的1/5，南方人口占全国的3/5，而水资源总量为全国的4/5。北方人均水资源拥有量为1127立方米，仅为南方人均的1/3。在全国人均水量不足$1000m^3$的10个省区中，北方即占了8个，而且主要集中在

华北。华北地区人口稠密，其人口占全国的 26%，但水资源量仅占全国的 6%，人均水量仅为 556m³，不足全国人均的 1/4。另一方面，北方耕地面积占全国耕地面积的 3/5，而水资源量仅占全国的 1/5。相反，南方耕地面积占全国 2/5，而水资源量却占全的 4/5。南方每公顷耕地水量 28695m³，而北方只有 9645m³，前者是后者的三倍。

（三）水资源时间分配不均匀

我国水资源年内、年际变化大，年内雨季又比较集中，水旱灾害频繁发生，枯水年和枯水季节的缺水矛盾更为突出。对我国农业来说，旱灾甚于水灾。干旱已成为我国农业最主要的自然灾害。干旱的严重性表现在以下几个方面。首先，我国干旱受灾面积远大于洪涝受灾面积。据 1950—1990 年资料统计，我国年平均干旱受灾面积 2085 万平方千米，洪涝受灾面积 842.5 万平方千米。即使在 1991 年，江淮地区发生了特大洪涝灾害，这一年全国旱灾面积仍大于水灾面积。其次，干旱发生的次数多于洪涝发生的次数，在 1951—1990 年的 40 年中，全国发生干旱 300 次，发生洪涝 236 次。再次，干旱灾害是影响农业产量的最主要的自然灾害。新中国成立以后全国粮食单产多次下跌都是由于旱灾引起的。而且，干旱还具有连发性和连片性等特点。1876—1878 连续三年干旱，遍及河南、山西、陕西、甘肃、山东、安徽等 18 个省。这次干旱是我国近代各次自然灾害中最严重的一次灾害。在旱灾中心地区，80% 的人被饿死，死亡人数达 1300 万。1959—1961 年也为全国范围的三年连旱，长江、淮河、黄河和汉水流域等广大地区遭受严重干旱，这次旱灾是我国新中国成立以后最严重的一次自然灾害。三年共减产粮食 600 多亿千克，相当于 1950 年全国的粮食总产量，或相当于 1958 年粮食总产量的 61%。这三年连旱，再加上其他一些因素的影响，对我国国民经济造成了十分严重的危害，全国粮食产量直到 1966 年才恢复到 1958 年的水平。

（四）水污染日趋严重

自 20 世纪 70 年代以来，我国就开始开展了水资源保护工作。但随着经济建设的发展，人口的增加，乡镇企业的发展，不仅用水量大幅度增加，而且废水排放量也相应增加，全国水环境总体上呈恶化趋势。

根据 1993—1995 年水利部组织的中国水资源质量评价，在评价的 700 余条河流中，水质良好的只占评价河长的 32.2%；受污染的河已占评价河长的 46.5%。在全部评价河长中，有 2.5 万千米的河段水质不符合渔业水质标准，90% 以上城市水域污染严重。1993 年全国污水排放总量达 356 亿立方米，其中 80% 以上未经处理直接排入江河湖库，是我国目前主要的水污染源。有的大江大河已形成了岸边的污染带，不少支流小河成了排污沟。在 1984—1995 年十年中，污染河长增加了 1 倍以上。在全国七大流域中，太湖、淮河、黄河水质最差，约有 70% 以上的河段受到污染；海河、松辽流域污染也相当严重，污染河段占 60% 以上。河流污染情况严峻，其发展趋势也令人担忧。从全国情况看，污染正从支流向干流延伸，从城市向农村蔓延，从地表向地下渗透，从区域向流域扩展。

由于排入湖库的氮、磷等营养物质的不断增长率加，近年来水体富营养化程度加快。我国131个主要湖泊中，已达富营养化程度的湖泊有67个，占51.2%。在39个代表性水库中，达富营养化程度的有12座，占30%。在五大淡水湖中，太湖、洪泽湖和巢湖已达富营养化程度，鄱阳湖、洞庭湖正处于向富营养化过渡阶段。城市近郊的湖泊水库富营养化程度普遍偏高，如杭州西湖、南京玄武湖以及北京的官厅水库等均达到富营养化程度。太湖中富营养化面积占全湖70%以上，富营养及重营养化面积占10%。

地下水水质每况愈下，在全国118个城市中，64%的城市地下水受到严重污染，33%的城市地下水受到轻度污染，从地区分布来看，北方地区比南方地区更为严重。海河流域地下水资源量为271.6亿立方米，受到污染的为171.5亿立方米，占总量的63.2%。在14.38万立方米的被评价面积中，已有61.7%面积上的地下水不适宜饮用，其中34.1%面积上的地下水不符合农田灌溉水质标准。

由于水污染加剧了一些地区的缺水程度。长江三角洲和珠江三角洲，由于水体受到污染，成为污染型（水质型）缺水区。1994年淮河特大污染事故，造成苏皖两省150万人饮水困难。1996年春节后，淮河再次出现大污染，致使蚌埠70万人陷入水荒。水污染造成了巨大的经济损失，1994年七月淮河流域一次污染事故直接经济损失高达2亿元。为使淮河变清，除地方自筹投入外，仅国家投入就需106亿元。

（五）水土流失严重，河湖库泥沙淤积问题突出

由于自然条件的限制和长期以来人类活动的结果，我国森林覆盖率很低，水土流失严重。据统计，目前全国森林覆盖率只有12.5%，居世界第120位。全国水土流失面积357万平方千米，占国土面积的38%。根据20多年的泥沙观测资料统计分析，全国输沙模数大于1000t/km²的面积达60万平方千米。黄河中游黄土高原地带，是中国水土流失最严重的地区，年输沙模数大于5000t/km²的面积就有15.6万平方千米。

水土流失造成许多河流含沙量增大，泥沙淤积严重，北方河流更为突出。全国平均每年进入河流的悬移质泥沙约35亿吨，其中有20亿吨淤积在外流区的水库、湖泊、中下游河道和灌区内。黄河是我国泥沙最多的河流，也是世界罕见的多沙河流，年平均含沙量在1000kg/m³以上，居世界大河首位。

由于水库上游植被的破坏或开荒种地，泥沙淤积严重，水库库容日趋减少。如浙江金华山口冯水库上游开荒种地2000多亩，每年淤入水库1万多立方米；安地水库1975年一次台风淤积20万立方米；山坑大茗水库1975年8月12日，7米坝高淤平；洞源水库在1990年前后，库围淤积3m，库底淤积1m。再以山东为例，80年代平均每年因泥沙淤积损失约2亿立方米库容。

（六）河道功能退化，湖泊面积缩小

自 1972 — 1997 年，黄河下游共有 20 年发生断流。海河流域由于水资源缺乏，中下游平原地区的河流基本干涸，河口淤积加剧。由于无天然径流，城镇排出的污水形成污水河。

近 30 年来，我国湖泊水面面积已缩小了 30%。洞庭湖在 1949 — 1983 年的 34 年间湖区面积已减少了 1459km²，平均每年减少 42.9km²，容量共减少 115 亿立方米，平均每年减少 3.4 亿立方米。如果按此速率发展，50 年内洞庭湖就会消失。

调查结果显示，我国西北干旱半干旱地区湖泊干涸现象十分严重，部分现存湖泊含盐和矿化度显著升高，咸化趋势明显。近 30 年中，内蒙古的乌梁素海矿化度增加 4.5 倍，已变成咸水湖。其他如青海湖、布伦托海等正处于咸化过程中。

（七）地下水位持续下降

地下水是北方地区最重要的供水水源。在一些集中用水区，开采量超过补给量，致使地下水位持续下降。近年来河北平原的地下水位以每年 1m 的速率下降。北京、太原、石家庄、保定等大中城市地下水位下降更为明显。

在以地下水为供水水源的城市中，由于过量开采地下水，已经引起了一系列问题。如大面积地下水位下降、地面沉降、沿海地区海水入侵等。北京市由于不合理超采，1961 — 1989 年全市平原地下水累计亏损 42.78 亿立方米，其中市区部分累计亏损 18.5 亿立方米，使地下水位大幅度下降。辽宁、山东沿海地区从 70 年代中期开始陆续发生海水入侵陆地含水层现象。截至 1992 年月，在辽宁省大连、锦州、锦西、营口，河北省秦皇岛，山东省烟台、威海、青岛等沿海地区都发生不同程度的海水入侵。海水入侵区共 70 块，总面积达 1433.6km²。大连、烟台两市海水入侵最为严重，入侵面积分别为 433.8km² 和 495.2km²。

二、水资源利用过程中存在的问题

（一）水资源短缺

全球水资源为 14 亿立方千米，工农业用水分别占世界用水量 25% 和 70%。因人口急剧增长，全球人均水资源拥有量近几年已减少 25%。历来被认为资源丰富的我国，水资源问题不容乐观，人口占世界的 22%，而淡水量仅占世界的 8%，人均占有量为 2400km³。目前 1.33 亿平方千米耕地中，尚有 0.55 亿平方千米为无灌溉条件的干旱地，有 0.93 亿平方千米草场缺水，全国每年有 2 亿平方千米农田受旱灾威胁，农村 8000 万人和 6000 万只家禽饮水困难。农业缺水量达 3000 亿立方米。

（二）水污染严重

近年来，我国水体污染日益严重，全国每年排放污水高达 360 亿吨，除 70% 的工业废水和不到 10% 的生活污水经处理排放外，其余污水未经处理直接排入江河湖海，致使水质严重恶化，污水中化学需氧量、重金属、砷、氰化物、挥发酚等都呈上升趋势，全国 9.5 万千米河川，有 1.9 万千米受到污染，0.5 万千米受到严重污染，清江变浊，浊水变臭，鱼虾绝迹，令人触目惊心。

（三）水土流失严重

由于森林植被受到严重破坏，水资源平衡受到破坏，一方面造成水源减少，一些地区连年干旱；另一方面一些地区连年出现洪涝灾害。干旱和水灾都给工农业及人民生活造成巨大的经济损失。水土严重流失，据统计我国每年流失的土壤近 50 亿吨，相当于耕作层为 33cm 的耕地 130 万平方千米，减少耕地 300 万平方千米，经济损失 100 亿元，占国土面积 39% 的水土流失区域内的河流以高含沙著称世界，仅以黄河为例，黄河下游河床每年以 10cm 的抬升，已高出地面 3 ~ 10m，成为地上悬河。由于淤积，全国损失水库容量累计 200 亿立方米。

（四）水价严重偏低，水资源浪费严重

全国各地水费标准只达到测算成本的 62%，农业水价还不到成本的 1/3；水费仅占居民日常开支的 0.3% 左右。政府补贴，这一方面影响了公司制水的积极性"制水越多，售水越多，亏损越多"，另一方面加重了政府的财政负担。水价偏低导致用户对水的价格不敏感，节水观念淡薄，造成用水过程中大量浪费。在相应的价格形成机制下，国家所确定的水资源价格对调节水资源的供求关系及其在不同部门之间的分配也就基本不起作用。

（五）水资源产权管理混乱

由于现行水资源产权关系缺乏灵活有效的转让方式，导致谁占用水资源谁就控制水资源的使用权，影响了水资源的优化配置。传统的水资源管理部门的弊端主要是以条条为主，块块为辅条块分割严重，块块利益诱导大于条条约束；部门林立，缺乏综合管理，管理方式单一，手段落后，排除或基本排除市场的作用。

（六）经济发展战略的失误

1. 工业布局的偏差

（1）工业布局未能充分考虑水资源条件。

（2）工业布局不合理加剧了水资源的污染。

（3）许多城市的饮水水库单纯追求经济效益，搞成旅游度假村，造成城市饮用水因水源污染而发生困难。

（4）我国工业技术水平低下又加大了水资源消耗。

2. 忽视城市基础设施建设，非工业污染呈上升的趋势

3. 乡镇工业的盲目发展和农村城镇化过程中对生态问题的忽视，造成了农村生态环境的恶化

三、我国水资源利用的对策

（一）建立健全明确的水体资源管理制度

制定和贯彻执行有关水资源管理的法律、法规和政策，拟订全国性水资源管理制度，组织实施并进行监督；统筹规划水资源开发利用和保护的战略并制订相应的中长期计划；组织对全国水资源的调查和监测并定期公布。

（二）加强水资源产权管理，对水资源使用部门实行水资源有偿使用和转让

国家应凭借所有者身份对水资源使用者征收水资源补偿费或水资源占用费和水资源税，以期对使用者占用的水资源价值的补偿，使后代不致因为上一代的水资源耗竭而造成发展的不可持续，同时还可促使使用者对水资源的合理开发利用，提高水资源的经济效益、生态环境效益和社会效益。

（三）加强水资源的法制建设，强化水资源保护

加强水资源的法制建设需要做好三方面的工作：

1. 要建立健全保护水资源的法律法规。加强执法管理一是要做到执法要严、违法必究，对违法的责任人除警告、经济制裁外，还应追究其刑事责任。

2. 要对有影响的违法案件公开处理、严厉打击。

3. 要开展多种形式的执法监督。

（四）完善水资源的价格机制

水资源价格机制的完善是一渐进的过程，国家应切实把"补偿成本、合理收益、公平负担"作为制定水利工程供水价格的原则，根据不同用户的不同承受能力、当地的资源状况以及物价指数的变动做出相应调整。

（五）调整缺水地区的工业布局和产业结构

在缺水严重的地区，要尽可能少上或不上用水量大、污染严重的新的工业企业和服务业；对原有的产业结构进行相应调整，淘汰耗水过多的企业，扶持符合当地水资源政策的企业。

（六）塑造节约用水的制度

在农业用水方面，大力发展节水农业。在工业用水方面，塑造利于工业节水的制度，建造节水工业。

四、水资源可持续开发利用

（一）提高水资源利用率

提高水资源的利用效率，使有限的水资源能够实现经济效益、社会效益和生态环境效益的最大化。我国要建设节水型社会，这是为了降低供水投资、减少污水排放、提高水资源利用效率的最合理选择，这已经是世界各发达国家城市工业用水的发展方向。我国工业节水有很大的潜力。生产用水方面的调整产业结构，积极推广清洁生产，逐步淘汰高污染、高消耗的行业，提高循环用水次数，提高工业水重复利用率。农业节水潜力巨大，必须把传统的粗放型灌溉农业和旱地雨养型农业转变为高效节水的现代灌溉农业和旱地农业。

（二）发展污水处理技术

城市要大力兴建污水处理厂，城乡的一切工业污水要做到达标排放，提高城乡工业废水和城市污水处理率，保护城乡供水水源。城市污水是一种水量稳定、供给可靠的潜在水资源，采取有效措施遏制水污染的蔓延趋势，通过将其处理回用，并用于工业冷却、农业灌溉、绿化等方面，这不仅可以增加水资源的有效供给量，缓解水资源短缺状况，而且还具有较高的生态环境效益。要提高工业用水重复率，减少工业用水量可以减少排污量，可以减少工业新鲜用水量。

（三）海水淡化利用以及其他利用措施

如果说调海水至内陆缺水地区解决其水问题不太现实的话，那么在有能源、电力和资金的沿海城市建立海水淡化厂，缓解沿海城市的淡水危机是可行的。充分利用占水储量96.5%的海水，对于解决淡水资源紧缺是势在必行。世界上通用的两大海水淡化技术是蒸馏和反向渗透。沿海地区海水资源丰富，将海水用于设备冷却、原料洗涤、消烟除尘、生活饮用等方，这部分水量替代大量的淡水资源量，亦能提高水资源的可再生性。另外，可以多渠道开发水源，除了合理开发地表水和地下水外，还应大力提倡开发利用雨水、微咸水等非传统的水资源。

（四）跨流域引水及长距离调水

跨流域引水及长距离调水可大大改善我国水资源分布不均匀的情况，跨流域引水已成为我国干旱缺水城市解决水资源短缺的重要措施之一，长距离调水是一种开源，是人类社会生产发展中的补充措施。同时跨流域引水及长距离调水还会大大提高全国范围的抗洪、抗旱能力，缓解水、旱灾压力。以流域为空间区域，以区域内社会经济发展目标为指南，对水资源进行合理开发和利用，满足社会经济发展和人民生活水平提高对用水的需求。在对调出区水资源可供给量与当地社会经济、生态环境可持续发展对水的需求进行充分分析论证后，将可供调出的水资源量调入受水区，这部分水量能够增加受水区的水资源实际使用量，提高水资源的可再生性。

第二节　水资源的保护与管理

在新的形势下，水资源保障能力需适应公众需求的变化，促进新城乡供水安全的全面升级。水污染形势依然严峻，水生态修复任重道远。在"五水共治"的大背景下，温州全市加强了对低小散产业的淘汰和转型升级、全面加强了工业污水达标排放和生态调水等工作，但是目前大多数河道水质仍不理想，水生态修复任务仍十分艰巨。据 21 世纪城市水资源国际学术研讨会透露，我国已经被联合国列为世界上 13 个最缺水的国家之一。人类现在用水量越来越大，且污染也越来越严重，这就要求我们要加强水资源保护与管理。

国家要加强立法，完善法律法规，将水资源的污染和治理写入法律之中，把法律作为控制污染的强制手段，强化监督和执法，最终保护我们的水资源，保障水资源的可持续利用。

加大监督力度，确保全民节水真正实施。通过节水意识的宣传，大力研发和推广节水型生活用品，使节约用水真正进入到生活的每一个细节。有关部门也应该通过对用水数据的监测，发现并及时制止浪费现象。

加快农业输水工程及灌溉方式改造，改变种植农作物结构，加快生态农业发展。在一些条件具备的地方，应该改变输水方式及灌溉方式，可采用管道输水替代传统的露天渠道输水，采用渗灌、喷灌及低压管道灌溉等方法灌溉，不仅可以节约大量的水资源，还可以提高使用效率。在一些条件不具备的地方，地方政府应该带领群众调整农作物结构，通过各种手段扩大种植规模，大力发展生态农业。与此同时，应加快绿色农药农肥技术研究，尽量减少给水资源带来的污染。

对一些污染严重的工厂，要加大治污力度，运用法律、行政、经济、技术和教育的手段，进行污染监督，强制要求企业建立污水处理系统，对一些污染特别严重的工厂，通过调整产业结构等方式改变污染情况。对一些水消耗大的企业，要建立水循环使用系统，通过各种净化手段把已经使用过的水进行再使用，减少浪费现象。还要大力倡导节水型产业，提高水资源利用率。

继续加大水利工程投资力度，加快水利工程建设，加强对自然界的地表水和地下水控制和调配，达到除害兴利。对一些河道实施规划保留区制度；在江河流域实施退田还湖、整治河道和实施蓄滞洪区运用补偿措施；加固大江大河干堤和病险防洪工程；加强流域管理，实施流域全年水量统一调度。

一、水资源保护与管理中需关注问题

（一）区域与流域问题

在一个流域内的水资源水环境是相互联系的统一体。丰富的水资源和良好的水环境为流域内的社会发展提供着资源和环境的支撑。水资源水环境在同一个流域内的不同区域是独立的或半独立的，但总体是系统的不可分割的。在流域内修建水库，将统一的流域的水资源水环境分割为若干个小区域的水资源水环境，从系统而言，已经造成水资源水环境的不连续性，近几年来，各级政府已采取相应措施加强区域水资源的管理，当某一区域的水资源出现严重不足，将调度其他区域的水资源进行补给，如永定河水系的调水计划，不仅使区域水资源得到补给，而且又将水源的不连续性变成阶段性的连续性。另外，某一区域的水环境遭到破坏，将引起全流域的水环境恶化，往往由于上游的水污染事件给下游带来损失。因此，在水资源水环境的保护与管理中，要树立全国一盘棋的思想，形成上下游、流域与区域之间协同保护与管理的战略框架，筛选有利于全流域协调发展的科学方案，科学规划，科学调度，全面发展。决不能以局部区域的利益、局部区域的发展为借口，以牺牲流域的利益为代价，换取局部的经济繁荣。

（二）水质与水量问题

从水文学角度而言，在水资源水环境的评估中，存在着质与量的关系。所谓"质"是指水质变化程度，也就是水体污染后水环境发生改变的状况；"量"是指水量多少，也就是水体总量的多少。对同一水质污染事件，在水量多少不同的情况下，水环境改变乃至发生恶化的程度是不一样的。在近十几年来因天然降水不断减少，水资源利用达到严重超采的程度，各江河湖泊已频频告急，河道断流，湖泊萎缩，湿地干枯，水环境到了严重破坏的"红色警戒"程度。在水体总量较少的情况下，当具有一定污染物的污水排入后，常常造成受污水体的水质急剧变化和严重的损失；如果有充足的水量则受污染的水体的水质变化就会减轻，造成的损失可能是微不足道的。可见在当前的情况下，要尽可能保持江、河、湖、泊一定的水量，待水污染突发事件爆发后，可将损失降到最低。这就要求现代社会在关注水环境恶化的同时，也应重视在全流域内科学地分配和调度水资源，增加各江、河、湖、泊的有效水体，尽量保证各大江大河不断流，不干涸，对中小河流也应保持一定的水量。黄河保持多年不断流就是很好的证明。同时，应增加水资源水环境方面的资金投入，适时进行人工增雨作业；坚持节约与保护水资源并重、维护和治理水环境并重的基本理念，科学有效地保证有限水资源状况下水环境的合理利用，走水资源利用与社会发展的和谐之路。

（三）地表水与地下水问题

水资源水环境根据来源可分为地表水与地下水 2 个单元，在一定条件下又是联通的。

通常我们往往注重地表水资源及水环境的保护，因为这是可知、可见的水域，造成的损失也是可估的。例如，每发生一次水污染事件，必将造成江河湖泊的水质发生恶化，或者说老百姓的庄稼受到破坏，引起的关注及反映是迅速的，会得到及时处理。而对于地下水资源及地下水污染造成的破坏，往往是一个渐变的过程，若受污程度不够严重，则水环境水资源受到的破坏往往是不会被及时发现处理，最后常导致地下水污染的处理是相当困难的，如20世纪60年代末期，怀来化肥厂引起的地下水污染事件，至今受污染的地下水资源依然不能使用。在农业生产中，由于大量的使用化肥，造成了土壤中氨氮成分严重超标，大量使用农药也使土壤有害物质量增高，由于地表与地下水资源的交换作用，必将造成对地下水资源的污染。当前情况下，由于大量开发地下水资源，已经造成地下水资源的严重不足，部分区域已经造成了地表水对地下水的污染，导致地下水漏斗区的延伸与扩大，造成地面沉降的发生。

因此，应重视地下水的变化过程，严格控制地下水的开采量，不要盲目地抽取区域内的地下水，政府应对地下水资源的开采利用活动，进行适度的控制。

（四）河流与源头问题

河流一般分为上游、中游、下游。河流中下游一般是城镇比较聚集且工农业比较发达的地区，水资源开发利用程度也比较高，水环境破坏也是相对比较严重，如海河流域下游，因大量污水的排放导致地表水水质恶化；黄河中下游因污水直接排放而导致郑州、开封等城市饮用水紧张。由此可见，河流的中下游水资源水环境的受害程度要大于上游地区。

河流源头一般为山脉的主峰之一，生态环境比较良好，动植物种类繁多，因人烟稀少，其水质极为良好。源头来水量的变化将直接导致下游河道流量的变化，源头水质的变化同样会影响下游水质的变化。目前，大江大河的源头保护工作进展得比较顺利，如三江源保护区水源保护较好。但是一些小的河流源头保护工作还没有引起人们足够的重视。小的河流年径流量比较小，源头生态一旦遭到破坏，会使水质受到污染，对中下游河道的影响极大。所以，在关注河流的水资源和水环境的同时，更应该关注河流源头的水环境保护工作。特别是在当前市场经济的状况下，多种利益矛盾相对突出，往往为了获取利益，破坏水资源、污染水环境的事件时有发生。为此，要严防个别企业或个人在"源头"附近进行影响水源健康的开发或作业。在水资源水环境的保护中，除了关注河流的水环境现状，河流源头的水环境保护和管理工作也应列入各级政府的监管之列。因此，源头的保护重在生态环境的保护。建议在一些小河流源头设立保护区，或者建设森林公园等，在保护区内严禁各种对保护水源不利的活动，以达到涵养水源、保持水土、改善环境和保持生态平衡的目的。这样保护了"源头"，也就保护了一条河。

要正确处理好河流与源头的关系，不能顾此失彼，要全盘考虑和分析这个有机的整体。大河流的保护机构（河务机构）目前建立的比较完善，经济发展较好的市、县、乡（镇）为了保护本区域的生态环境的平衡，可以专门成立小的河流保护机构或建立河源保护区。

（五）海洋河与内陆河问题

河川尾闾不与海洋沟通，在沙漠戈壁中消失或注入内陆湖泊的称为内陆河或内流河，直接注入海洋的河流称为海洋河或外流河，在我国内陆区面积达344.5万平方千米，占国土面积的35%。张家口市区内陆区面积达到1.3815万平方千米，占市区总面积的41%。内陆河流域具有降水量偏少、蒸发量大、干旱指数高等特点，内陆河多分布在半干旱和干旱地区，发育在封闭的山间高原、盆地和低地内，支流少而短小，绝大多数河流单独流入盆地，缺乏统一的大水系，水量少，多数为季节性的间歇河。在内流区内的生态环境比较恶劣，长期居住的居民比较少，水资源的量不是很大，开发程度也较低，所以水环境受破坏程度较外流河轻。海洋河也称外流河，外流河往往形成庞大水系，河流水量大，大多数为常流河。水分主要作外循环，把陆地上大量的径流量输送到海洋。外流流域由分水岭将其与内陆流域分开，但又不是绝对的，由于特殊的气候和地形条件，在外流区域内有小面积内流区，在一定条件下，外流河可转化为内流河，如青海湖水系原与黄河沟通，后因地质构造变动和湖面降低，遂变成内流水系。

在我们所关注的水资源和水环境中，一般偏重于海洋河的水资源水环境的状况。如从相关部门的水资源公报和水质简报获取的信息看，可以了解和掌握海洋河的水资源短缺的现状和水环境发生变化的情况，同时引起相关部门的重视，以致增加水资源量的措施和改善水环境的建议，但是却很少涉及内陆河，这是水资源保持工作的一个盲区，从现在各地区经济发展来说，在内地环境保护相对严格的情况下，一些污染严重的小厂矿企业已经向边远和经济发展相对较弱的区域进军，从地域上看，这些区域多数是人口相对较少的边远地区的内陆河区域，这应该引起我们的高度注意。同时，对于内陆河流域中的河流及湖（淖），由于水资源的偏少，水体交换能力低，一旦受到污染，其后果是相当严重的。因此，在重视水资源水环境保护和管理的过程中，更应特别关注内陆河流域的水资源水环境现状和发展趋势，防止出现先污染后治理的状况。再者，为了加强内流河的管理及提高内流河区域的生态环境，可以考虑从外流河调水至内流河来，从而改善内流河区域水资源量不足的缺陷。

二、中国水资源管理与保护中存在的问题

（一）突发事件引发的水污染事件

我国很多省市属于水运发达城市，许多都是送水与航运共道，这也是导致水污染日益严重的关键原因。例如：化工厂由于管理不善出现爆炸现象引发的污染物渗漏造成河道污染；运载有害物质的船只发生沉船事件导致的河道污染；观光船只侧翻导致的河道污染等。

（二）城市局部洪涝旱灾现象与水资源短缺矛盾日益尖锐

虽然近年来我国兴建的水利工程已经针对洪涝旱灾问题进行了防灾减灾功能设计，但是这并不能完全消除洪涝旱灾所带来的全部消极影响，特别是我国的河流流经省市较多，上游的治水力度加大也会在造成下游威胁增加。例如：淮河流域近年来干流和断流情况严重，尽管跨流域调水已经形成一定的规模但是效果并不明显。特别是丘陵地区、沿海地区以及淮北地区水资源矛盾更为严重。

（三）污水处理能力欠缺，循环用水情况不佳

由于受到国家体制、政策和管理机制等方面的限制，我国企业污水处理设施管理和建设水平都相对滞后，污水排放规模和污水处理能力也不相匹配，管网收集处理的污水数量较少，这就导致大量超标污水直接排放到湖泊和河流中。由于监管松懈加之企业普遍具有侥幸心理，我国的工业制造企业出于成本考虑没有进行污水处理设备安装，绝大多数企业只执行简单的处理标准，除磷脱氮效果均不明显的污水就进行排放处理。

伴随着我国经济的快速发展，城市化进程不断加快，城市用地日益紧张，很多大型企业纷纷搬迁至城市郊区或者是乡镇以满足其扩大生产规模的需要。这就造成乡镇企业数量增多，点源污染也随之增多。由于乡镇政府过度包容企业行为，没有采取行之有效的监督措施，造成很多乡镇企业环保设施简陋，污水处理工艺落后，有的企业甚至没有废水处理设施，工业生产产生的废水直接排放到河水中，加剧了区域水体污染，造成河道支流出现污染物超标的现象。

三、水资源管理与保护的对策分析

（一）建立健全水资源管理体制

为了实现水资源管理和保护工作的顺利落实，首要措施就是健全水资源管理机制，规范水资源使用制度，将水资源管理和保护的工作纳入国家管理工作中来，及时成立国家水资源管理权力部门，通过统一管理机制的制定，对国家水资源进行统一管理，改变分散管理现状，也保证国家水资源管理的有法可依。同时以流域为单位建立水资源保护机构，赋予其一定行政职权，对整个流域水资源负责，并对流域沿线的生活污水和工业污水进行宏观管理和控制。

（二）加强水资源保护宣传工作，建立民众节水意识

水资源节约工作需要全社会的支持，为了保证我国居民用水的稳定性，确保优质的水资源，政府必须要加强节水宣传。针对节水宣传活动可以采用传统媒体与新媒体结合的方式，一方面采用报纸、电视、广播等方式进行节约用水宣传，以增加居民的节水责任感和

自主性。另一方面运用计算机互联网技术，运用小视频、纪录片等形式进行节水说明。通过新旧媒体的舆论宣传，帮助我国的所有年龄阶段的人群建立节水意识，只有唤起社会节水认知才能顺利实现人民群众的监督职能，使我国的水资源得到有效保护。

（三）建立水资源市场经济机制

首先，提高水资源使用费。利用价格与供求的杠杆机制，改变人们固有的水资源用之不竭的观念，通过合理的价格机制，适当提高水资源价格，使得居民和用水企业可以重视水资源价值，并通过大规模的植树造林，实现生态良性循环。

其次，对于水资源污染严重的地区，在进行水资源价格调整的同时还要实行限额制度，对居民用水和企业用水量进行控制。这样既可以实现水资源节约又可以有效减少污水排放量。

最后，注重节水设备研发。通过国家财政支持等手段，积极鼓励节水设备生产厂家进行环保设备研发，通过科技改变我国水资源污染情况。国家可以采用贷款和补助等途径，鼓励用水企业积极设置污水处理器，促进我国水资源可持续发展。

第三章 市政给排水工程

我国的城市建设中，市政给排水工程是保障城市经济建设和人民群众日常生活的基础，给排水系统的科学规划与建设也是城市基础设施日趋完善的重要标志。在市政给排水工程施工中，质量管理与控制是否达到预期的目标，将直接关系到城市整体功能的发挥，而且对于城市的环境保护、交通以及防汛都具有重要的作用，因此，适时加强对于市政给排水施工质量管理与控制的研究是十分必要的，而且对于城市的发展具有深远的意义。

第一节 市政给水工程

一、市政给水工程规划

（一）市政给水工程规划的原则与内容

1. 市政给水、工程规划原则

水资源是十分重要、又很特殊的自然资源，是城市可持续发展的制约因素；在水的自然循环和社会循环中，水质水量因受多种因素的影响常常发生变化。为了促进城市发展，提高人民生活水平，保障人民生命财产安全，如何经济合理地开发、利用、保护水资源，如何选择用最低的基础建设资金和最少的经营管理费用，满足各用户用水要求，避免重复建设，是市政给水工程规划的主要任务。

根据城市总体规划，考虑到城市发展、人口变化、工业布局、交通运输、供电等因素，市政给水工程设施规划应遵循以下原则。

（1）市政给水工程规划应根据国家法规文件编制。

（2）市政给水工程规划应保证社会、经济、环境效益的统一：

1）编制城市供水水源开发利用规划，应优先保证城市生活用水，统筹兼顾，综合利用，讲究效益，发挥水资源的多种功能。

2）开发水资源必须进行综合科学考察和调查研究。在水源不足地区应当限制城市规模和耗水量大的工业、农业的发展。

3）给水工程的建设必须建立在水源可靠的基础上，尽量利用就近水源。根据当地具体情况，因地制宜地确定净水工艺和水厂平面布置，尽量不占或少占农田、少拆民房。新建水厂应配套建设，除备用能力和根据城市规划对建设场地及施工复杂部位留有发展余地外，不宜在工艺设计参数上再留有挖潜余地。管网的输配水能力应与水厂建设规模相适应。

4）城市供水工程规划应依靠科学进步，推广先进的处理工艺，提高供水水质，提高供水的安全可靠性，尽量降低能耗，降低药耗，减少水量漏失。

5）城市供水应坚持开源与节流并重的方针，实行计划用水，厉行节约用水。制定节约用水发展规划。

6）采取有效措施保护水资源，严格控制污染，保护水资源的植被，防止水土流失，改善生态环境。

（3）市政给水工程规划应与城市总体规划相一致：

1）市政给水工程规划根据城市总体规划所确定的城市性质、人口规模、居民生活水平、经济发展目标等确定城市供水规模。

2）根据国土规划、区域规划、江河流域规划、土地利用总体规划及城市用水要求、功能分区，确定水源数目及取水规模。

3）根据用户对水量、水压要求和城市功能分区，建筑分区以及城市地形条件等，通过技术经济比较，选择水厂位置，确定集中、分区供水方式，确定增压泵站、高位水池（水塔）位置。

4）根据水源水质和用户类型，确定自来水厂的预处理、常规处理及深度处理方案。

5）根据总体规划中有关水利、航运、防洪排涝、污水排放等规划，及河流河床变迁情况，选择取水位置及取水构筑物形式。

6）根据城市道路规划确定输水管走向，同时协调供电、通信、排水管线之间关系。

（4）给水工程应统一规划、分期实施，合理超前建设：

1）根据城市总体规划方案，市政给水工程规划一般按照近期5年、远期20年编制，按近期规划实施，或按总体规划分期实施。

2）市政给水工程规划应保证城市供水能力与生产建设的发展和人民生活的需要相适应，并且要合理超前建设。不要因水量年年增加，自来水厂年年扩建。

3）市政给水工程近期规划时，应首先考虑设备挖潜改造、技术革新、更换设备、扩大供水能力、提高水质，然后再考虑新建工程。

4）对于一时难以确定规划规模和年限的城镇及工业企业，市政给水工程设施规划时，应对于取水、处理构筑物、管网、泵房留有发展余地。

5）城市取水构筑物、净水厂、输配管网等给水基础设施超前建设部分，应经过技术、经济比较后确定。市政给水工程规划的实施要考虑市政给水投资体制与价格体制等经济因素的影响。注意投资的经济效益分析。

2. 市政给水工程规划内容与深度

给水工程设施规划是城市规划的重要组成部分，应编制总体规划、分区规划，有时另行编制专业规划。在此基础上，再编制详细规划。各阶段规划的内容与深度可按下列要求编写。

（1）市政给水工程总体规划的内容与深度

1）确定用水量标准，估算城市用水总量。

2）根据水源水质、水量情况，选择水源，确定取水位量及取水方式。

3）根据城市发展布局及用地规划、城市地形，选择自来水厂、加压泵站、高位水池（水塔）位置和用地，输配水干管走向，估算干管管径。

4）根据水源水质变化情况，确定自来水水质目标，选择水处理工艺形式。

5）确定水源地卫生防护措施。

6）确定城市节约用水目标和计划用水。

水方案图纸要表达的内容有：水源及水源井、泵房、水厂、贮水池的位置，给水分区和规划供水量，输配水干管走向、管径、主要加压站、高位水池位置。

（2）市政给水工程分区规划的内容与深度

1）估算分区用水量。

2）根据区域内用水水压要求，进一步确定分区供水设施，确定主要设施的位置和用地范围。

3）确定输配水管渠的走向、位置、管径及服务范围。

4）确定分区内计划用水措施及节约用水目标。

主要图纸的表达内容与总体规划基本相同。

（3）市政给水工程详细规划的内容与深度

市政给水工程详细规划是在市政给水工程总体规划与分区规划的基础上进一步编制的规划，并做出较为详细规定，作为给水工程设计的主要依据。同时，结合当地实际，对总体规划及分区规划做出评价，其主要内容为：

1）计算用水总量，确定规划区供水规模。

2）确定供水水质目标，选定自来水厂大致位置。

3）确定集中供水、分区供水方式，确定加压泵站、高位水池（水塔）位置、标高、容量。

4）确定输配水管走向、管径，进行必要的管网平差。

5）选择输水管网管材及敷设方法。

6）对详细规划进行工程估算，预测投资效益。

7）对近期规划部分进行规划设计、工程估算、效益分析。

主要图纸的表达内容为：输配管网的走向管径、埋深，给水泵站的位置，必要时标明阀门井的位置。

（二）市政给水水源工程规划

1. 市政给水水源工程规划

为了确定城市水环境保护重点，合理开发利用水资源，特提出城市水资源工程规划作为市政给水水源规划的重要组成部分。

（1）城市水源评价

1）水资源与城市水源关于水资源的概念有不同的理解和定义，基本上可以归纳为：

①广义概念

一切可以被利用的各种形态的天然水体都可以称为水资源。包括海洋、冰川、湖泊、河流、地下水、大气水等在内的各种水体。

②狭义概念

水资源仅指可供国民经济利用的淡水资源。主要来源于大气降水，其数量为扣除水期蒸发的总降水量。

③工程概念

在现有的经济、技术条件下，可以利用的具有稳定径流量的淡水以及少量用于冷却的海水。

城市水源一般指可被利用的淡水资源，包括地下水源和地表水源。有时把海水利用、废水回用作为城市水源的补充。

2）地下水源评价

地下水分为潜水、层间水、泉水等。潜水主要靠降水和河流湖泊等地表水渗流补给。其水质与补给源水质有关。

地下水源、评价主要考虑对某一地区某一城市地下水储量、允许开采量、地下水水质进行评价，一般包括如下内容：

①调查了解或勘察钻探，确定区域内地质条件。

②根据调查、勘察结果，描述区域内水文地质条件。

③根据区域内地下水源开采现状，分析地下水动态特征。

④确定地下水含水层渗透系数和补给来源。

⑤地下水开采量计算。

⑥地下水水质评价。

⑦地下水评价计算可靠性分析。

⑧地下水开发利用方案和管理要求。

⑨评价结论和建议。

3）地面水源评价作为城市水源的河流、湖泊、水库等地面水源主要从水质、水量方面进行分析，在选择取水位置时，还应对取水口河段、河势、河床稳定性，湖泊、水库、堤防、工程地质等进行深入评价，主要包括如下方面内容：

①地面水源水质评价

A. 水源水质评价应对取水水域分为平水期、丰水期、枯水期三期水质检测。

B. 水质评价取样应设在取水区域上、下游不少 3 个断面。

C. 水样一般从水面以下 0.5m 至水底以上 1m 范围内采集。

D. 检验项目及方法按照《地面水环境质量标准》（GB3838-88）规定的指标和方法进行。

E. 评价标准按照《地面水环境质量标准》（GB3838-88）执行。

②地面水源环境影响评价

地面水源环境影响评价重点是水源水质保护和变化趋势分析，其主要内容为：

A. 对水源水质、底泥、大气进行现状监测评价。

B. 对排入水源水体的污染源调查、分析。

C. 水上交通对水源水质影响的分析。

D. 预测水源水质变化趋势，富营养化的可能性等。

E. 提出区域内排放污染物总量控制的范围，总量控制的措施。

F. 提出水环境管理监测计划。

③河床河势变化及水文、工程地质评价主要是对取水河流、湖泊、水库水文地质，河床变迁的影响进行评价，包括下面内容：

A. 工程河段基本情况，包括径流量、潮沙变化、泥沙特点。

B. 河床演变分析，包括历史上变迁，近期变迁及河床演变趋势预测。

C. 工程水域利用可能性分析。

D. 取水工程对河道水流、湖泊、水库水系影响等。

（2）城市水源功能区域划分

1）城市水源功能划分的基本原则

保护城市水源是城市可持续发展的需要，特别是饮用水源，应放在首位，以求使在最小投资条件下收到较好的社会效益。水源功能划分时，应注意以下原则：

①以城市可持续发展为前提，根据城市总体规划、工业布局、饮用水源选择、水环境质量要求，划分。

②突出重点，优先保护生活饮用水源。

③从城市水源、现状出发，制订不同功能的（地方）水质目标，但不得低于现状水质要求。

④根据水环境容量，制订具体的污水排放标准或分期的执行标准及水源保护措施。

⑤城市水源功能划分应具有一定时效，其水质目标应越来越严格，最终达到天然水体要求。

⑥城市水源功能并非是单一的功能，可以是多种功能的叠加，但其水质目标必须按照最严格的使用功能要求来确定。

2）城市水源水体功能划分

城市水源的有效利用与城市发展有关。受其所在位置和用途限制而具有不同的水质要求。城市水源规划时主要考虑以下用途开发利用：

①生活饮用水水源。

②水生生物环境水源。

③工业用水水源。

④渔业养殖用水水源。

⑤游泳场、浴场水源。

⑥畜禽用水水源。

⑦水上运动用水水源。

⑧景观用水水源。

⑨农业灌溉水源。

⑩航运水源。

按照不同用途不同水质标准，根据我国《地面水环境质量标准》城市水源功能可分如下五类：

Ⅰ类：国家自然保护区，包括风景区，直接饮用水水源区，食品、饮料、酿酒工业原料用水区体。

Ⅱ类：主要生活饮用水源的一级保护区，珍贵鱼类及鱼虾产卵区水体。

Ⅲ类：主要生活饮用水源的二级保护区，一般鱼类保护区及游泳区水体。

Ⅳ类：一般工业工艺用水，与人体非直接接触的娱乐、水上运动用水水体。

Ⅴ类：主要适用于农业用水区及一般影响用水区水体。其中农业用水，尚应注意粮食作物、经济作物、林木草地牧场灌溉用水与生吃瓜果蔬菜灌溉用水的水质有所不同。

2. 城市水源开发利用与管理

《中华人民共和国水法》指出："开发利用水资源，应当全面规划，统筹兼顾，综合利用，讲究效益，发挥水资源的多种功能。"城市水源规划就是根据《水法》，制定水资源开发利用规划及管理措施，一般包括如下内容：

（1）城市水源开发利用根据我国城市发展及水资源现状，不同地区可采用以下不同的开发水源方法：

1）利用现有河流、水库，扩大地面水拦蓄量。

2）设法收集、储存降水。

3）增加地下水回灌水量，扩大地下含水层调蓄作用。

4）远距离跨流域引水。

5）矿坑水处理回用。

6）城市污染水再生回用。

7）科学利用海水、苦咸水等。

（2）城市水源管理

前已述及，水资源是影响城市可持续发展的重要因素，为了合理开发利用水资源，在城市规划时，必须强调城市水源管理。目前，大多数城市均设有水源管理的协调机构，开展了保护水源、节约用水、水质预测等工作。从城市水源规划考虑，建议水源管理协调机构着重开展以下工作：

1）制定城市水环境集成规划

在城市水源管理领导小组领导下，开展供水量分析、需水量分析、排污负荷分析、水体自净能力分析后，得出水环境承载能力结论，采取必要措施，如水量调控、水影响用水质调控等。

在分析水环境承载能力时应建立水量变化数学模型。将所有流入流出本地区的水量参数输入模型，随时可知本地区可资用水量。

把有关水中的 DO、BOD_5、藻类、NH_3-N、NO_2-N、NO_3-N、有机磷等参数输入水质变化模型，预测本地区水质变化情况。

2）建设节约用水型城市

对城市内不同工业制定节约用水目标。对农业用水，开辟灌溉水源，推广节水型灌溉技术。

3）制定水价政策，建立合理水价体系

一个城市、一个地区的水价应反映水资源和水环境的真正价值，反映制水工业的实际成本，避免"水厂供水越多，亏损越多"的不良循环现象。

（3）城市水源保护

1）城市水源保护一般措施

①合理规划。在水源保护区内不建有污染的企业、度假村、游乐园、疗养院及居住小区等。

②加强水源保护区流域内水土保护工作。可在流域区种植水源涵养林，防止河流上游滥伐森林。

③在水源保护区流域内建设生态县、镇、村，加强水源地区所在地的城镇生态环境综合环境规划，合理利用自然资源，维持生态环境良性循环。

④有季节性变化的河流，修筑拦水坝始大拦蓄及地下水渗透。

2）城市水源防止污染措施

①加强水源水质调查研究，建立水体污染监测网，对排入水体的污染成分、影响范围、污染程度、危害情况、发展趋势进行、严密监测，加强控制。对地下水源建立地下水动态网点，进行水质变化观测。对滨海地区注意咸水入侵引起的水质变化观测。

②限制水源保护区域人口发展，在居住区完善农家厕所，修建污水收集与处理工程。

③引水渠或河流沿线不得堆放垃圾，倾倒污水及粪便。

④控制水源保护区内使用农药化肥,发展生物治理工程,采用长效、高效、低毒型农药。

⑤严格控制水源保护区内采矿、冶炼及其他有污染的企业。

3)城市水源卫生保护地面水源应符合下列要求:

①取水点周围半径不小于100m的水域内,不得停靠船只、游泳、捕捞和从事一切可能污染水源的活动,并应设有明显的范围标志。

②河流取水点上游1000m至下游100m的水域内,不得排入工业废水和生活污水;其沿岸防护范围内,不得堆放废渣、设置有害化学物品的仓库或堆钱,不得设立装卸垃圾、粪便和有毒物品的码头;沿岸农田不得使用工业废水或生活污水灌溉及使用持久性或剧毒的农药,并不得从事放牧。

供生活饮用的专用水库和湖泊,应视具体情况将整个水库、湖泊及其沿岸列入此范围,并按上述要求执行。

此外,受潮沙影响的河流取水点上下游的防护范围,湖泊、水库取水点两侧的范围,沿岸防范围的宽度,均应由供水单位会同当地卫生部门根据具体情况研究确定。

③在水厂生产区域或单独设立的泵站、沉淀池和清水池外围小于10m的范围内,不得设立生活居住区和修建禽畜饲养场、渗水厕所、渗水坑;不得堆放垃圾、粪便、废渣或铺设污水渠道;应保持良好的卫生状况,并充分绿化。

地下水源应符合下列要求:

①取水构筑物的防护范围,应根据水文地质条件、取水构筑物的形式和附近地区的卫生状况进行确定。其防护措施应按地面水水厂生产区要求执行。

②在单井或井群的影响半径范围内,不得使用工业废水或生活污水灌溉和施用有持久性或剧毒的农药,不得修建渗水厕所、渗水抗、堆放废渣或铺设水渠道,并不得破坏深层土层的活动。如取水层在水井影响半径内不露出地面或取水层与地面水没有相互补充关系时,可以根据具体情况设置较小的防护范围。

取水构筑物的防护范围、影响半径的范围以及岩溶地区地下水的水源卫生防护,应由供水主管部门会同水文地质和当地卫生等部门研究确定。

③在水厂生产区的范围内,应按地面水水厂生产区的要求执行。

对于分散式给水水源卫生防护地带的范围和防护措施,当以地面水为水源时,取水点附近的卫生防护应参照上述的要求执行;以地下水为水源时,水井周围20~30m的范围内,不得设置渗水厕所、渗水坑、粪抗、垃圾堆和废渣堆等污染源,并应建立必要的卫生制度。

④在水源取水点上游1000m以外,排放工业废水和生活污水,应符合现行的《污水综合排放标准》(GB8978-6)和《工业企业设计卫生标准》(TJ36-79)的要求;医疗卫生、科研和畜牧兽医等机构含病原体的污水,必须经过严格消毒处理,彻底消灭病原体后方准排放。

为保护地下水源,对于人工回灌的水质,应以不使当地地下水水质变坏或超过饮用水质标准为限。有害工业废水和生活污水不得排入渗坑或渗井。

4）城市河流、湖泊水还清对策

我国大多数城市河流、湖泊不同程度地受到污染，很难再继续作为饮用水水源。由此，有的采用了长距离引水，有的则加强净化处理工艺。作为一座城市景观、运动、娱乐场地，城市河流、湖泊水体应达到《地面水环境质量标准》Ⅳ-Ⅴ类水质标准是必须的。城市河流、湖泊还清可采取以下对策：

①完善污水排放系统，减少排放污水水量；

②搬迁河道上的垃圾储运码头，严禁向河道湖泊倾倒垃圾、废弃物。

③补充河流、湖泊新鲜水量，增加水体自净能力。

④清除污染底泥，疏浚死水河段。

⑤增加水中溶解氧量，分段处理河流、湖泊污染水体。

⑥修建经污水处理厂处理过的专用退水渠道，实行清污分流。

⑦改建城市雨水、污水排放系统，实行雨水、污水分流。

⑧加强排入河流、湖泊的自来水厂、污水处理厂、站的污泥处置、处理措施，严禁污水处理厂污泥排入，尽量减少自来水厂污泥排入等。

（三）市政给水工程规划

1. 城市取水工程规划

（1）地下水取水工程设施规划

1）地下水取水构筑物位置选择

①在保证水质水量的前提下，地下水取水构筑物应尽量靠近集中用水区，减少输水管投资。

②地下水取水构筑物应建设在不受洪水威胁的地方。否则，应考虑防洪措施。

③地下水取水构筑物尽量设置在交通方便、靠近电源的地方，以利于施工、管理和降低输电线路造价。

④当地下水铁、锰含量较高，需要建造除铁除锰构筑物时，可以在每个取水构筑物旁安装小型除铁锰设备，也可集中设置除铁锰设施。一般情况下，集中建造除铁除锰构筑物便于管理，但需建造清水池、送水泵房，相对造价较高。

2）地下水取水构筑物分类。地下水取水构筑物的种类和设计要求见表3-1-1。

表 3-1-1 地下水取水构筑物种类、适用条件和设计要求

种类	适用条件	设计要求	
		尺寸和深度	设计水量
管井	1. 含水层厚度大于 5m，其底板埋藏深度大于 15m 2. 只要深井泵性能允许，不受地下水埋深限制，均可使用管井 3. 适用于任何砂层、卵石层、砾石层、构造裂隙、岩溶裂隙等含水层，应用最为广泛	1. 常用的管井直径为 150—600mm，井深小于 300m 2. 尽量加大出水量，以减少井数	单井出水量一般为 500—6000m³/d（直径）
大口井	1. 一般含水层厚度在 5～15m，地下水埋深在 10m 以内时 2. 适用于任何砂、卵石、砾石层 3. 渗透系数最好大于 20m/d（直径） 4. 中小城镇、铁路、农村给水采用大口井较多 5. 大口井贯穿整个含水层的完整井只从井壁进水，因进水孔易于堵塞，采用较少。非完整井未贯穿整个含水层，由井壁和井底同时进水，多数大口井都采用这种形式 6. 在大口井内径向设置穿孔辐射管，称为辐射井，宜于开采水量丰富、含水层较薄的地下水和河床渗透水。一般常用于中砂、粗砂地层	常用井径为 4—8m，井深为 6—15m	1. 大口井单井出水量一般为 500—10000m³/d（直径） 2. 辐射井单井出水量一般为 5000—10000m³/d（直径）
渗渠	1. 含水层厚度较薄，一般小于 5m，地下水埋深较浅，一般小于 2m 时 2. 渗渠渠底埋深小于 6m 时 3. 适用于中砂、粗砂、砾石或卵石层 4. 适用于开采河床渗透水 5. 地下水取水构筑物中，单位取水量的造价最高 6. 长期使用中，会因河床细颗粒泥沙淤积而减少水量	水平铺设在含水层中的集水管（渠），常用管径为 0.6—1.0m，通常埋深为 4—6m	出水量一般为 10—30m³（直径）

（2）地面水取水工程设施规划

1）地面水取水构筑物位置选择

①一般原则

A. 位于水量充沛、水质较好的河段。供应生活饮用水时，取水口位置应选择在靠近城镇和工业用水区的上游清洁河段。

B. 应靠近江河的主流，水深满足要求，即在取水构筑物处一般不小于 2.5—3.0m 的水深，小型取水口可降低到 1.5—2.0m，河岸和岸坡稳定，工程地质条件良好。

C.尽可能减少泥沙、漂浮物、冰凌飞冰絮、水草、支流和咸潮的影响。

D.取水构筑物应不妨碍航运和排洪，并且符合城市、河道、湖泊、水库整治等规划要求，确保取水构筑物安全可靠，运行管理方便，施工简单。

E.取水构筑物的设计最高水位应按100年一遇频率确定。城市供水水源的设计枯水流量保证率，一般可采用90%～97%，设计枯水位的保证率，一般可采用90%～99%。

②位置选择

A.在河流弯道外，因凹岸受到冲刷形成主流深槽，近岸水流较深，而凸岸则有泥沙淤积，取水口尽量设在弯曲河段的凹岸，以减少泥沙和漂浮物。

从凹岸取水的特点是，冬季有利于冰和水的分层，减少冰凌对取水口的影响。取水位置可选在顶冲点的上游或稍下游（15～20m）的主流深槽处，以减少泥沙和漂浮物。顶冲点上游的护岸工程量少，施工方便。顶冲点下游的水流较深，今后如河滩下移时对取水口的影响较小。

B.一般不宜在凸岸、岸边缓流区和回流区取水，因该处泥沙淤积较多，漂浮物多，水质较差。因主流运离涧岸，为了保谊取水深度，势必增加取水管的长度。但如靠近河岸有较好取水条件，也可考虑在凸岸的起端或终端取水。

C.一般较多的是在直河段上设置取水构筑物，这时取水口应选在主流靠岸、河床稳定、水深流急的窄河段处，以减少漂浮物，如树枝、杂草、水草等影响。

D.取水口应选在含砂量少的河段。含砂量在水流断面上的分布是不均匀的，并且随不同季节发生变化。一般靠近河底的含砂量大，泥沙粒径也大，靠近水面含砂量越小，粒径也小。从平面来看，因主流区的流速水，挟带的泥沙量较多，靠近河岸因流速减小，含砂量较少。

E.江河汇流入海洋的河口地段，由于异重流作用，往往形成浅滩和沙洲，还因潮沙的影响，在个别季节使水有咸昧，因此，取水构筑物不宜放在河口附近。

F.在江河支流向主流的汇入口处，易于沉积泥沙，因此取水口应离开支流汇入口，或位于对岸一侧，或在汇入口的上游。对于山区河流的汇入口，选择取水口的位置是更应注意，因山区河流的流量和水位变化大，含砂量也大，如选址不当，会增加取水和净水构筑物管理的麻烦。

G.在分汊河道上选择取水口时，应选在稳定的汊道上，不应选在衰退的汊道上，以免因淤积而无法取水。

H.尽量避免垂直于河道水流方向开挖明渠引水，或局部加深河床用渠道引水，以免泥沙淤积，或藻类聚集而影响取水。

I.为防止冰凌影响，取水口应选在水内冰较少和不受冰块碰撞的地点，不宜选在急流、冰穴、冰洞河段和支流汇入口的下游。尽量避免设在流冰容易堆积的浅滩、沙洲、回流区和桥孔的上游附近。水内冰较多的河段，取水口应设在冰水分离而不是冰水混杂的河段，以便从冰层下取水。

J.取水构筑物应建造在地质条件好、承载力大的地基上。应避开断层、滑坡、冲积层、流砂、风化严重和岩溶发育地段。在地震区的取水构筑物，不应设在陡坡下或开阔的河漫滩上。应考虑施工时的交通运输和足够的施工场地。管道少穿铁路、公路和堤岸，以减少土石方和水下工程量。

K.潮沙河道的取水口应避免海水倒灌的影响；水库的取水口应在水库淤积范围以外，靠近大坝；湖泊取水口应选在近湖泊出口处，离开支流汇入口，且须避开藻类集中滋生区。

2）地面水取水构筑物及设要求

地面水取水构筑物分类及设计要求见表3-1-2。

表3-1-2 地面水取水构筑物分类及设计要求

类型	设计（基本）要求
固定式取水构筑物	1.当江、河主流近岸，低水位时仍有足够水深，河床河岸稳定，地质条件较好时，可首先考虑岸边式取水构筑物 2.为减少泵房高度及地基开挖土石方量，根据岸边河床情况可采用吸水井、泵房分建式岸边取水构筑物 3.当江、河近岸洞流平坦，洪、枯水位有一定变幅，枯水期主要远离河岸，或岸边水质较差时，可选用河床式取水构筑物 4.河床为黏土，坡度变化较小，可选用自流管取水。相反，当近岸河床为岩石，且坡度变化较大，可选用虹吸管取水。取水量较小，水泵台数不多，可采用水泵直接吸水式取水
移动式取水构筑物	1.水位变化幅度为10—35m，涨落速度小于2m/h，河岸稳定，岸坡倾角<30°，可选用缆车式取水构筑物 2.水位变化幅度为10—40m，涨落速度小于2m/h，河岸稳定，岸坡倾角在20°—60°之间，平时流速和风力较小的河段，可选用浮船式取水构筑物
山区浅水河流取水构筑物	根据洪水期水中含有大量推移质泥沙，枯水期流量小、水深浅的特点，常采低栏栅式取水构筑物，由拦河低坝、低栏栅、引水廊道、沉砂地、取水泵房组成
湖泊水库取水构筑物	1.湖泊取水构筑物应设在水流出口附近，避开支流汇入口和渔业区，避开芦苇、藻类丛生地带 2.因湖泊流流缓慢，易滋生藻类，近岸处水质较差，故湖泊取水一般采用河床式取水构筑物为多 3.水库取水口应靠近大坝，离开支流汇入口。常采用隧洞或引水渠取水
海水取水构筑物	一般为工业冷却水。取水位置和冷却水排水位置距离取：L=20Q/（L以米计，Q以立方米/秒计）；应注意防腐和防海洋生物措施

3）地面水取水构筑物基本形式固定式取水构筑物、移动式取水构筑物和山区浅水河流取水构筑物

4）城市原水输送

当取水水源远离净水厂，从水源到水厂的输水管（渠）可按下列要求规划设计；

①输水管线力求少穿河谷、山洞、沼泽、铁路等障碍物，沿现有道路或规划道路铺设。

②有条件的地方可优先采用重力输水或重大输水、压力输水相结合，避免输水管水压过高。

③从水源到水厂的输水管（渠）流量按最高日平均流量设计，并考虑水厂自用水及沿途漏失求量。

④输水付设计应根据当地检修条件，备用水源情况，决定根数。

⑤采用两根以上输水管时，中间应设 2 ~ 3 条连通管，将输水管分成 3 ~ 4 段，即达到供给事故用水量的要求。

⑥输水管根据地形坡度铺设，当跨越河流、高地，中间管段高出前后面管段时，应安装排气阀，并在标高最低处安装排水放气管。

⑦大流量输水时可采用暗渠、明渠、管道输水，应进行经济比较后决定。

2. 城市净水工程规划

（1）城市自来水厂厂址选择

城市自来水厂厂址选择应根据城市总体规划要求，综合考虑，并通过技术经济比较后确定。一般应考虑以下问题：

1）厂址应选择在工程地质条件较好，不受洪水威胁，地下水位低，地基承载能力较大，湿陷性等级不高的地方。

2）水厂尽量设置在交通方便，输配电线路短的地方。

3）当水源远离城市时，一般设置水源厂和净水厂分开。当原水浑浊度经常大于 1000NTU 时，水源厂可设预沉池或建造停留水库，尽量向净水厂输送含泥沙量低的浑水。

4）有条件的地方，尽量采用重力输水。例如，某城市水库水源在山间较高位置处，距城市用水区 15km，净水厂设在距用水区 2km 的高地上，并在水源至净水厂间加设串联增压泵房。平时，从水源到净水厂至城区管网全部重力供水，用水高峰时，视净水厂清水库水位，不定期启用串联水泵。

（2）城市自来水厂系统布置

城市自来水厂净水处理的目的是去除原水中的悬浮物质、胶体物质、细菌、藻类等物质，在特殊情况下，还要去除原水中的铁、锤、氟及某些污染物，使净化后的水质满足生活饮用水水质要求。针对不同的处理要求，可采用不同的工艺流程，其系统布置和适用条件设计要求参见表3-1-3。

表 3-1-3 城市自来水厂系统布置及适用条件和设计要求

序号	系统布置	适用条件和设计要求
1	原水→预沉→混凝沉淀或澄清→过滤→消毒	原水浊度大于 3000NTU，预沉后原水浑浊度通常小于 1000NTU；
2	原水→混凝沉淀或澄清→过滤→消毒	原水浊度 <1000NTU，短时间允许达 2000 ~ 3000NTU，加强混凝池、沉淀池排泥措施
3	原水→微絮凝过滤（或接触过滤）→消毒	原水浊度小于 25NTU，短时间内水大于 100NTU，低温（0 ~ 1℃）、无藻类繁殖水体
4	原水→（混凝）气浮→过滤→消毒	原水中藻类含量大于 100 万个 /L，浊度一般 <1000NTU
5	原水→生物氧化→混凝沉淀或澄清→过滤→消毒	原水受到污染，氨氮含量较高
6	原水→马预氧化→混凝沉淀→过滤→马接触氧化→活性炭吸时过滤→消毒	原水受到污染，含有农药、化肥及其他重金属离子
7	原水→曝气→（混凝沉淀）过滤→消毒	原水中铁含量较高，曝气后过滤不能达到要求时，可增加混凝沉淀工艺
8	原水→混凝沉淀→过滤→消毒	地下水或地面水含氟量较稀

（3）市政给水净水工艺选择

目前用于自来水厂净水处理的构筑物类型很多，基本原理大同小异，但在操作、管理和设计要求上有所不同。工艺选择和设计要求参见表 3-1-4。

表 3-1-4 净水工艺及构筑物设计要求

序号	净水工艺	常用构筑物名称	设计要求
1	高浊度水自然沉淀	调蓄水库、天然预沉池	进水含砂量大于 10kg/m³，出水含砂量小于 2000NTU。其容量按照可能出现的事故天数确定，水深一般 5—7m
2	高浊度水自然沉淀	平流沉砂池、旋流沉砂池	1. 旋流沉砂池沉淀时间大于 10min，表面负荷 18m³ 左右 2. 平流沉砂池沉淀时间 30min 左右，水平流速 20mm/s

序号	净水工艺	常用构筑物名称	设计要求
3	高浊度水混凝沉淀或澄清	辐流式沉淀池、平流式沉淀池、机械搅拌澄清池、水旋澄清池	1. 辐流式沉淀池处理原水浊度 <20kg/m³，可不加混凝剂自然沉淀 2. 辐流式沉淀池直径 50—100m，中心水深 4—7m。自然沉淀时，表面负荷 0.06—0.08m³/(h-d)，总停留时间 4.5-13.5h 混凝沉淀时，表面负荷 0.4—0.5m³/(h-m²)，总停留时间 2-6h 3. 平流式沉淀池自然沉淀时间＞6 小时，混凝沉淀时间＞2h，水平流速＞6mm/s 4. 机械搅拌澄清池总停留时间 1.2—2.0h，清水区上升流速 0.61mm/s 5. 水旋澄清池总停留时间 1.5—2.5，清水区上升流速 0.7—1.1mm/s
4	一般原水混凝沉淀或澄清	平流式沉淀池、斜管沉淀池、机械搅拌沉淀池	1. 平流式沉淀单池处理水量大于 2 万 m³/a，停留时间 1.0—3.0h，一般 1.2—2.0h，水平流速＞20mm/s，有效水深 3—4m 2. 斜管沉淀池表面负荷(异向流)2.0mm/s 左右，池深 4—5m。斜管倾角 θ =60° 3. 机械搅拌澄清池停留时间 1.2—1.6，清水区上升流速 0.8—1.1mm/s，回流比 3：5
5	气浮	平流、竖流、气浮池	1. 进水浊度＜100NTU，水体中含有藻类及细小颗粒悬浮物 2. 絮凝时间 10—15min，表面负荷 7.2m³/(m²•h)，有效水深 1.5—2.0m
6	过滤	普通快滤池或双阀滤池、虹吸滤池、汽水反冲洗池、无阀滤池等	1. 普通快滤池，大阻力或中阻力配水系统，滤速 8m/h，反冲洗强度 12—15L/(s•m²)，滤层厚 700—1000mm，滤池总高度 3.3—3.8m。 2. 虹吸滤池，小阻力配水系统，滤速 8m/h，反冲洗强度 12—15L/(s•m²)。每组分 6 格以上，滤池总高度 5—5.5m。 3. 汽水反冲洗滤池，滤速 8m/h 左右，水反冲洗强度 4—8L/(s-m²)，空气反冲洗强度 15L/(s-m²) 左右。长柄滤头配气配水，每平方米安装滤头 52—56 个。滤帽缝隙与滤池面积之比约 1.25%，滤料粒径 0.9—1.3mm，厚 1000—1200mm，滤池总高度 4.0—4.5m 4. 无阀滤池，小阻力配水，滤速 8m/h，反冲洗强度 12—15L/(s•m²)，每组分格≤3，滤池总高 3.5—6.0m

序号	净水工艺	常用构筑物名称	设计要求
7	生物氧化	生物接触氧化池、陶粒滤料滤池	1. 生物接触氧化池，常安装弹性填料、微孔曝气，水力负荷 5—10m³/（m²·h），气水比 0.5：1—0.7：1，停留时间 1h 左右 2. 陶粒滤料滤池，陶粒粒径.-5—1.2mm，厚 700mm，反冲洗强度 8L/（s·m²）
8	深度处理	马氧化、活性炭吸附	1. 乌预氧化接触时间 8—10min，过滤前接触氧化，接触时间 4—6min 2. 活性炭 15—20（粒径 1.5—2.0mm）吸附接触时间 10min 以上
9	除铁除锰	接触氧化、曝气氧化、药剂氧化	1. 接触氧化适用于原水含铁量小于 2mgA 二，含锰量小于 1.5mg/L，或含铁量达 10mgA 而不含锰，经曝气后过滤 2. 曝气氧化法，当原水含铁含镜量较高，经曝气后再行沉淀过滤 3. 一般用空气中氧把二价铁氧化为三价铁困难时，可投加氯气、高饭酸饵等氧化剂后再行沉淀过滤

（4）城市净水工程设施布局

1）城市净水工程设施设计一般要求

①净水构筑物的生产能力按最高日供量和水厂自用水量确定。一般来自水厂沉淀澄清构筑物因排泥、冲洗耗水量占 3%～5%，过滤构筑物反冲洗耗水量占 2%～4%，故水厂自用水量大多按供水量的 5%～10% 计。

②各种净水构筑物应设置可独立操作的两组，以利检修维护，不间断供水。

③分期建设的水厂，应兼顾远期近期需要，平行布置，保证水流通畅、施工方便。同时还应考虑今后水量增加，或者水质标准提高，水源水质恶化时，改建挖潜、更换设备，增加新构筑物的可能性。

④水力型净水构筑物管理简单，对水量水质变化适应性较差；机械型净水构筑物构造复杂，需进行维护，有一定的抗外界干扰能力。两种形式耗用能量并无较大差别，应从水厂管理水平和维修技术力量综合考虑选用。

⑤自来水厂净水构筑物和调节构筑物一般按水量发展规划分期实施取水构筑物、二级泵房、加药加氯间等，大多数自来水厂一期、二期工程相结合，一次完成土建工程，所用设备分期安装，也可按照经济比较后决定。

⑥净水构筑物选择应根据流量、水厂规模决定。为便于布置，规模在 3 万立方米／天以下的水厂通常选择水力循环澄清池＋元阀滤池工艺；规模大于 3 万立方米／天的大中型

水厂，可考虑平流式沉淀池或机械搅拌澄清池＋普通快滤池或双阀滤池，或斜管沉淀池＋虹吸滤、池等工艺组合。

⑦寒冷地区的净水构筑物须建在室内防冻。加设采暖设施时，净水车间按5℃设计，操作间、加药间、化验室和值班室按15℃设计。

2）城市净水工程设施（自来水厂）平面布置

①城市净水工程设施一般由以下部分组成：

生产构筑物：各种净水构筑物、冲洗水塔、清水池。

生产建筑物：加药加氯间、变配电间、二级泵房、排水泵房及药库和氯瓶库房。

辅助生产构筑物：化验室、中央控制室、仓库、车库、机修车间、综合办公楼等；管道系统：生产管渠、给水管道、排水管道、排洪管渠，动力、通信沟槽等。

其他设施：道路、绿化、围墙、照明、食堂、浴室等附属生活设施。

②平面布置一般要求：

A. 充分利用水厂地形，尽量减少连接管渠长度。

B. 各构筑物尽量布置接近东西方向如：滤池在操作间东西两侧，以免位置成南北方向后，北侧滤池冬天温度低于南侧，影响处理效果。各建筑物尽量坐北向南。

C. 为节约用地，在不浪费"水头"且地基条件允许的情况下，可采用构筑物叠加形式。如平流式沉淀池、斜管沿淀池布置在清水池上面，配电间布置在水泵房上面。

D. 辅助生产构筑物中的仓库、车库、机修车间、办公楼、食堂等最好建在一起形成生活区，并靠近水厂进厂处，便于和外界联系。

E. 水厂内道路应能到达主要构筑物和建筑物。连接厂外道路主车道宽4.0～6.0m。厂内道路一般4.0m宽，并形成环状。

F. 各构筑物、建筑物之间间距至少3.0m以上。水厂道路、绿化用地占水厂用地20%—30%以上。

G. 净水构筑物按照工艺流程，可布置成直线型、折角型和回转型。直线型布置为多，折角型为次，转折点多选择在清水池处。

③城市净水工程设施（自来水厂）平面布置和高超布置图例

3）城市净水工程设施用地和人员编制

根据国内外资料统计，不同规模的城市自来水厂，水源、水质不同，净水工艺不同，地面积及人员编制有一定差别。

4）给水管网的流量应按照最高日最高时设计。

二、市政给水技术

（一）市政给水工程存在的问题及解决对策

给水工程系统通常包括取水工程、给水处理工程和输配水工程三大部分。取水工程包括取水构筑物和取水口提升至水厂的一级泵站，其任务是保证从适宜的天然或人工水源中取得足够量的水，并送至水厂或用水户。

1. 市政给水系统存在的问题

近年来，全国市政给水工程设施发展较快，有一定基础，但发展不平衡，不同地区城市基础设施差别很大。从整体来看，我国市政给水系统建设现状水平不高，给水工程设施普遍滞后，无法满足城市经济快速发展和人民生活提高的需要。

（1）设施陈旧落后。市政给水系统简单，供水设施比较落后；大部分城市采用地下水作为给水水源，而在水量、水质、水压方面一般难以满足生产和生活要求；不少单位自建水井和水塔，以致城市水塔林立却互不连通，造成给水设备效率低下，不利于水资源合理开发、水质难以保证；夏季用水高峰期时自来水厂虽竭尽全力，也很难满足用户要求。供水安全可靠性差，一是水源水质污染影响安全供水，二是因为一个水厂仅一个水源，三是供电问题影响安全供水，不少水厂都是一路供电，城市的供电往往又无保障，停电则停水，对安全生产威胁特别大。

（2）发展很不平衡。由于各地经济发展水平及人力、物力条件的差异，城市供水事业的发展很不平衡。一些经济发达的城市，已建有现代化的自来水厂；而经济欠发达的城市，受经济条件限制，只能建设简易的供水设施；还有一些较贫困的城市，至今还没有供水设施。规模较大的主要集中在东部经济发达地区，西部及其他经济欠发达地区县镇供水业日综合生产能力普遍很低，基本都在几千吨或1万吨左右。

（3）规模不当、布局无序。由于缺乏城市总体规划和相应规范，一些城市的规划、设计人员无法正确预测城市人口、企业的发展速度，导致用水量预测不合理、规模确定不当，工程失误难免发生。随着城市的发展，部分城市出现了大的供水缺口；部分城市供水过剩且数量可观，给投资回报、运行成本、设备利用带来严重后果，相应地，市政排水、污水处理工程等在建设规模、投资、运行成本方面也产生了负面效应。城市总体规划的缺乏，导致给水布局的不合理。多数城市的自来水取水口建在城市附近的河流上，由于城市范围的扩大，一些污染严重的企业如小造纸厂、小农药厂、小化工厂等和新建生活小区分布在给水水源的上游，大量的生活污水、工业废水的排放，使水源遭到不同程度的污染。

（4）给水管网建设滞后。由于城市建设初期多数按近期规划设计给水管网、人均用水量取值较小，随着城市范围的扩展，用水量成倍增加、枝状管网不断延伸、管径已不能满足后期需要，管网处于超负荷运行之中。管网漏失、管径设计偏小、管道内积沙结垢摩阻增大等造成供水压力不足。此外，给水管网的建设严重滞后于水厂建设。重地上、轻地下，只要水厂建设投资不足，就压缩管网建设，致使管网的输配水能力与水厂的生产能力不配套，造成水厂水送不出去的怪现象。

2. 市政给水系统工程特点及发展

中等市政给水的主要对象为居民生活用水、城市工业用水、畜禽饲养用水、公共建筑用水以及其他用水。由于城市的居民生活、生产生活规律、居住状况、卫生设施、生活习惯、经济水平、地理环境、水资源条件等都有着自己的特点，这就决定了城市供水与一般大城市供水有着一些不同的特点，表现为以下几个方面：

（1）原水种类复杂，水质差异大。中等城市一般采取就近取水，水源的类型较为复杂。一般情况下，水源浊度较低且细菌含量较少、水质良好，但洪水季节含砂量较大，且浊度较高、漂浮物较多，而泉水一般无须处理；江、河、湖水网地带的城市，常以江河、湖泊水作为饮用水水源，水质随水体流量的变化而变化，易受周围环境的影响，且细菌含量较高，所以一般均需经过常规净化处理、消毒后方可作为饮用水；取用承压地下水作为市政给水水源时，其水质较江、河、湖泊水要好，直接受污染的机会少，浊度低且细菌含量较少，因此一般只需消毒后即可作为饮用水。水源种类复杂、水质差异大，构成了取水方式的多样性与净水工艺的多样性。

（2）给水工程规模一般较小。中等市政给水厂规模一般在几千吨或几万吨，最小甚至只有几百吨，多为中小规模给水系统。规模较大的主要集中在东部经济发达地区，甚至有个别规模达到 10 万吨。西部及其他经济欠发达地区城市供水业日综合生产能力普遍很低，基本都在几千吨或 1 万吨左右。

（3）供水以生活用水为主，中等城市工业用水比例逐渐上升。市政给水工程供水的主要用途是为城市居民提供生活用水，包括居民生活水和饲养牲畜用水以及庭院经济用水。城市的工业用水一般采用自备水源。随着城市经济的不断发展，城市工业和家庭副业的用水量逐渐增加，尤其是在经济发达的地区，城市工业用水比例迅速上升。市政给水工程的建设为城市工业的发展提供了有利条件，促使工业用水比例增加，从而促进了市政给水工程规模的扩大和效益的增加。但在相当一段时间内，生活用水仍是城市供水的主要部分。

（4）供水工程建设可因地制宜，分期建设，兼顾发展，逐步完善由于城市地理环境、水资源条件、居住水平、生活习惯及经济水平差异很大，而供水工程是投资较大的基础性建设，就大多数城市而言，资金有限，因此城市的供水工程应尽量因地制宜，就地取材，充分利用地方材料和质优价廉的设备，尽量在统一规划的前提下，分期实施逐步完善，使供水工程经济、合理、避免浪费。同时应充分考虑到城市发展建设的速度，注意近远期结合，兼顾发展，设计年限一般应考虑 15 ~ 20 年，避免在城市建设中出现的基础设施建设滞后于城市发展，甚至成为城市发展的制约因素的这种不利影响。

（二）市政给水工艺设计的创新技术

1. 市政给水工艺设计工作面对的主要问题

现阶段，随着我国城市现代化进程的不断加快，我国城市环境的污染问题日益严重，而水污染就是其中的重要问题，所以，城镇居民对饮用水的水质标准也更加的关注和重视，并且对优质饮用水的需求量也越来越大。在我国对城镇居民所反映出的各类用水问题进行调查和分析的过程中，我们发现绝大部分居民所反映的问题都是饮用水中有氯味等臭味的问题，而他们对城市日常饮用水水质的关注程度也集中在多个指标中，如结垢、颜色、口感、生物安全性以及浑浊的程度等。而现阶段在对市政给水工艺进行设计工作时，占有主导地位的技术仍是传统的工艺设计技术，在现阶段的水源和水质标准下，如果仍大量的沿用传统的工艺设计技术，是很难满足城镇居民对饮用水水质标准的需求的，并且传统的工艺技术对突发性的水源污染问题的抵御能力也较差，同时对于有机物和藻类等因水污染问题而导致的物质超标问题，传统的工艺设计技术也没有妥善的解决方法。因此，在市政给水工艺的设计工作中，我们应在保证市政给水系统顺利运行的基础上，大胆的创新市政给水工艺的设计技术，同时也应进一步的强化常规的处理工艺，从而最大限度地保证城镇居民饮用水的水体质量。

2. 市政给水工艺设计的创新技术

（1）预处理工艺

在市政给水工艺的设计和运行过程中，我们所面临的一个重要问题就是怎样才能够合理的解决因水源污染而导致的有机物和藻类等物质的超标问题，而预处理工艺就是一种非常有效的解决办法，其能够快速的去除水体中的各类有机物，从而调节原水的水质。

1）生物预处理技术

通常情况下，在处理微污染的水源时，我们建议采用生物预处理技术，通过采用有针对性的微生物对原水的水体质量进行调节，调节完成后再添加定量的混合剂，并且经过一系列的如过滤、消毒和控制等环节的操作，保证处理完成后的水源是符合城市饮用水的水质标准的，这种预处理工艺的具体流程为：原水→生物处理→混合→絮凝沉淀→消水池→二级泵房→用户。

2）粉墨活性炭吸附技术

作为广大城镇居民所关注的重点问题，城市饮用水中的嗅味问题在进行市政给水工艺设计时也必须得到足够的重视。在处理有机物的超标问题时，粉墨活性炭技术是有着显著的优势，作为一类高效的净水剂，活性炭能够非常快速的除去水源中的杀虫剂、浊度以及除草剂等污染物，从而有效的解决饮用水中的臭味问题。

3）预氧化技术

进行市政给水工艺的设计工作时，应用预氧化技术的主要目的就是保证其能够很好地除去因氯化消毒而产生的副产物，从而起到净化水体的目的。采用预氧化技术时，不建议应用预氯化，而选择代替的物质建议为预臭氧或是高锰酸钾。

（2）膜处理工艺

进行市政给水工艺的设计工作时，膜处理工艺就是指在处理水源时采用渗析、纳滤以及超滤等膜分离技术，在实践的过程中，分离膜应作为载体，从而实现水源中水分子与溶质或是杂志的分离，从而达到优化水质，提升水体质量的目的。膜处理工艺技术主要具有操作方便、成本较低、工艺简单、节能效果好以及水处理的质量较高等优点。在我国各大城市的水厂进行水处理工作的过程中，在规模较小的水厂中通常都是会采用膜处理工艺的，特别是当水处理量不超过2万立方米/天时，通常都是建议膜处理工艺的，这主要是由于与其他类型的处理工艺相比，采用这种处理工艺能够节省大量的水处理成本，同时还能获得较好的水处理效果。

（3）深度处理工艺

在市政给水工艺的设计和运行阶段，要想有效的运用深度处理工艺，那么其前提条件就是应先对水源进行安全的杀菌和消毒工作，通常我们所采用的杀菌剂为氯和它的相应化合物。举例来说，我们在对水源进行杀菌和消毒的操作时，如果采用"UV+氯胺"或是游离氯转氯胺作为杀菌剂，前者在进行杀菌消毒的操作时，能够迅速地消除水中的隐孢子虫和耐氯菌，并且还能最大限度地减少消毒副产物和降低遗传毒性，从而取得优异的杀菌消毒的效果；而后者则能保证氯和氯胺具备较好的协同作用，在杀菌和消毒的过程中，能够大大的提升微生物的灭活率，同时也能够大幅度地降低三卤甲烷和HAAs的含量。可见，当采用深度处理工艺时，能够迅速地消除水源中的微量有机物，近些年来，臭氧活性炭技术以及超滤技术等深度处理工作的应用也越来越广泛，并且我国也逐步加大了对深度处理工艺的投入和建设力度，总体规模已经超过了650万吨/天，在我国市政给水的新增供水量中占比已经接近15%。

（4）强化常规处理工艺

在市政给水工艺的设计过程中，如果采用了常规的处理工艺，那么则主要包括过滤、混合、絮凝以及沉淀等几个环节的操作，这种工艺技术在除去城市饮用水的浊度方面是非常有效的。然而，当饮用水的浊度越来越低时，那么胶体颗粒中的有机物含量也会越来越少，同样的各类微生物和病毒也会随之减少，这是一种超低浊度的处理工艺，其与原本的降低水源浊度的目的是不相符的。所以，在采用常规的处理工艺时，就应强化过滤和混凝等工艺，比如说，在进行混凝的工艺时，我们所采用的强化措施就是添加适量的高效絮凝剂或是助凝剂，从而提升絮凝的效果。在实际的应用过程中，对于混合环节的操作也应足够的重视，准确地掌握加药点的位置，合理的确定混凝剂的投放量和类型，而确定混凝剂的投加量时，建议采用流动电流投药控制系统，从而保证絮凝控制的精确性，而我国大部分水厂所采用的絮凝剂主要有硫酸亚铁、三氯化铁或是碱式氯化铝。另外，还应准确地控制其pH值，加药时对其进行严格的监测，从而获得最佳的絮凝效果。在选择过滤的材料时，应综合的考虑过滤材料的级配和种类等因素，并且不断地改进和完善反冲洗系统和配水系统，进一步的提升过滤环节的质量。

（三）现代市政给水处理技术

1. 传统给水处理技术存在的问题与不足

在传统给水处理过程中，通常采用的技术包括杂物沉淀法、杂质沉淀法以及药物混凝法。这些处理技术最主要的功能就是去除水中杂质，对于水体中的病毒进行过滤，提高供水水质，保障人民群众用水健康。但是尽管这些操作技术非常简单，而且成本较低，但是却无法针对水体中的各种细菌和杂质进行去除，所以，导致传统的给水处理效果并不理想。

（1）传统给水处理方式陈旧

由于杂质沉淀法和药物混凝法主要的目的就是提高水体的透明度，对水质进行净化，但是由于相关的设备工艺比较落后，导致对于特殊水体的处理效果并不理想，不仅会导致水体中残留大量的有毒有害物质，而且也无法针对水体进行全面净化，给人们的生产与生活带来极大的不便。在现代市政给水系统应用的过程中，由于大部分的设备使用时间比较长，所以大部分设备的处理性能不断下降，给日常的维护带来了较大影响，导致给水处理的效果存在危险。

（2）大量化学药物的使用会影响水质

在现代市政给水处理技术过程中，通过运用化学药物的方式来针对水质净化，尽管能够起到良好的絮凝效果，但是这些杂质如果不能及时排除很容易在水中残留大量的铝残留物，如果长期饮用会在人体内形成重金属反应，给城市居民的健康带来严重威胁。由于很多的企业对于用水要求比较高，如果水中的铝元素含量较高，很容易导致设备的生产制造受到影响。

（3）给水处理效率偏低

由于采用传统的给水处理技术没有办法针对特殊的水质进行处理，而且对于水中的低浊水、高浊水和有机污染水也无法进行有效处理，这样就造成给水处理的能力不足无法满足市民的用水需求。

（4）水中容易残留细菌

一直以来现代市政给水处理技术主要通过氯消毒的方式来提高水质，保证水质符合健康饮用的标准，但是在水中由于特殊的细菌对于氯具有一定的抗性，所以导致水分的消毒效果不彻底，导致供水管道内会有大量的细菌残留，引起水质安全问题。

2. 现代市政给水处理技术

随着现代城市经济的快速发展，科学技术水平也在不断提升，各种各样先进的给水处理技术，极大地提高了市政给水处理水平。

（1）聚合硫酸混凝剂

通过运用聚合硫酸作为混凝剂，能够代替传统的铝絮凝剂进行催化氧化反应，不仅可以提高给水处理的质量而且也能够减少催化剂的毒性，起到预期的净水效果。硫酸混凝剂技术主要就是通过强氧化剂与浓硫酸的反应产生的高热量，能够直接对水质中的杂质进行快速消毒。而且利用聚合硫酸混凝剂的净水技术也不会生成其他的化学物质，保证水质的质量，避免对水质进行的二次污染。聚合硫酸混凝剂给水处理技术也不需要其他过多的设备投入，能够有效降低给水处理技术的成本，减少维修费用。

（2）生物絮凝剂

为了能够提高给水处理效果，通过利用生物絮凝剂的方式可以有效避免传统给水处理技术产生的铝盐问题。通过生物絮凝剂的应用能够有效降低水中的杂质以及重金属含量，而且还能够针对水中的油水混合液快速分离，效率进一步保证了给水处理的效果。

（3）臭氧消毒技术

通过臭氧消毒技术能够直接将水中的各种病菌杂质快速消灭，而且并不会对水质的气味和颜色产生影响，通过臭氧消毒技术可以极大地提高给水处理的效率，所以被广泛运用。

（4）紫外线消毒技术

紫外线消毒技术的应用范围非常广泛，最常见的就是医疗事业，因为紫外线能够直接破坏微生物的 DNA，减缓微生物的繁衍速度，所以在给水处理技术中的应用可以有效避免水中的微生物细菌大量繁殖，而且也不会对水质造成二次污染。另外利用紫外线消毒技术能够直接杀死水中的各种隐孢子虫，可以极大地提高水质的安全性。

（5）中回水技术

所谓的中水就是污水经过处理之后再回收的水资源，中水不适宜直接饮用，但是却能够浇灌绿植、冲洗道路，通过中水的回收利用可以进一步增强水资源的循环使用效率，提高水资源的利用价值。在土建工程项目施工中，通过利用中水不仅能够有效的促进水资源的使用效果而且还能够降低水资源的使用成本。利用中水回收技术能够避免产生氮、磷物质，同时也可以促进地下水质生态环境。从目前来看对于污水资源的回收与处理通常包括三种方式。第一种方式就是过滤法，通过利用最新的气浮技术对污水进行集中处理，随着我国城市快速发展，对于水资源的需求也在不断增加，但是由于我国人均水资源比较匮乏，这样就导致水资源比较紧缺。通过运用中水回用再利用技术，能够极大地提高水资源的循环效率，实现水资源的可持续发展。中水回用再利用技术包括膜生物处理技术，物理化学处理技术以及生物再处理技术，通过这些技术能够针对污水中的杂质异味进行快速的去除，而且也可以通过与混凝剂沉淀技术、活性炭技术进行有机结合，最大限度上减少污水中的杂质，由于中水处理技术操作简单、不需要较多投入就能够提高水的排放标准，保证城市绿化、公共卫生等方面的用水需求，促进水资源的节约。

（6）去除水中有机物

为了能够更好地去除水中的有机质含量，必须要让有机物顺利附着在絮凝体中。去除有机物的过程中可以用加氯法，尤其是对于污染程度比较严重的水源通过，氧化反应能够针对大部分的小分子杂质进行有机降解，但是加氯法并不能够针对水中的大分子和难降解的有机物进行去除。

3. 现代市政给水管理措施

为了能够保证给水水质的安全，必须要加强对于给水水质安全技术管理的相关研究，从目前来看给水水质安全管理包括水源管理和管网管理两大部分。

水源管理就是要加强对于饮用水源头的水质安全保障，要加大对于水源地的保护措施，认真落实水源地保护区的防范举措，针对水源保护区内存在严重的污染企业和居民要限期搬迁，避免对于水源保护区的水质造成影响，从源头上控制污染物的总量。加强对于水源保护区林业的管理，禁止乱砍滥伐，提高植树造林的力度，保证水源地的生态环境可持续发展。加大对于环境保护的宣传力度，让更多的人参与到水源保护的行动之中，让更多的群众自觉地提高对于水源保护的能力，只有让人们能够自觉保护水源，才能够促使水环境的干净整洁。要加强组织领导制定严格的水源安全管理体系，针对各级负责人进行深入的管理，提高水源保护的质量。

对于给水管的管网管理来说，必须要加强对于管网的改造与建设，随着现代城市的快速发展，很多传统的管网已经不符合现阶段的施工要求，所以必须要加强对于管网的更新换代，通过运用新型管网来代替传统的铁管管网，提高管网的耐腐蚀程度，保证水源输送的安全可靠，同时要加强对于管道施工管理，通过冲洗消毒验收来加强对于管道的施工冲洗水平，避免管道水流的方向改变，加强对于管网的维护，尤其是要针对夏季用水高峰期，必须组织相关力量进行集中供水，保证管网的关键节点水质安全。要针对各个调度控制点，进行不同的功能区分，保证每一个调度压力点都能够具有一定的作用，例如安全压力控制点必须要保证所有供水区域压力最高点进行选取，保证在压力最高点也能够正常运行。通过运用模型的方式来针对全网最高点进行调度控制，避免出现最高点压力过大的情况，服务压力控制点就是与安全压力控制相类似，也可以选取全网压力最低点进行判断，从而有效的弥补压力最低点的供水质量。首先在针对控制调度的使用的过程中，必须要利用 SCADA 控制系统进行监测，必须要保证对于调度控制点，进行优先级的判断，并且能够随时转向调度控制点进行服务，同时要保证对于控制点的数据进行实时检测，并且将检测的结果进行单独保存，避免出现数据失真的情况。

第二节　市政排水工程

作为城市基础建设的重要组成部分，市政排水工程在营造优质与便利的城市环境、切实提高城市服务能力与质量中发挥了无比重要的作用。随着我国经济水平的快速提高，城市化的速度也越来越快，在市政排水设施建设中取得了良好的成果，但不可否认的是，当下市政道路排水设施仍然存在着各种问题。走可持续发展的城市建设道路，做好市政排水工程规划设计，使市政道路排水工程设计能够更好地避免这些问题的发生，做到经济合理，运行安全，这是当下利民、惠民的头等大事。

一、市政排水工程规划

（一）市政道路排水工程设计的任务

市政排水主要是指城市生活污水、工业废水、大气降水（含雨雪水）径流和其他废水的收集、输送、净化、利用和排放。市政道路排水工程设计主要指的是建设在市政道路上用于收集输送和排放城市雨水、污水的市政排水设施的设计。

（二）市政给排水规划设计的现状

随着当下经济全球化浪潮和信息化建设进程的不断快速推进，我国的城市发展已经逐步迈入一个新的时代。不断扩大的城市规模和急速膨胀的人口规模，也给城市化进程中带来了一些突出的问题，众多城市建设的不足之处逐渐暴露出来，而市政排水正是其中的突出代表，引发了社会上的广泛关注。根据调查显示，目前全国城市水源中符合卫生标准只有30%，流经42个大中城市的44条河流中受到污染的多达93%。这些数字令人触目惊心，水资源短缺、水环境恶化、提高供水质量给城市带来了多重挑战。正是因为市政排水基础设施运行过程中所具有的超长期性、投资的高沉淀性、技术上的继承性以及水在自然属性上的易流性和随机性等特点，长期性、综合性、协调性和社会性问题成为市政排水系统的规划和设计的重点关注问题。当前我国市政水系统规划还明显存在着落后的分析工具和规划方法，造成了工程因地制宜的多样性和设计的多目标化得不到保证。由于系统的整体规划和设计的缺乏，城市的水系统良性循环以及城市的可持续发展已经出现了严重问题。另外，污水管网布局混乱，部分管段存在走向不合理的现象；部分次干路、支路辐射的管道埋深较大，无法接入主干道敷设的管道，导致城市污水收集率低下；甚至出现本来应该发挥泄洪作用的城市内河非但不能有效缓解雨水量压力，反而倒灌入城市造成巨大经济损失和居民伤害的案例。市政排水建设是市政枢纽建设的重要环节，与人们的生活具有非常紧密的联系，它具有任何一位城市建设者和规划者都不能忽视的影响力。因此，市政排水规划的合理完善，对实现城市现代化建设具有重要意义。

（三）市政排水工程规划的主要内容

市政道路排水工程设计主要的依据为市政排水工程规划和有针对性的地方排水法规。市政排水工程规划的主要内容由以下几个部分构成：划定市政排水范围，预测市政排水量，确定排水体制，进行排水系统布局；原则确定处理后污水污泥出路和处理程度；确定排水枢纽工程的位置，建设规模和用地。市政排水工程设计具备一定的系统性，排水工程规划主要是为了统一协调排水收集、输送、净化、利用和排放几个环节，使各环节的排水设施建设工程达到合适的规模，投资运用合理，并且对能源和资源合理利用。所以，当地适用的各阶段排水工程规划是市政排水工程设计所必需的依据。

（四）市政排水规划设计中存在的主要问题

1. 排水体制不合理

长久以来，在防洪和排水设施设计过程中，强调采用分流制排水体制将雨水和污水尽快排出城市，对城市径流面源污染的控制和雨水资源的利用有所忽视。随着流域整体水质得到了大幅度改善，流域污染控制的主要内容已经转变为随机暴雨径流和突发排放事件所带来的对水体生态系统的冲击。现有的城市雨污分流排水体制并不能使暴雨污染负荷问题得到经济有效地解决。除此之外，日益突出的城市径流污染问题，迫使人们不能盲目选取排水体制。随着对初期雨水的危害性认识的逐步加深，目前在我国一些大中型城市的规划设计中，初期雨水的收集处理与利用已经得到了充分性的考虑。不科学性的截流措施，通常会导致该截流的污水流入了水体，而水质较好的雨水进入了污水处理厂。相关学者认为，应该充分考虑截流和调蓄相结合的方式，在我国初期雨水收集处理的经验较少的情况下，需要依靠设计者从失败中总结经验来解决这些问题，从而得出适合我国国情的初期雨水截流的方法。

2. 排水工程规划与城市用地呈现竖向规划、防洪规划不相协调

城市用地竖向规划，高程无法保证，排水工程设计不能符合相关防洪的要求，汛期雨水不能得到正常排放，甚至会出现倒灌的情况。城市用地竖向规划存在问题，主要有以下几个原因：如何合理做到城市用地与道路、交通、地面排水、防洪以及项目建设的近期和远期的结合。局部与整体之间的协调等矛盾，只有在用地合理的竖向规划及市政排水规划下才能解决。在规划新区的规划过程中，不充分做好排水工程规划与城市用地竖向规划、防洪规划之间的协调，仅考虑提高用地高程会增加土方工程的造价，而没有考虑所在地区的重要性及排水不畅的后果，会对城市发展埋下极大的隐患。此外，应对土方工程与排水工程的投资进行比较，使城市建设既经济又合理。

3. 市政排水工程规划编制滞后，不确定因素多

在市政道路排水工程设计过程中，在一定程度上会出现道路要求尽快建设，而设计所需的排水工程规划没有得到编制，使得一些排水工程不能与道路工程同期设计、同期施工，从而导致了道路建成后的重复开挖的浪费。有的情况下，设计完成后，排水工程规划由于各种原因需要重新修改，同样导致了设计的重复工作或工程改造的浪费。

（五）完善市政排水规划的建议

在市政道路排水工程设计过程中，为了更好地避免当前市政排水设施中所存在的主要问题的发生，使设计能够做到经济合理、运行安全。通过分析了大量的设计实例，现对市政排水工程规划的编制和规划的执行提出一些改进建议。

1. 加强宏观管理，科学实施市政排水的规划设计

排水规划设计宏观层面要充分考虑各个方面，涉及规划区范围以外其至跨城市、跨地区的区域性问题，具有深远的影响，对城市可持续发展发挥着不可忽视的作用。具备开阔的眼界与系统创新的思维，是做好排水规划与防洪排涝规划设计的科学协调以及区域污染控制必不可少的因素。认真做好规划前期的调查研究，使规划内容更符合当地的条件。

2. 完善微观控制，合理实施市政排水的规划设计

做好污水管道设计中新管材的推广。在给排水工程设计过程中，PCCP 管、聚乙烯钢带加强管、PE 管、聚丙烯（PP）等新型塑料复合管材应该得到优先推广使用，响应国家以塑代钢政策。同时这些管材具有管道摩阻小、排水量大、重量轻、施工方便等特点，在业主及施工方受到一致欢迎。以上新型塑料复合管材在具体使用过程中，应注意保证管道两侧回填土的回填质量，必须确保分层夯实，使其能够达到 95% 以上的密实度，以此来保证施工造成管道变形超标问题的解决。

二、排水工程存在的问题及解决对策

（一）排水工程的重要性

城市排水工程建设是城市化建设的重要组成部分，其与居民的生活工作是息息相关的，城市排水工程设施的完善程度会直接影响到居民的生活和城市的发展。城市排水工程对防洪、防涝等、维护城市排水工程和公共水域的建设等方面的作用已经不能满足城市化进程。城市排水工程的目的就是为了将居民生活污水、工业废水以及城市洪水，通过地下的排水系统排出城市，从而保证居民的正常生活。因此对城市排水工程的建设和规划管理是城市化建设发展过程中极为重要的问题。现阶段部分城市的排水工程的基础设施较为落后，有关部门对排水系统的监管不到位，这就严重地影响到了城市的发展。

（二）城市排水工程存在的问题

1. 城市排水规划不合理

现阶段在城市排水工程的建设中最重要的问题就是城市对排水系统的规划不合理。部分城市对排水系统的设计重现期均值较低，尤其是在一些老旧的小区中，内部的排水系统早已老化。但是在很多西方国家对于城市排水管网的设计重现期保持在 5 ～ 10 年，而国

内的城市排水管网的设计还有待提升。在这个经济快速发展的时代，国内的城市化进程在不断加快，城市中开始出现越来越多的高层小区，各种工业基地。在这种情况下，将重点统一的放在地上的建设上，而忽略了地下排水工程的建设，就很容易出现因排水问题而造成的堵塞问题。

2. 城区排水管道建设周期较长

在城市化进程不断加快的过程中，需要在城市中建设更多的排水管线，但是目前的城市排水管线的建设情况还不够完善。现阶段很多城市人口较小区域的排水管线基本能够满足排水的需求，但是随着城市的快速发展，排水量也在不断地增加，原有的排水管道已经不能满足居民日常生活的排水和工业排水等方面的需求。根据现阶段部分城市在进行排水规划时，所采取的分流制的情况来看，想要更好地提升城市排水质量，对污水进行分流处理的建设还需要经历很长一段时间的发展。

3. 忽略地下排水系统的发展

城市的地下排水系统是排水工程建设中至关重要的一部分。一套完善的雨水排水系统，能够更好地保证城市居民的出行，对雨水的储蓄也起到极为重要的作用。但是就目前部分城市的地下排水系统的具体情况来看，有关部门对地下排水系统的资金投入不大，没有充分地考虑到本地区的具体情况。例如在夏季，雨水较多，城市很容易出现内涝的现象，这主要就是因为城市的地下排水系统没有充分地考虑到城市的具体情况，导致雨水的囤积。同时也会严重地影响到居民的出现。

（三）完善城市排水工程的措施

1. 城市规划和排水系统相结合

在对城市排水工程进行规划建设初期，就需要根据城市的实际情况制订出详细的计划，将城市初期的规划建设和排水系统有效的结合在一起。这样不仅仅可以提升城市规划的进程，还在提高城市排水系统的同时保证居民的生活。另外在进行城市规划建设初期，要积极探索出一套与城市排水工程相辅相成的建设计划，这就需要城市建设规划人员要对本地区的排水情况进行详细调查，从而设计出合理的城市规划建设和排水工程的方案，推动城市的总体规划和排水工程的建设的发展。

2. 加强建设，以规划作为指导

现阶段很多城市在进行排水工程建设时会采用分流制的方式对旧城进行改造。在改造过程中将原有的合流制逐渐转化为截流式的合流制，这样可以更好地将城市污水截流与管道工程中。将城市中的各个道路的污水管线相互连接。同时还可以借鉴国外经验科学化的提高城市的排水系统的能力。例如在日本，很多城市利用大型的座外停车场作为临时的调蓄池，而美国则是在屋顶上安装专门的隔离材料，建立起专门的蓄水池，等等。这些都是我们可以借鉴的经验，根据自身的发展状况，设计出更加优化的城市排水系统。

3. 创建生态型城市排水系统

生态型城市排水系统主要是以生态海绵为主要创建理念，在不断的实践和完善过程中创建出的一套新型的城市污水治理措施。生态型城市排水系统主要是利用城市的竖向与排水工程相互结合，将天然水系的河道与排水设施相融合，这样就可以有效地将地下雨水渠道和地上排水有机地结合在一起，从而将超标的雨水或者污水进行排放，减少内涝灾害。而且很多城市会因为雨水较多而出现内涝的情况，这时就必须将人工排水和自动化的排水系统相结合，才能更加有效地将雨水清除。

首先，要在城市排水系统中建立节水子系统，这样可以在减少对污水处理设施建设方面投资资金的同时，还可以有效地减少污水的排放量，从而降低城市的排水工程建设的成本，营造出一种有效的双赢模式。

其次，在城市排水工程中，建立起治污子系统。治污子系统的作用就是减少污染物的排放多出现的堵塞现象，还可以在一定程度上改善排水的质量，能够有效地防止水资源的污染，对水质起到一定的保护作用。

最后，可以在城市排水工程中加入回用子系统，这样可以提高对水资源的利用率，从而有效地减少取水量。

三、市政排水技术

（一）城市排水施工技术的原则

排水工程作为城市重点工程之一，城镇排水管道施工图施工技术应符合城市总体规划和片区控制性详细规划的基本要求。排水管网施工技术应满足地区经济和社会长远发展的需要。新建排水管网充分考虑地块建设的情况，结合地块建设规划及调整方案，在排水管道断面、平面布置、高程布置上适应功能的需要和接入的可能性、便利性。施工技术选材在不断总结科研和工程实践的基础上，既考虑技术发展的趋势，积极推动新技术、新工艺、新材料的应用，同时又兼顾经济投入的合理性。

（二）排水布置思路

市政排水布置应当按照城市总体规划，同时充分结合当地实际情况布置，进行多方案技术经济比较；先确定排水区域和排水体制，然后布置排水管网，从干管到支管的顺序布置；充分利用地形，采用重力流排除污水和雨水，并使管线最短和埋深最小；协调好与其他管道、电缆和道路等工程的关系；规划时要考虑使管渠的施工、运行和维护方便；近远期结合，留有发展余地，考虑分期实施的可能性。

（三）城镇排水工程施工技术要点

1. 排水系统布置

按照分流制排水体制布置排水管道系统。排水区域一般根据地形按分水线划分，地形平坦的地区按一定的服务面积划分，使每根干管合理分担排水面积，尽量减少管道的埋深，少设或不设中途泵站，使污水以最短的距离自流排出。

确定污水管道布置形式，主干管、干管、街道支管的位置和流向，并确定中途泵站、总泵站、污水处理厂及出水口位置。在一般情况下，城市地形多倾向水体，可将主干管沿河敷设，干管垂直于等高线布置，尽量设在集水线上。在地形平坦的地区，为减少平行于等高线的横支管过长，应适当减少相邻干管的布设距离。污水干管与主干管应尽量避免和障碍物相交，如遇特殊地形时，应考虑特殊措施，并应在图上表明。为了保证污水在各构筑物之间能够顺利自流，必须精确计算各构筑物之间水头损失，包括污水流经处理构筑物本身的水头损失，污水流经前后两构筑物管渠的沿程损失、局部损失以及污水流经计量设备的水头损失，此外，还应考虑污水厂扩建时预留的贮备水头。

2. 污水管网的施工技术计算

污水管网的施工技术计算包括污水管道施工技术流量计算和污水管道的水力计算。干管、主干管、区域干管及倒虹吸管等应进行详细的水力计算。街道支管应合理地确定管径及埋深，以便于概算，不计算管段不必编号，最不利点应校核，对中途泵站或总泵站进行技术工艺施工技术。

污水干管水力计算目的在于合理、经济地确定管径、充满度及坡度，进一步求定管道的埋深，水力计算应列表进行，管底标高及管道坡度以三位小数计，而地面标高与管底埋深以两位小数计。水力计算中的数值 V、H/D、I、D 应符合规范关于施工技术流速、最大施工技术充满度、最小管径、最小施工技术坡度的规定。为减少错误，在计算的同时绘制管道断面草图，以便进行核对。

3. 污水处理厂工艺流程的确定

污水处理厂处理流程的确定，应根据污水水质、处理要求以及施工技术处理能力等因素，通过分析研究并参考相似条件下污水处理厂的运行经验，经技术分析比较后确定。施工技术应结合工程和实际情况，尽量采用成熟的新工艺、新技术、新设备、新材料，以节约建设费用，提高经济效益。

4. 处理构筑物的施工技术计算

处理构筑物的选型在指导教师指导下进行，应对构筑物选型的合理性进行分析，说明工艺特点。应完成各处理构筑物的初步施工技术（包括各构筑物的尺寸求定及污水、污泥流程的水力计算）和某些处理构筑物（由指导教师指定）的技术施工技术（确定该构筑物的所有尺寸及其所需要材料与设备等的规格与数量），处理构筑物的施工技术计算应全面详细，并附上必要的插图。

5. 排水泵站施工技术

完成排水泵站的工艺施工技术，施工技术内容应包括：泵站位置选择及说明；泵站施工技术流量和扬程的确定；选泵；泵站构造形式的确定及说明；泵站主要尺寸、设备型号与数量、技术性能等施工技术与说明；泵站辅助设施的施工技术与说明；关于泵站施工技术的其他说明。

6. 污水处理厂设置

为了有效地对市政污水进行处理，对于生活区、污水处理区、污泥处理区等各区之间以道路相隔，生活区一般布置在夏季主导风向的上风向，在北方地区，并应考虑建筑物的朝向，污泥区一般布置在夏季主导风向的下风下。处理构筑物的布置应紧凑，节约用地并便于管理。一般小型处理厂采用圆形池较为经济，而大型处理厂则以采用矩形池为经济。处理占地、构造和造价等因素以外，还应考虑水力条件、浮渣清除以及设备维护等因素。

对于市政管线种类较多，应综合考虑布置，以免发生矛盾。管（渠）布置应紧凑、整齐，也应考虑施工、安装与维护的要求，保持适当的距离。承压管可考虑平行架空布置，以节省用地和便于维修，地下埋设的管道尽可能集中并设管廊或管沟。污水和污泥管道尽可能考虑重力自流。污水厂内应设超越管，以便在发生事故时，使污水能超越一部分或全部处理构筑物，进入下一级构筑物或事故溢流。在污水厂内应有完善的雨水管道系统，必要时应考虑设防洪沟渠。

四、排水工程的施工质量控制与管理

（一）城市排水工程质量控制的意义

虽然我国在城市道路建设方面起步较晚，但是城市排水工程建设经历了一段时间的发展，其建设水平得到了一定程度的提高。相比较国际的先进社会水平，我国目前的排水建设还存在着诸多的问题和不足，整体排水工程的质量并不足以满足目前城市居民的需求，达不到其既定的标准。城市排水工程质量控制的意义在于其为实现城市现代化排涝除渍的重要基础，只有保证排水系统的质量，才可以保证城市排水能力，才可以有效地将城市内的雨水废水污水进行快速的排出，避免城市由于降雨或其他原因所造成的积水，提高城市生活的舒适性与安全性。

城市的排水系统是保证城市整体建设水平的根基，我国与外国的城市基础设施建设工作相比，排水工程的整体水平还有所不足，虽然拥有对城市降水污水以及废水的处理能力，但是这种程度还不足以对水资源具备有效处理和净化的能力，难以从根本上实现水资源的循环利用。与此同时，城市排水系统施工质量不符合要求，排水量不够大导致城市将雨水或台风山洪等自然水灾造成的积水量过大，就会引起一系列的重大安全事故。

（二）城市排水体制和排水系统的形式以及排水规划的特点

1. 排水体制

城市排水来源主要分为三类：生活污水、工业废水、雨水径流，这三类水采用的排除方式所形成的排水系统称为排水体制，分为合流制、分流制以及一些改进型的方式。

（1）合流制排水体制

把城市生活污水、工业废水和雨水用一个管渠系统收集输送的系统称为合流制排水系统。

（2）完全分流制排水体制

即分设污水和雨水两个排水管网系统。城市污水经污水管道收集后汇入污水处理厂，处理达标后排入水体，或深度处理后进行中水回用。雨水经雨水管道收集后就近排入水体。

（3）排水体制的改进和发展

随着社会的进步，人们对环境的要求日益的提高，对初期雨水收集处理的理念越来越被接受和采用。发展出一种新的系统，它既有污水系统，又有雨水系统，与完全分流制不同的是在雨水系统中增设雨水跳越井，再与污水系统连接，这种系统具有把初期雨水引入污水系统的功能；大雨的中后期，雨水的污染物已大大减少，超出污水管道输送能力的雨水由跳越并排入水体。

2. 城市排水系统的形式

城市排水系统的平面布置根据地形、道路竖向、城市性质、周围水体情况、污水种类、污染情况等来确定，主要分为以下三种布置形式。

（1）直排式布置

在地势向水体适当倾斜的地区，各排水流域的干管以最短距离排入水体，这种布置方式多用于雨水排放系统。

（2）分散式布置

当城市布局分散或功能不同，通常将排水系统划分为若干个片区，各排水片区内具有独立的排水系统，这种布置具有干管长度短、管径小、管道埋深浅等优点，但污水处理厂的数量将增多。

（3）集中式布置

当城市布局紧凑，成连续性带状或环状布置时，通常将污水集中处理，这种布置便于发挥规模效益，节省基建投资和运行管理费用。

（三）城市排水工程施工质量存在的问题

1. 城市排水工程管道质量问题

在城市排水工程的详细施工中，一些施工公司以经济利益为中心，片面追求本身效益，采用以次充好的办法，将残次管道应用于城市排水工程的施工之中，出现了市政排水管道构造强度缺乏，在地上压力过大，甚至在正常的运转中呈现开裂，进而致使全部城市排水体系呈现问题。此外，残次管道没有规则的抗渗性能，在长时间运转中呈现松懈和渗漏，进而引发市政排水管网邻近地上疏松，引起路面陷落，给城市交通和市民带来严重安全隐患。

2. 城市排水工程缺乏监督

在城市排水工程施工中，进行监督管理是十分重要和必要的。一些企业缺乏监督单位，导致在施工时任意妄为，不注重工程质量。然而即使企业有监督单位，但监督管理能力不强，在施工期间，监管单位很少到排水工程施工现场进行亲临指导，造成许多违章工作现象产生。另外，一些城市排水工程施工单位没有执行基本的建设程序，在尚未签署各项施工合同之前就已经开始进行排水工程施工工作，这就会导致施工质量和安全存在较大的问题。

3. 技术落后

目前我国大部分地面水厂处理工艺仍然以常规处理为主，即：混合、絮凝、沉淀、过滤和消毒，已有少数城市当水源受到污染影响时，采用了深度处理。

（四）加强城市排水工程施工质量管理的方法

1. 加强施工图纸的审核

在城市排水工程的施工管理中，由于施工图纸审核不严而造成工程质量问题的现象时有发生，往往还会影响到施工的整体进度和安全，因此，在排水工程施工的防治管理中首先要加强对于施工图纸的审核；其次是与设计单位进行详细的技术交底，第三是全面了解排水工程的管线长度、管材规格、走向、坡度、井位数，以及与施工区域的相关地质和水文资料，进而才能保证排水工程有条不紊地进行。

2. 扩大培训，提高施工人员的素质

科学发展观要求以人为核心，提高城市排水工程的施工质量也要以人为出发点和核心。要充分调动施工人员的积极性、主动性和创造性，增强他们的责任感和使命感，使他们意识到工程质量是把握在自己手中的。由于施工人员的技术水平直接关系到工程的施工质量，因此岗位教育和技术培训是不容忽视的。施工企业要加强对施工人员的培训力度，努力提高他们的业务素质和技术水平，使其熟悉操作流程和工作环境。另外，施工企业要改善工作环境，激励工作人员的劳动热情，根据每个人员的不同特长和施工工程的特点来合理安排岗位。对于技术要求较高、危险性较高、难度较大的工作，应由经验较丰富、技术较娴熟的人员担任，使每一位员工各尽其能、各司其职、共同协作，确保工程质量。

3. 控制原材料的质量

在城市排水工程中，原材料的质量好坏直接决定城市排水工程的终品质量。如果排水

管材质量不合格，砂石中含泥量超标，水泥不合格等原材料出现问题，可能会导致严重的质量问题。

一是严把排水管材质量关。排水管材应选用正规厂家生产的，并要求提供质量部门提供的出厂合格证和力学试验报告等证明；要严格按照技术人员设计的要求选用管材品种；排水管材进场后，应进行外观检查，要求外观质量表面平整，不得有破损、脱皮、蜂窝、裂纹等现象，不合格管材责令退场或者经处理后再使用。

二是严把"砂、石、水泥"质量关。对砂、石等原材料进行选择时应注意，砂子不能使用就地挖槽取出含泥量很大的粉砂；碎石的粒径和压碎值应符合相关的要求。

第四章　给水排水管网

给排水管网是城市供水系统的重要组成部分，在该系统中，管网的投资很高。给排水工程总投资中，输水管渠和管网所占费用一般占 70%—80%。输配水管网担负着把水安全可靠地输配到各用户，并满足用户对水量、水压、水质的要求。城市供水系统的能耗中，克服管网的水头损失和满足最小服务水头以及多余水头的能耗占很大比重，是供水系统运行费用的重要组成部分，此部分具有巨大的节能潜力。因此，探讨如何对给排水管网进行合理布局、优化设计，以期达到降低投资，节约能量的目的，具有重要的经济效益和社会意义。

第一节　市政给水管网

一、给水管网现状

（一）给水管网概况

城市给水管网（water distribution system）是给水工程中向用户输水和配水的管道系统，由管道、配件和附属设施组成。附属设施有调节构筑物（水池、水塔或水柱）和给水泵站等。给水管网的布置形式基本分为两种：树状网和环状网。城市给水管网是城市的重要组成部分，给水管网布置的合理与否，直接影响着管网的安全性、可靠性与经济性。

（二）给水管网现状

1. 给水过程中水的安全性有待提高

（1）水的安全性存在问题

随着社会日新月异的变化，居民的生活水平逐渐迈上了一个新的台阶，对水质量的要求也到了一个新的高度。通过我们查阅资料和研究发现，影响水的安全性主要有两方面的原因：一是水在管网中滞留时间越长产生的水垢越多；二是管网中管壁生物膜对水质产生二次污染。

水通过未经处理涂衬的金属管道和配件流动过程中，处于化学和电化学的作用，再加上滞留时间长，使得水在管网中化学与电化学反应时间越充分，越易对管内壁造成腐蚀，产生铁、锰、锌等金属锈蚀物，往往使沉积管道内壁形成水垢。

饮用水中 C、N、P 等营养元素含量低于污水处理系统，虽微生物生长发育和新陈代谢属于基质限制型，但是在这种贫营养状态下，微生物尽其所能利用每一个营养分子，尽可能多地吸收各种不同类型的营养基质，形成贫营养生物膜。而构成生物膜的菌种里存在机会致病菌，即使常规管网水样中未检出细菌和大肠杆菌，实际上管网中仍存在一定的微生物学风险。目前已经发现经水传播的病毒有 100 多种，其中脊髓灰质炎病毒（Poliovirus）和甲肝病毒（HAV）是最为熟知的水源性病毒。水体通过生物膜再度产生细菌的同时，又为致病菌提供了有利的生存环境，致使生物膜中的微生物病原体对饮用者的健康造成了极大的威胁。

（2）解决措施

给水管网的材质直接影响水质的安全，要是管材表面不易形成水垢和生物膜，我们应选择抗化学物，抗腐蚀，不导电等良好特性的材质，例如不可塑的聚氯乙烯（UPVC）和中等浓度的聚乙烯（MDPE）。另外，水中余氯不足，藏匿于水中的颗粒物和生物膜内的细菌又会借机再起，造成水中细菌总数的增加，细菌的溶解性分泌物会加速管道的腐蚀。因此，在条件允许的情况下，要定期冲洗管网，降低细菌再生长的可能性。贫营养生物膜中细菌的生存环境是影响水质的重要因素，所以控制细菌生长环境能有效地改善水质。水利冲刷能解决流速过快给微生物带来的营养基质及流速过慢低余氯情况下的微生物再生长；水温不仅影响细菌生长率，还影响滞后期和细菌量，所以控制低温，在细菌达到生长优势前就流出配水系统，能降低细菌量。

2.给水管网优化设计

（1）现今管网布局缺乏合理性、科学性

输配水管网是城市水系统的重要组成部分，它担负着把水安全可靠地输送到用户的任务，并要满足用户对水量、水压、水质的要求。但是现在供水管网系统配置不合理，缺少统一规划，能耗浪费现象比较严重。因此，对给水管网技术经济合理性进行研究，探讨如何对管网进行统一规划、合理布局、合理选择管径、布置泵站、以期达到降低投资，节约能量和保证安全给水的目的，对提高给水系统的经济效益和社会效益有重要的意义。

给水管网还停留在原有的规划控制中，没有综合分析需求的变化，或是看到了需求发生改变，没有及时地做出相应的改变，处在落后阶段。随着城市规模的扩大，城市中一些不发达的地区也逐渐成为商业街，对生活用水的质量要求不断提高，使管网处于超负荷工作状态中，也暴露出了原有设计缺乏长远性的缺点。

城市管网一直处于运行状态，其中相当一部分已经出现老化，有些老城区甚至 50 年都没有检修，加上材质质量较差，又超负荷运行，许多城市管道都出现了严重的漏耗现象。一些城市自来水由于供水管导致的漏损率已达到 10%—30%，当前的平均水平高达 24% 左右的漏损率，这个数字要远远高于欧洲发达国家 7% 的漏损率，同时城市的管网又处于超负荷送水状态，进一步增加了不必要的能耗和漏耗。就目前的漏耗率来计算，相当于每年损失了 5 亿元人民币。

（2）解决措施

在今后的管网建设中，在满足设计年限内的供水规模和供水范围条件下，在布置中使各布置管线连成环，确保水的安全性，同时适当扩大管网的管径，为今后的发展预留一定空间。针对管网中漏耗率高的现象，应加强给水管网建设中工程质量管理的力度。加强对给水管网检查与维修的力度，注意对管道进行科学合理的养护，并及时更换出现问题的管道，能够有效地降低管道跑、冒、滴、漏现象的发生率，达到提高供水质量，降低水源的损耗。另外，采用先进的管理理念，对城市给水管网进行合理的监管，在不同区域安装压力探测器，及时检测到各个管网的水压，既保证给水管网的工作压力维持在一个恒定的范围之内。

3.供水效益亟待提高

（1）供水效益中的漏洞

我们在考虑社会需求和环境保护的前提下，也要尽量减少供水成本。电费是供水成本中所占比例较大（一般为 30%—40%）的一项，故降低电费是降低成本的重要措施。我们在计算供水成本的时候往往忽视了管网漏失，而事实上管网漏失也是影响供水企业经济效益的重要因素。因为管网要进行定期的检查与维修，这都需要一定的人力与物力，而近年来劳动力价格不断提高，劳动力成本也成为供水成本中一个不可忽视的项目。

（2）解决措施

给水管网应根据输配水的方向不同，将水尽可能按多种途径进行处理，如园林灌溉、洗车、冲厕等可以用二、三级城市污水回用水，因而减少供水工艺，从而到达提高供水效益与减少人力物力的目的。为了有效避免管网漏失的情况，我们应在易发生管漏的地方换用耐腐蚀的材质。此外，对管网定期维护要落到实处，不能敷衍了事。

二、市政给水管网设计

（一）市政给水管网规划

虽然随着城市化水平的不断提高，城市供水公司的规模也在不断地壮大，但仍难以完全保证市民的用水需求，有些城市仍会出现停水现象。城市用水状况的巨大变化必然对市政给水设计提出更高的新的要求，因此，也对市政给水管网规划人员提出了更高的要求。市政给水管网的规划是整个城市供水体系的决定因素。给水管网的规划工作主要包括水量的预测、水源的选择以及管道网络和水厂泵站的修建。市政给水管网规划应该以单位的经济效益为出发点，以满足市民的用水需求为根本目标，提升企业的相关技术，在已有的市政给水管网的基础上进行扩建和改造。在规划的过程中需要做好的工作有以下几个方面：

1. 市政给水管网规划人员必须遵循规划的基本原则，必须考虑到各方面需求和影响因素，还要具备一些保证市政给水管网建设质量的常识性规则。

2. 为了促进城市的可持续发展，在规划时，要开源与节流的相关政策方针，必须严格执行相关法律法规，要与环保、工业用水和市政排水等相互协调。

3. 规划要遵守国家已制定的政策，要遵循全面设计和分期建设的原则，要充分考虑为长远发展留下足够的空间。

4. 规划除了要正确处理水资源的开发和利用外，还要协调好城市居民用水和工业用水的关系，在这两者发生冲突时首先要保障居民用水。

（二）给水管网研究的现状

给水管网的设计关系错综复杂，因此需要对设计的一些不合理地方进行取舍，科学合理的运用数学理论、给水设计要求，将给水管网的设计进行优化，抽象为便于理解和解决的数学模型，要以数学建模、水力建模为桥梁，得出设计的最优解或次优解。在当前形势下，给水管网设计的主要目标是：在达到用户用水量以及水管水压要求并且符合其他设计要求的情况下，研究设计有效期内给水管网投资额和运行管理费用之和最低的价值工程方案。

现代化城市给水管网设计原则：

1. 要结合用水用户和地理分布的层次性进行优化。

2. 按城市发展的当前需求和未来计划，既远近期需求来设计统筹安排。

3. 要将优化整改的重点突显。

4. 优先优化残旧老化、漏损严重的管网。

目前，确定性优化方法和现代的随机性优化方法是当前较为广为人知的两种给水管网优化设计算法。现代技术条件下，现代的随机性优化方法是以后技术优化的发展趋势，因此备受关注。当前给水管网在经验及数理方面，已经逐步建立了数学模型、水力模型，设计已有一定改进。同时也开始步入"科学设计和合理管理"的阶段。国内大型给水管网，多以环状为主，目前出现的主要问题有，管网的布置分布层次不适当；水质越来越差；管线连接繁杂混乱；管网泄漏、破损情况严重；事故维修时停水面积大、时间久；管网复杂运行调度不灵活；管网数学模型与实测统计有很大的出入等。除此之外，随着城市化建设的发展，给水管网设计落后的问题愈加严重。也由此看出，给水管网优化管理问题亟待解决。

（三）市政给水管网的重要性

城市给水管网承担着为城市输送生活和生产用水的重要任务，随着我国城市化进程的不断加快和水质新标准的实施，对城市给水管网建设的要求也在逐步提高。如果在给水管网的布设过程当中，不能进行科学及合理的布局规划，选择经济耐用的管材，便会增大给水管网的运行维护费用、提高供水成本、增大管理的难度，同时还可能发生供水水质受到污染的情况，给城市居民的生命健康带来威胁。因此，只有根据城市的地形以及居民的用水需要，合理的安排城市给水管网的布局，并加大对城市给水管网运行维护的力度，才能有效地保证城市居民的用水质量，维护城市的正常稳定运行。

1. 给水管网可靠运行，是城市供水系统安全运行的重要保证

管网爆漏与管网的材质、使用年限和安装质量有很大关系。灰口铸铁管因接口呈刚性，易发生接口处承接头脱落或爆裂；镀锌钢管使用较长时间后，是因受环境腐蚀而穿孔或爆裂；U-PVC 管和玻璃钢管主要材质老化或地质条件变化而管道爆裂；PPR 和 PE 管因安装质量或零件质量不过关，热熔处容易漏水。修漏数据表明，绝大多数管网维修是因这些因数造成的。

阀门和阀井的设计、建设和维护，对整个管网可靠运行同样重要。因部分阀门设计不合理，安装不规范，管理维护不到位，不能正常启闭等原因，往往只是为了维修一个小的漏点而关停较大供水区域，严重影响管网甚至整个供水系统的安全运行。

2. 给水管网可靠运行，是水质安全的重要保证

2012 年 7 月 1 日，在全国范围内将全面施行 GB5749 — 2006《生活饮用水卫生标准》。新标准将水质检验项目由 35 项增加到 106 项，对水质检验指标要求更高。微生物指标由 2 项增至 6 项，修订了总大肠菌群指标，浊度指标限值由 3NTU 提高到 1NTU。微生物、浊度等指标与管网的质量有着直接的关系，对管网的设计、材质、安装质量等提出了更高的要求。只有改造陈旧给水管网，合理选用经济安全的管网材质，提高整个给水管网的安装和运行质量，减小管网对水质的二次污染，才能提高供水水质的综合合格率，保证水质安全。

3. 给水管网可靠运行，是提高供水效益的保证

城市给水管网的可靠运行，是减少管网爆漏和维修次数的关键因数。2002 — 2006 年，公司大量使用 PPR、PVC 和玻璃钢材质的管道，受安装条件、安装质量的因数影响，2005 — 2006 年出现大面积集中爆漏，年度管网漏损率达 31% 以上，部分月度漏损甚至达到 40% 以上。水厂送出水量大量漏失，不但造成供水成本和维修成本升高，而且造成水资源严重浪费。

（四）市政给水管网设计

1. 给水管道设计

市政给水管道是市政给水管网设计中十分关键的一环，通过对给水管位置、管线走向的设计，不仅可以确保给水管网施工的顺利性，而且还会对工程造价带来较大的影响。而在进行市政给水管道设计时，需要对多种因素进行综合考虑，需要设计人员亲自到现场进行调查，做好技术和经济上的论证，从而确保给水管线的合理性、安全性和适用性。在进行给水管道设计时，还需要对城市环境和路面结构进行充分的考虑，尽管确保管道施工时

不会对周围环境带来较大的影响和破坏。市政给水管道由于其需要敷设在地下，这样在设计时就需要对地下原有的排污管线和其他管线进行掌握，尽管避免管线交叉的情况发生，以减少施工过程中可能对管线所带来的破坏性。在对管道进行设计时，其走向尽管沿有现有道路进行设计，而尽量缩短路程，对无法避免的障碍物，需要在穿越时选择最短的路线，这样不仅可以有效地降低管网质量隐患的存在，而且也可以节约工程成本。另外为了确保管线日常维修的方便，尽量避免管线从建筑物下方穿越的情况发生。

2. 给水管材选用

主要包括管径的确定和管道材料的选用，市政给水管道的管径应根据给水总体规划和专项规划图确定，并适当考虑现在用水情况及今后的发展情况来综合确定。市政给水管道直径设计首先应通过计算确定，在进行给水流量计算时必须考虑日和时变化系数，并根据这两者计算结果取一个适中的管径。在进行长距离给水管线设计时，不仅要考虑用户水压和结合工程造价，还应进行综合分析来确定管径的大小。新型管材随着科学技术不断发展而层出不穷，但主要可分为金属管和非金属管两类。目前应用较多的有钢管和球墨铸铁管金属管材。而市政给水管道设计可以因地制宜地采用不同类型的材质，应充分考虑供水管道所处的地质情况，充分发挥各种管材安全可靠和满足使用要求。

3. 市政给水管的接口

市政给水管的接口设计也属于市政给水管网设计的一个重要项目，市政给水管的接口主要包括刚性接口和柔性接口，还可以采用外侧填料对接口进行处理。承插铸铁管的主要采取刚性接口的形式，该接口主要由嵌缝料和密封料组成。往插口缝隙中填缝料才属于刚性接口，现在基本都使用黏合力强的石棉水泥，刚性接口可按方位分为内侧和外侧填料，为保证管口严密将填料放置于管口缝隙的里侧，并起扩圆作用和防止外侧填料漏入管内。由于刚性接口抗弯性能较差且在受外力容易产生裂缝，甚至会造成向外漏水的情况发生，为减少漏水事故的发生可采用柔性接口方式。我们常用的柔性接口大多为楔形橡胶圈，当管道的内壁为橡胶圈接口可做成坡形，可在管道口内嵌入楔形橡胶圈来起密封作用。工程实践表明柔性接口抗震性能很好，而且可以大大提高施工的速度。虽然橡胶圈接口随着铸铁管管材种类而不同，但都必须满足铸铁管的承插口与橡胶圈配套。

4. 市政给水管网抗震性设计

地震对市政给水管网可能造成的影响非常大，震后因市政给水管网受到不同程度的破坏而无生活用水，震区污水得不到及时和安全排放，市政给水管网维修不及时就会产生后果的次生灾害。所以对市政给水管网抗震性的设计至关重要。市政给水管网设计相关的规范中明确规定，位于地震区的城市的水源不宜少于两个，还规划在城市的不同方位进行布局。还应将市政给水管网应设计成环状。进行选址时应尽量避开地震断段，应设计在地质构造和岩坡相对稳定地带。

三、给水管网的改造

城市给水管网是城市生产和生活中重要的水资源来源，对于维护城市发展有着保障的价值，进入到21世纪，城市规模、人口、产业都在迅速扩大，造成城市给水管网的供水压力也在迅速提升，这会出现城市给水管网能力和实际用水需求上的根本矛盾，必须利用城市给水管网改造才能缓解这一困境。应该从造成城市给水管网能力不足的原因分析，确定管径、观察、供水效果等现象的具体部位和原因，通过科学的管线布控和定位、合理的管材设计和选择、优化的施工原则和方法，辅助于管网碰口合格的施工，在处理好其他方面问题的基础上，迅速提升城市给水管网改造的效果和质量，达到为城市发展、工商企业经营、人们生活提供更多、更好水资源的目标。

（一）城市给水管网的现状

城市给水管网是城市基础设施和水资源提供网络，城市给水管对于城市的意义相当于人的血管，具有举足轻重的作用。随着城市的扩大，水资源需求变得越来越大，需要给水管网相应地扩大供水能力，这时就显现出城市给水管网必须进行改造的必然性，需要改造的原因主要有如下几个方面：

1. 城市给水管网管径小

在城市旧城区城市给水管网基本由20世纪80年代的规划建设而成，那时对城市发展和工商企业发展没有科学地预判，导致城市给水管网管径过小，虽然在当时可以满足城市供水需要，但是对于当前人口和生产压力，原有管径已经远远不能满足需要。

2. 城市给水管网管材差

在20世纪建成的城市给水管网中，管材的种类主要有大口径水泥压力管、冷镀锌管、灰口管、铸铁管，这些管材存在着两个基本问题：一是，从建成到现在已经进入到老化期，表现出破损、渗漏现象十分严重；二是，管材对水质污染严重，这些管材会造成供水水质中重金属盐铅、锌等元素的超标，影响人们的健康和生活。

3. 城市给水管网供水效果不佳

在当前城市给水管网运行中经常会因供水压力过大而引发城市给水管网爆裂、管网堵塞、管网压力过低等实际问题，造成城市给水管网的输水能力在原有本已不足的情况下继续下降，进而会形成对城市给水管网供水能力的进一步影响，因此，进行城市给水管网改造也就成为趋势和必然。

（二）城市给水管网改造的要点

1. 城市给水管网改造的原则

一是长远性原则，城市给水管网改造过程中要结合城市长期发展纲要，要对供水需要有通盘考虑，从城市发展的总体考虑进行城市给水管网改造，避免只顾眼前利益问题的出现。

二是科学性原则，在城市给水管网改造过程中的各个关键环节要进行必要的科学计算，确定管径、管材、供水能力，做到既节约投资又能保障供水能力。

三是优先性原则，对于城市供水过程中经常断水、爆裂、水压不足、渗漏严重的区域要优先予以改造。

四是统一性原则，城市给水管网改造可以借助城市街道改造、路面扩宽等其他建设工程，使其达到统一行动、节约资金，减少资金投入的目的。

2. 城市给水管网改造的方法

一是城市给水管网改造的拆敷法，在中小城市给水管网改造过程中，或老城区城市给水管网改造施工中，可以采用这种方法，既用原有管道的线路，以新敷管道替换的方式进行改造，拆敷法的基本要求是接口和防腐，这两项要达到预定的规范。

二是刮管涂衬法，在已经进行过给水管网改造的城市给水管网中，如果供水需求略大，管径和管道尚可基本满足城市供水需要，则可选择清洁管网内壁，清除结垢等方式提升城市给水管网的供水能力和质量。

3. 管材设计和选择

城市给水管网改造使用的选择基本原则是：能承受要求的内压和外荷载，使用性能可靠，维修工作量少，施工方便，使用年限长，内壁光滑，水力条件好，造价相对较低。球墨铸铁管材具有强度高，韧性好，采用柔性接口，内衬涂料为水泥砂浆，外壁为喷锌和沥青防腐，使用寿命长等优点，内壁衬塑热镀锌管也是在城市给水管网改造中应用较多的材料。应该根据城市给水管网改造的设计，科学选择管材的类型和大小。

4. 管线布控和定位

城市给水管网改造新管线定位尽量要按照城市规划位置敷设，并与旧管线位置保持一定距离，这样可以保证在新管敷设过程中旧管能正常通水。

5. 管网碰口施工

城市给水管网改造中无论是正常施工还是新旧管网对接都需要碰口操作，应该在碰口施工中统筹安排，化整为零；若碰口的用户支线较多，应缩短停水时间，减少损失，缩小影响面，碰口施工应该先易后难，施工难度较大的支线，可集中到最后一并突击解决。

6. 城市给水管网改造应该注意的问题

管道改造施工前，要确定自己原有管线的精确位置及沿线用户支线的情况，确保碰口时不漏户，最后定下自己新敷管线的具体位置，不能盲目开挖。由于在城区街道往往店面较多，一般不允许全线开挖铺管；施工期间的排水很重要，老城区街道下水道多，渗水较大，管道装好后要及时回填覆土，不能及时回填的要加强管沟排水，否则很可能造成浮管等质量事故；施工用电要有保证，要事先与有关部门取得联系，申请临时用电措施，确保施工期间的正常供电，同时还应自备发电机组，以防万一；施工停水接口要下达停水通知书，当停水范围较大的还应通过电视、报纸等新闻媒体加以公告。

四、市政给水管网存在问题及建议

（一）改造城市地下给水管网必须坚持的原则

1. 坚持"一切从实际出发"的原则

城市地下给水管网的改造是一件涉及众多因素的复杂项目，如果工作人员不切实际的盲目设计、改造，必然给所在城市给水管网的正常运行带来阻碍。所以，改造城市地下给水管网首先要坚持的就是"一切从实际出发"的原则，在规划设计和目标设定环节，工作人员一定要有全面、充分的调查、研究，切忌盲目行事。在具体的项目改造工作中，要综合考虑城市供水系统的实际需要、施工条件和财政实力等因素，对其最好有一个全面的分析和评估，在这些工作的基础之上设置可行性的阶段规划目标。另外，所有的相关工作人员都应该明白城市供水管网改造是城市总体规划蓝图的重要组成部分，在开展具体的供水管网改造工作时一定要与该城市具体建设和改造项目结合，这样可以有效地降低因设计不合理、实用性差必须进行设计变更或者是两次短时间改造发生的可能性。

2. 坚持"高供水质量，节约用水"的原则

现在国家一直提倡建设节约型社会，节约型社会建设工作的重要步骤之一就是实现淡水资源的节约，工作人员在进行给水网优化设计工作时一定要坚持"高供水质量，节约用水"的原则。详细做法为在管网改造的帮助下逐步展开供水管网的优化，与此同时，系统的配水能力要进行充分的、系统性地提高，确保水质的大幅度提高，减少供水过程中的水量损失，降低管网事故发生的可能性，确保整个城市的供水安全。在日常工作中，要重视加强宣传引导力度，培养全民养成节约用水的习惯。

3. 坚持"全面改进，重点改造"的原则

城市地下给水管网的改造是建立在不会对供水系统的正常运行带来影响的基础之上的，在系统实际优化设计和改造环节要以城市供水管网实际情况为基本依据，同时还要考虑城市人民的实际需求和系统所在城区未来的发展规划，如果我们能够将这些因素考虑全

面再做出统筹安排,那么城市供水管网改造工作的全局性、战略性和统一性都能得到确保。

除此之外,管网改造的层次性也是我们必须关注的重点问题之一,在对整个城市地下给水管网统筹设计的基础之上,将供水漏损和供水安全影响较大的管网以及在可持续改造中位置重要的主干管作为改造的重点,并对这些项目进行优先施工,将"全面改进,重点改造"的原则坚持到底。

(二)城市地下给水管网存在的问题

1. 供水效益和安全性处于较低水平

城市给水管网系统的实质是一座城市的反应器,本身具有复杂性和庞大性的特点。在这个"反应器"中经过处理合格之后的水会流入管网,只是水在被配送的过程中并不是一成不变的,它极可能在这个过程中产生化学反应、物理反应和生物反应,这些反应都会在不同程度上直接影响水质,导致其质量整体下降。同时在水被配送的过程中很有可能遭遇供水压力过高、天气变化、地下管道埋设比较浅等种种问题,两者的结合极大地增加了给水管道经常性发生爆管的可能性。简而言之,水在被配送的过程中一旦遇到水质下降、输水管路安全性降低等安全性问题,社会用水需求便会受到不同程度的影响,并且增加人们用水的危险性。另外,供水电费是自来水供水成本中比例比较大的一块,通常情况下能够占到整个成本的30%—40%。综上所述,我们相关人员必须提高供水的安全性和供水效益。

2. 供水管网布局错综复杂,毫无合理性和科学性可言

现在城市发展速度越来越快,人们对水的需求量也在逐步增加,但是我国城市的供水管网在规划控制方面依旧保持之前落后的控制措施,根本没有看到需求较之前有了什么样的变化,有些供水管网布局单位虽然看到了人们需求的变化,但是在及时应对方面还是没有多大的改变,导致城市供水管网规划控制较为落后。所有的工作人员都明白城市地下给水管网的设计布局是城市建设的重要组成部分,尤其是现在,各地的城市规模都在按照各自的速度逐步扩大,经济中心、文化中心也在原来的基础上有一定的调整,甚至一些原本欠发达的区域都被划进商业街的建设范围,这些区域对生活用水的质量、数量和要求都有所提升,但是我们的供水管网设计却因缺乏长远性,最终导致给水管网处于超负荷工作的状态。

3. 老化供水管普遍存在,漏耗现象时常发生

长期处于运行状态是城市供水管网最显著的特点,尤其是在老城区管网老化现象非常明显。这一方面是因为老城区的一些管网铺设的时间比较长,管材的质量没有现在的管材质量好有重大关系,另一方面还是由于管网长期超负荷的工作量引起的,并且结合管材年久失修等问题,最终造成城市供水管道爆管现象时常发生,同时还伴随着明漏、暗漏,消耗量大等问题。据有关统计资料显示,大多数城市自来水因供水管问题引起的漏损率通常在 10% ~ 30%,现在漏损率的平均水平已经高达 24%,这个数字和欧洲发达国家的漏损

率相比较，已经超过 7%，并且现在城市管网超负荷送水的状态大有存在，能耗和漏耗数量都有不同程度的增加。有关部门数据表明，现在我国每年因给水管网漏损和爆管造成的经济损失费已经高达 5 亿元人民币。

（三）对城市地下给水管网设计优化的相关策略

1. 对城市地下给水管网设计模型进行优化

水管网系统种类较多，具体能够分为压力流给水管网、重力流给水管网、枝状给水管网、环状给水管网以及单水源给水管网、多水源给水管网。前两者是按照水源是否需要加压来划分的，枝状和环状给水管网主要是按照管网的形式划分的，而以水源个数为具体分类标准的是单水源给水管网、多水源给水管网。以环形给水管网的优化设计为例，对其优化最先采用的是线性规划模型，具体是以目标函数对其流量完成预分配，接着在计算目标函数的基础之上，对流量分配进行反复地调整，最终达到较为理想的工作效率。这样的模型对于我们突破树状给水管网到环状给水管网是最有效的，但是这种模型也有自身的缺陷，不能很好地解决环状网自身非线性的缺陷。随着相关研究人员对环状网研究的逐步深入，通过泵站送水的方式成功地弥补了环状网非线性的弊端，但是这样做的"短板"在建造费用和运行费用的增加，并且这两项费用并不包含除管网静态费用和泵站动态费用的其他费用，并且还有其非常复杂的约束集合条件的限制，又在一定程度上增加了非线性规划的求解难度。现在越来越多的学者都开始借助简化模型或者是限定某些约束条件，达到利用非线性规划方式解决实际问题的目的。

2. 对城市地下给水管网设计内容进行优化

就目前城市总体规划的发展现状而言，城市给水系统规划是城市总体规划的重要组成部分。尤其是现在，随着城市给水系统性能的逐步完善和自身规模的增大，其已经成为供给城市生产和生活用水的重要工程设施。该系统通常包括水泵站、水处理厂、供水管网、水塔以及蓄水池等设施，其最基本也是最明显的功能就是将经过处理厂处理过的达到国家卫生标准要求的水通过水泵站再经给水管网送到千家万户。在对城市地下给水管网设计进行优化时，必须注重对水源、供水系统、排水系统设计的综合优化，同时要把握好管线布置优化方案和管线布置既定条件下管道系统的优化设计两个关键点。在对城市地下给水管网设计优化的过程中，给水管网规划和定线是管网设计的初始阶段，必须在管网规划和设计阶段进行合理的规划和优化设计，同时为了确保供水的安全性和可靠性，要注意将管网布置在整个供水区域中，力求以最短距离敷设管线。在管线布置既定条件下管道系统的优化设计环节，一定要注意对新建的给水管网进行恰当地简化，尽全力去掉对管网水力计算构不成影响的管线或者是支管。

四、给水管网漏水分析

（一）给水管网漏水问题研究现状

当前大多数发达国家都将给水管网漏水问题作为国家发展的重点问题来研究，同时也进行了给水管网漏水检测技术和相关设备的研究工作，并且取得一定的研究成果。虽然发达国家关于给水管网漏水方面的研究已经取得一定的成效，但是大多数发展中国家却因为种种原因很少有这方面的研究。虽然我国境内淡水江河湖泊较多，但是我国是世界上最大的发展中国家，同时也是世界上人口最多的国家，故在当前形势下我国同样面临着水资源不足的现状。因此，研究给水管网漏水问题对于我国供水事业的发展有着非常重要的意义。

（二）给水管网漏水原因

一般来说，我国给水管网的漏水问题很多，这些问题主要表现在如下几个方面。

1. 给水管网设计问题

当前我国很多给水管网在设计时没有经过谨慎、细致的统筹规划，只是简单地进行现场调查，难免出现闭门造车的现象。例如没有明确给水管网所采用的管材管件；没有明确给水管网穿越障碍物、深覆土等处理措施，导致无法准确指导施工，继而造成工程隐患。

2. 给水管网施工问题

给水管网的施工质量直接决定着给水管网的漏水比例，如果在施工过程中不能保证工程质量，后期将极大可能造成给水管网的漏水问题。在实际施工过程中，某些施工单位为了牟取更多的利益而选择偷工减料、以次充好；甚至有些施工单位违规操作，没有严格按照相关规范、标准进行施工工作。

首先，有些施工企业没有严格按照相关标准采购管材管件，有甚者还使用劣质管材管件，从而极大地影响了给水管网的整体质量。

其次，有些施工单位没有做好给水管网防腐蚀工作，导致给水管网老化情况提前出现，造成给水管网防护工作耗时过长，致使给水管网遭到腐蚀的概率增大，后期出现给水管网漏水的概率也随之增大。

再次，某些施工单位没有严格按照相关规范、标准要求施工，甚至野蛮施工，导致给水管网在施工过程中就部分损坏，给水管网漏水埋下隐患。

3. 计量问题

当前我国给水管网漏水问题严重的原因是多方面的，并不完全是人为因素或质量因素，计量仪表存在的误差也是因素之一。有些用户的思想道德素质相对偏低，经常会偷盗用水，这就导致计量仪表显示的用水量比实际用水量要少；有些地区的给水管理人员没有做好统计工作，导致统计数据偏低，致使统计的用水量低于实际用水量。

（三）治理给水管网漏水问题的措施

针对当前我国给水管网频发的漏水问题，笔者认为可以通过如下措施来加以治理。

1. 增加治理成本

要治理给水管网漏水问题需要消耗大量的资金，这样会给供水企业造成很大的资金压力。如果给水管网漏水点不被重视，时间一长就会导致周边给水管网随之腐蚀，继而导致大面积漏水，致使供水企业遭受更大的经济损失。长此以往，一旦出现给水管网爆裂的情况，会导致居民大范围断水、工厂大面积停工、交通长时间堵塞中断，严重影响人民群众的日常工作和生活。此外，如果给水管网长期漏水，甚至还可能出现土方流失、路面沉降或塌方等现象，可能造成人民群众的财产损失，甚至影响人民群众的生命安全。

2. 做好给水管网设计方面的工作

在进行给水管网设计时，设计人员应尽可能考虑给水管网施工过程中遇到的各种问题。明确给水管网选用的管材管件，按相关标准选用使用年限较长的、防腐性能较好的给水管材管件，例如：球墨铸铁管、钢管、PPR 塑料管等优质管材管件；给水管网穿越障碍时宜采用钢管并采取阴极保护等措施；给水管网覆土深度大于 4.0m 时，应采用管线外全包钢筋砼的方法防护，等等。一定要结合工程现场实际情况，全面考虑施工细节，尽可能做到尽善尽美，避免工程隐患。

3. 做好给水管网施工方面的工作

在实际施工过程中应做到如下几点：

第一，需按照设计要求，选用给水管材管件；设计没有要求的，必须按照相关标准选用使用年限较长的、防腐性能较好的给水管材管件。

第二，给水管网敷设时沟槽底应该敷设具有一定承载力的黏土和砂子，以确保管道的平整，同时要让管道和基础能够整体接触，避免不均匀沉降导致管道破裂的情况出现。

第三，沟槽回填前，要严格检查管道周边是否存在石块等硬物，避免硬物挤压导致管道破裂的情况出现。

第四，管道两侧回填土要同时进行，必须认真分层夯实，夯实密度要求在 95% 以上，且不得损坏管道的防腐层，避免覆土密实度不一或者两侧不均匀，导致管道变形破裂的情况出现。

第五，设置阀门、消火栓、水表等设备时也要注意基础沉降量，严格按照规范、标准图集进行施工，所有设备井室均采用钢筋砼井。

最后，因管道内水流通过弯头、曲管、三通、管堵等管件处产生的外推力往往大于接口所能承受的拉力，故上述管件处需砌筑砼支墩予以加固，同时要确保支墩背后的土为原状土，支墩和土体紧密接触，且施工完成后在进行水压试验时也要观察支墩是否出现破裂等情况。

4. 提升给水管网管理维护人员综合素质

给水管网管理和维护工作的开展离不开相应的管理维护人员，因此管理维护人员的综合素质也直接决定着给水管网漏水率。针对于此，供水企业要全面提升管理维护人员的综合素质，要定期对其进行培训工作，并进行考核，提升他们的专业水平。同时，要制定出科学的激励措施，提高他们的工作效率和责任心，以保证他们的工作质量，减少给水管网漏失率。

5. 做好应急措施建设工作

对于给水管网漏水问题来说，做好应急措施建设工作也是非常重要的。尤其是当发生不可抗力后，抢修队伍必须要沉着冷静应对，保质保速地完成修缮工作。

第二节　市政排水管网

一、市政排水管网设计与管网分区

近几年来，随着城市化进程的加快，工厂的工业废水排放、居民生活污水的排放逐渐增加，从而加大城市污水管理以及处理费用。如果不能够及时以及合理的实施市政排水管网设计以及不能够完善相关的设施建设，最终会引发一系列的问题。因此要注重市政排水管网优化设计的工作，促使市政排水管理工作的顺利进行。

（一）优化实施市政排水管网设计以及分区的重要性

市政排水管网是我国城市建设过程中一个关键性的构成部分，并且在整个排水系统投资中，市政排水管网占有绝对重要的地位。因此优化实施市政排水管网设计以及分区是十分重要的。近几年来，随着我国市场经济的不断发展，城市开始大量修建城市道路，从而使得排水管网获得较大的应用。与此同时仍然存在一些消极的问题。市政排水管网系统建设是现代化城市基础性设施，并且也是城市水污染防治工程中非常重要的建设内容。因此优化设计排水管网的主要实现目标是指要以满足各类型约束条件为基础，并且要充分实现对排水管网的埋深以及管径等组成因素的优化选择。从目前的情况可以看出，在各行各业中，计算机技术得到了广泛的应用，并且在人们的生产以及生活中都有着广泛的应用。在市政排水管网优化设计中使用计算机技术，通过编制合理的程序，从而使得设计的效率得以提高。

（二）市政排水管网优化设计所涉及的内容

1. 排水渠

优化设计排水管渠主要涉及以下几个方面的内容：

第一，对城市大的实际集水范围以及最佳的排水分区数量进行合理的确定。

第二，对排水系统管线的最佳布置形式进行合理的确定。

第三，在优化管系设计的时候，要以管线布置形式为基础。

第四，构建合理的、科学的雨水径流模型。

通过以上四个方面的内容来对排水渠进行优化，从而在市政排水管网优化设计中排水渠得以优化并且能够顺利工作。

2. 排污水管网

在优化设计排污水管网的过程中主要涉及以下几个方面的内容：

第一，对选择管线的平面布置进行优化。

第二，对设计管径以及埋深等管段的相关参数进行优化的时候要以确定管线平面布置为基础。

因此，在对市政排水管网的进程进行优化设计的时候，主要解决的问题是确定有关的布置方案，并且在确定方案的基础上，要对排水管道埋深以及管径进行优化设计，对市政排水管网的平面布置方案进行深入研究。

（三）以平面布置为基础实施市政排水管道优化设计

从一般情况上来讲，市政排水管道所实施的优化设计主要是指以某一个设计管段为例，并且在确定好相对应的设计流量之后，结合设计规范中所要求的坡度以及管径的各种组合来使得敷设费用以及管材费用之间能够实现平衡。在实施市政排水管道优化设计的过程中，要以平面布置为基础，通过采用以下几种方法，促使市政排水管道得以优化，最终确保排水管道管理工作的顺利开展。

1. 两相优化法

两相优化法主要是指要以满足流速约束条件为基础，并且要选择出最经济的流速合理。如果流速在不断地增加，那么此时流速每秒一米的步长也会随之增加。在此之后，在进行最优充满度以及合理选取管径的时候，要充分结合相关的确定流速以及设计流量来进行，从而能够获得最优的坡度，也就是所说的较小的坡度情况。

2. 遗传算法

在市政排水管网优化设计的过程中，不管是选取哪种方式都要遵循设计规范性这一原则，从而能够使得费用得以降低。遗传算法主要是指要充分考虑到所有参数的实施有效的编码处理这一工作，与此同时，要使用目标函数来对适应度函数的转换处理找到合理的、科学的措施，然后在对生物进化过程进行模仿的过程中要充分结合转换之后的适应度函数的实际大小情况，并且通过参数编码来执行选择、交叉以及变异等行为，最终能够实现目标函数的最小获取。

3. 非线性规划法与线性规划法

非线性规划法主要考虑到充分适应计算模型中所涉及的目标函数以及变量中所具备的非线性的特征，从而能够实现对管径与埋深的优化选择。然而，从某种意义上来讲，非线性规划法会限制目标函数以及约束条件的具体形式。

线性规划法主要采用一级泰勒公式展开式来代替线性规划的解。然而这一方法的缺点在于将管径作为连续变量来处理。当管径与市售管径中存在不一致的情况，会加大前期准备工作量。从某种程度上来讲，整数规划法能够解决线性规划法中的缺点，但是会出现整型变量更多，最终难以求解。

4. 动态规划法

目前，在我国动态规划法是比较常见的一种方法，并且该方法所依据的思想就是市政排水管网设计中主要包含了多个阶段的过程，并且要针对整个设计过程来对阶段进行划分，从而能够使得管道优化设计工作的顺利开展。在该方法中，主要是将节点埋深来作为状态变量，并且通过坡度决策来进行全方位的搜索，这样做的优点在于直接采用标准管径，并且有效控制计算深度，从而增加了存储量以及时间间隔。与此同时在该方法中，主要的状态变量是指管径，并且通过流速以及充满度决策，由于标准管径数目相对比较有限，因此在存储以及计算机速度这一方面，管径占有明星的优势。通过使用这种方法不仅能够提升计算精度，而且能够促使计算机实际存储量得以实现以及减少了具体的计算工作量。

5. 不断优化排水管网坡度设计

能量连续的排水设计管段中，各个管段在交汇节点上的水位高程是相等的。在确定目标函数的时候，要以工程造价的最小值为主，并且输水能量主要是充分运用设计管网起始点所存在水位差的最大值，然而最主要的约束条件是指相应的设计规范。通过构建对应的坡度数学模型，并且要对管网系统的各个管段的最佳管径以及坡度进行准确的分析。

（四）市政排水管网分区

最优化管网分区的方案主要指要充分考虑管理费用、建造费用、技术以及较强的合理性的方案。管道费用主要是指有关排水管网的建造费用，并且管道费用主要是由管径、管长以及管材等相关的因素来决定的。泵站的运行费用主要是指排水管网的管理费用，并且泵站的运行费用主要是由水泵里程以及实际流量来决定的。从目前的情况来看，年折算费用法主要是以管网工程经济评价方式为基础，并且在投资回收期的各个年限中要合理分摊建设投资费用，然后再将各个年限的实际经营成本叠加起来，最优方案就是所得出的折算费用值是最小的。

二、市政排水管网设计存在问题及对策

城市重要的基础设施为市政排水管网，市政排水管网的布局与设计意义重大。多年来人们一直没有对排水管网这种地下管线工程予以足够的重视，使得以往的管网设计中存在很多不足之处。近几年我国多个城市在暴雨季节都发生城市内涝，给城市的交通带来极大影响，甚至威胁到人们的生命和财产安全，这才使得人们不得不开始重视城市排水管网的建设工作，人们也开始反思管网设计和建设过程中存在的问题。

城市排水管网系统的体制一般分为分流制和合流制两种类型，总体趋势是排水管网向着分流制发展，随着城镇化速度的加快，排水管网无论是污水管网还是雨水管网，它们的规模和工程投资日益庞大，管网的设计中新建或改、扩建受到的约束条件也越来越多，而管网作为现代化城市不可缺少的重要基础设施，通常占排水工程总投资的50%—70%。因此，排水管网设计的合理与否直接影响整个排水工程建设投资，以及日后维护投资和使用效果。

（一）市政排水管网设计中存在的主要问题

1. 重视程度不够，缺乏合理的系统规划

通常在城市建设规划过程中，管理者往往只重视地面以上的建设情况，而对于地下排水系统没有予以充分的重视，在路网规划过程中没有充分的分析片区排水情况，导致排水规划不合理，有的只考虑道路两侧局部范围内的排水，而忽略了上游的转输流量。甚至还有的片区根本没有做整体排水规划，只是在市政道路设计时才进行排水管网设计，各条道路的管网孤立进行设计，最后路网成型后发现有的道路的管网在高程及管径方面无法很好地与上下游管线衔接。

2. 设计标准偏低

目前我国的很多城市市政排水系统设计标准一直采用的是一年一遇或三年一遇，并且这种设计标准已经沿用了许多年，但近年来我国城市化不断发展，市政道路两侧地块迅速的硬化并被利用，这对原有雨水系统的排放方式造成较大影响，使得地表径流系数不断提高，雨水难于渗透到地下，大量的地表水积聚于路面，雨水系统排放压力大大增加，形成"水浸街"等内涝问题。特别是近年来一到暴雨季节，我国很多城市便出现内涝，严重影响了车辆的正常通行和行车安全，尤其是2012年7月北京出现多起行车至地势较低的积水路段时，车辆被淹没造成车内人员死亡的现象。这种城市内涝现象很大程度上与排水设计参数取值偏低有关。

3. 雨水综合利用程度不高

在当前的市政排水设计中，往往过分依赖于雨水管网系统的排水能力，而忽略了大的城市水循环系统的形成，在雨水管道设计时没有考虑充足的雨水蓄存空间，没有为雨水留

足排泄的通道，从而大大增加了管网系统的负荷，尤其是在暴雨季节可能会出现超负荷而形成内涝现象。

4. 排水管网细节设计不合理

在排水管网的具体设计过程中，因人为因素造成很多不合理的地方，如因资料不齐而导致设计参数选择错误，造成管径偏小或偏大，管道坡度控制不合理而影响排水性能，没有进行管线过街预留或预留不合理，排水管网如其他管线在高程上存在冲突等问题。这些设计不合理之处会给管网系统的施工和后期正常运营带来不利影响。

5. 计算机互联网等先进技术应用水平不高

由于我国还没有对城市排水予以足够的重视，因而在管网规划设计、维护管理、调度运行等方面还没有开发和运用一些先进的计算机互联网等技术，造成管网设计水平低下，也不利于后期维护和管理的开展。

（二）提高市政排水管网设计水平的对策

1. 充分认识城市排水系统的重要性

科学做好城市排水系统规划。"下水道是一个城市的良心"，我们市政管网设计人员一定要向城市建设管理部门人员灌输市政管网的重要性，让他们充分重视市政管网的规划设计和建设工作，加大投资力度，提高管网建设水平。对于新区的排水系统，一定要提前做好整体规划设计，合理划分排水流域，统筹规划，协调好各条市政道路下的管网关系，确保整个片区排水顺畅。坚决杜绝各条道路市政管网孤立的进行设计、各自为营，以防出现局部排水不畅的现象。对于新区和老区结合的地方，应对原有管网进行科学的分析，确保新老管网顺利的衔接，对于老化的和设计不能满足要求的，应重新进行规划设计并予以改造。规划过程中还应统筹排水与防涝问题，规划地表多功能雨水调蓄设施以及地下雨水调蓄水库等，综合提高区域排水能力。

2. 提高现有的排水设计标准

同发达国家相比，我国大多数城市所采用的排水设计标准明显偏低，这也是导致城市内涝的直接因素之一。我们在市政排水设计当中，应根据城市的重要性和经济发展水平，尽量按照排水设计规范规定的上限进行取值，以提高排水设计的安全系数。对于重现期的取值，应结合气候特征、地形特点和汇水地区性质等确定，排水重现期通常采用1—3年，但对于短期积水即能引起较严重后果的地区，应相应的提高重现期取值，按照3—5年的设计标准，特别重要地区可采用10年或以上的标准。在当前的城市建设中，排水管网系统建设所占的份额非常小，并且它们也是城市不可或缺的重要基础设施，因此，我们在建设初期适当地加大投资，一次性达到设计标准，这样既能较好地满足区域排水要求，内涝的隐患会大大降低，又可保证长期不用重复建设，降低维护管理和改造费用。

3. 提高城市内部调蓄能力，加强对雨水的综合利用

在排水的规划设计过程中，应提出建议，尽可能建设"软化"的城市，使更多的水下渗进入地下，降低城市洪涝灾害的发生概率。设计过程中应结合地形地势及用地性质，多保留一些城市内的低洼地带作为湿地，为雨水留足蓄存的空间，不仅在暴雨时可以起到调蓄洪水的作用，平时还可用作水景美化城市、调节气候。要为雨水留足排泄的通道，尽量保留自然的低洼处的天然河流，不得随意填塞河道进行城市开发。排水系统设计时还应考虑对雨水资源的综合利用，在一些广场或小区建设大量的可循环的水系景观，通过采用微地形处理和防渗处理的手法来收集雨水，用作消防、浇洒、冲洗地面等方面。这些措施不仅降低了雨水管网及城市泄洪的压力，还能最大限度的利用水资源。

4. 提高排水管网系统的细节设计质量

在市政排水管网的具体设计过程中，应严格做好各个细节的设计工作，设计初期多方收集资料，确保雨、污水的水量计算准确，管径取值合理，雨水汇水面积结合地形来进行划分，通常要考虑市政道路两侧200m的范围，污水计算水量时由于存在很多不确定性，可按照单位面积定额法来计算流量和管径。排水管道的纵坡应设置合理，既要保证排水顺畅，又要合理控制流速。排水管网设计应综合协调好与其他地下管线之间的关系，合理布置管网横断面，条件允许时，应尽量将管线布置在人行道和非机动车道下，以便今后的检修和维护管理。设计时合理预留过街管线，以免相交道路管网施工时破除现有路面。管网设计后应加强校对和审核工作，减少错误和不合理的现象，提高排水管网设计质量。

5. 管网设计中加强计算机互联网等先进技术的应用

通过研发城市污水、暴雨雨水管理系统，模拟污水、雨水的径流方向及水量，以辅助决策排水调度问题，提高排水设计的科学性和合理性。加强排水系统的信息化建设，为后期的管网运营和维护管理提供便利，延长管网使用寿命。

（三）我国城市排水布局与设计有关的问题

市政排水管网布局与设计与其他各项工作紧密相关，任何一个环节的问题都会影响整体的布局与设计。

对新建项目的各项审批工作应严格把关，专门设立一个城市防洪排渍排水管理机构，集中协调城市防洪、排渍、污水处理、排水管道的建设、管理和日常维护工作。尽快开展排水普查，建立全市详尽的排水档案，准确掌握城市排水设施服务范围、排水户的分布、排水量及排水水质情况，为城区排水改造提供基础资料。

应建立必要的管理制度并有相应的措施。明确市政局负责城区排水管网维修疏浚工作，保证设备、设施完好，充分发挥现有排水设施的作用；明确管网维护资金不能用于新建，更不得挪用，只能用于管网的维护和破损设施的修复；明确一个部门来负责城区排水泵站和污水处理厂的日常运转和维护管理工作。

三、市政排水管网效能的提高

市政排水管网经常被人叫作下水管道，排水管网的作用是将生活废水或者雨水通过地下管道出去，保证城市生活的正常进行。可是在最近几年里，我国的城市化建设脚步大幅提速，原来的市政排水管网已经无法适应现代化建设的需求。但是排水管网的运转是否正常，对城市建设的影响十分重大。所以，对于市政排水管网的效能提高是急需研究并解决的问题，要不断对市政排水管网效能进行研究，不断提出创新、有效的措施，保证市政排水管网更好地为人们服务。

（一）市政排水管网设计意识要超前

市政排水管网是城市建设和规划的重要部分，并且在城市排水中的作用很大，如果规划后实施，那么可能在几十年甚至是上百年都不会改变，城市排水管网的作用和影响是长远的，所以市政排水管网的设计要有超前意识，对具体情况进行分析，并且对以后的安排进行预测，做出长远计划。

经济发展速度不断提高，我国的城市化建设的脚步也逐渐加快，城市建设规模和面貌有了新的发展。不过目前很多城市的基础建设设施都比较落后，市政排水管网也存在很多问题。城市建设和发展速度的加快就会增加污水的排放量，但是一个区域的市政排水管网如果建成，那么想要改变就是十分困难的，而排水能力就会固定，这样不能满足变化的需求。所以，排水管网设计意识一定要超前，这样才能更好地解决这个问题。

根据一些调查资料显示，我国的市政排水管网的管径都存在偏小的现象，在排水高峰时段的能力不足，并且从排水管网工程的角度来看，想实现大范围改造排水管网几乎是不可能的，因为需要投入的资金金额十分巨大，对相邻市政的相关设施也会有很大损坏，再加上对环境的污染、复杂的施工过程、对交通的影响以及影响人们正常生活等因素，都加大了市政排水管网改造的难度。所以，结合城市具体发展情况，并且严格遵守中华人民共和国城市规划的法律法规，全面并且综合长期和短期的设计来考虑排水管网的效能提高。

（二）提高市政排水管网效能的措施

1. 合理设置污水支管

城市的污水支管多数在住宅小区没有规划时就进行确定了，也就是污水支管设置时具体的排水位置还没有固定，但是为了方便支管和干管衔接，就在干管固定距离设置连接管，通向道路或人行道，也是为了以后加入支管而对道路进行破坏。连接管的预留一定要确保能够承担排水面积内的污水自流，尽量不要和其他地下的管线出现冲突情况，排水面积的划分不能仅仅对区域平均分配，而是要结合住宅区面积、厂区面积和地面坡度进行分析，符合实际的排水流向。同时市长排水管网的管理人员要对管网运行的资料完全掌握，并对运行中的管网系统提出问题和建议，而设计人员要参考借鉴管理人员提出的意见，这对市政管网效能的提高有很大帮助。

2. 利用先进技术提高施工管理的水平

市政排水管网工程关系到民生问题，所以一定要高标准、高要求的施工，保证工程质量和进度。要建立完善的监督部门，保证工程质量，并且以管理者为核心，各部门协调配合，形成完善的质量监督和控制体系。这样就能保证施工的每个环节都有依据，根据具体规定进行施工并验收。施工中利用先进技术提高效率，如非开挖技术、顶管技术和降水技术等，不仅能够提高效率，也能提高工程质量。

3. 完善管理制度以提高施工质量

管理制度的完善能够提高施工质量，市政排水管网施工企业要建立以企业领导为负责人的质量管理部门，并且要配备监督人员，实现质量监督全网化，保证质量监督和各种检测制度，这就要求企业建立健全的监督机构。在施工中按照具体规定将每个环节都高质量地完成，保证排水管网的效能。

4. 废水排放管理

废水污水的大量排放能够导致排水管道不顺畅或者出现拥堵现象，很多工厂经常排放含有柴油、汽油、浮渣、黏稠渣油等杂物的污水，生活污水排放中也会含有纺织物、橡胶产品或者塑料产品等杂物，这些都能够造成排水管网拥堵。并且油渣和油脂如果冷凝之后，会和沥青类似，堵塞排水管道的情况很严重，并且清理很困难，而污水中如果含有大量的汽油或柴油，很容易引发火灾，甚至还会出现爆炸的情况。对于这种情况建议居民在排水口或在管网接口处设置拦物网和沉泥井，沉泥井的设置一定要在检查井之前，并且保证深度比排水出口的管底深出一米左右，这样才能保证杂物沉淀后落入官网。所有的饭店或食堂在污水排出口设置隔油池。这些措施都是为了保证排水管网效能的提高。

5. 加强城市排水管网的设计

对市政排水管网科学合理的设计，能够避免后期出现各种问题。因此，设计的时候一定要符合各种设计规则，并且要结合各个部门的意见和建议。在每一个城市中最了解排水管网的效能和运行情况的人就是维护人员，维护人员的受众掌握的资料都是很重要的，一般情况下，设计人员在设计之前，可以在新建的管道位置隔两个井就设置一个深泥井，这样能够有效提高市政排水管网的效能，并且在以后的使用中效果会越来越好。同时，排水管网施工过程中，管道尽量不要使用钢筋混凝土材质，因为重量太大，而且不光滑，会导致污水流通不畅，所以，一定要选择一些新型的材料来提高排水管网效能。

6. 排水管网的维护和管理

只有维护部门定时对市政排水管网进行维护疏通，才能保证排水管网的正常运行，并且维护人员对存在的问题及时提出并探讨采取一定措施整改，这些都是保证排水管网正常运行的前提。要安排维护人员定期对排水管网的检查井、泵站等进行彻底清理、检查并疏通。由于排水管网年限很长，所以出现老化是很正常的，可以采取如内衬法等手段。管理人员应该通过专业培训才可以上岗，对排水管网运行情况完全了解后才能保证正常运行。泵站最好24h有人值班，保证有问题时由负责人及时解决。同时还要加强宣传的力度，政府应该结合市政排水的各种规章制度和管理办法，向市民宣传排水管网的重要，呼吁市民爱护排水设施，降低对排水设施的危害。

第三节 市政给排水管网综述

一、市政给排水管网

市政给排水项目在城市的发展中占据非常重要的地位，它不仅关乎道路能够合理地通行，而且关乎城市能否实现其应有的意义等等的一些功效，所以，要从多个阶段认真地控制其品质，认真地开展管理活动，只有这样，才能实现给排水管网的优化配置及管理。

（一）我国市政给排水管网运行的基本原理

自改革开放以来，我国的经济发展步入了正轨，城市化的水平也越来越高，各种基础设施建设得到进一步地完善。市政给水排水管网作为城市重要基础设施的重要组成部分，它对人民生活质量水平有着不可估量的影响，成为我国城市化的重要影响因素之一。市政管网主要包括给水、排水、供气以及供暖等管道系统。给水排水管网系统是由管道、水塔、泵站、调节阀以及沉淀池等各种基础设施组成的输送水系统，任何一个环节出现差错都可能会影响到整个市政给水排水管网系统的有效运行。

从管线方案、使用材料、更新换代、设备配置等方面都从属于这个系统工程，任何一个方面出现错误，都会影响到整个管网系统的正常运行，如水池容积、泵站工作效率、漏损率等都会影响工程技术经济指标。因此，做好给排水管网的优化配置，可以明显降低管网投资与运行维护成本，提高管网系统可靠性，降低能耗，促进新技术的发展。

（二）城市市政给排水管网的现状

1. 管网系统布置不合理

随着城市化进程的逐渐加快，市政给水排水管网的覆盖密度也在不断增加，施工建设的速度加快了不少。在当前这种情况之下，必然会带来新旧给水排水管网系统的对接配合问题、管网系统的设计及配置的合理性等问题。具体而言：

（1）城市重点基础设施的规划与管理滞后，相比之下，更加重视城市建筑物的规划，而忽视市政工程管线方面的规划以及道路建设工程管线的配套问题；

（2）设计人员在进行工程管线设计时往往缺乏周全考虑，未紧密结合现场的管线设计，且计算存在较大误差；

（3）对于设计方法，多数的设计人员采用的是传统的图集计算等模式，思路较窄，优化的空间比较小；

（4）对于城市高层建筑，给水排水系统在功能上欠优化，进而造成水压不稳、异味较重以及检修困难等难题。

2.给排水管网漏失现象严重

因为城市建设自身的特殊性，现有的给水排水管网系统均是在以往的管网系统的基础之上扩建而来的。而我国的许多城市，其城市主管网的年份较久，因此，不可避免地会出现管材老化、管线严重破损、管线附属的基础设施管理不当以及管线内外的水压差过大等问题，此外，还有一些自然环境的改变等均会导致给水排水管网漏失现象严重。

3.管网配置达不到要求

当下，市政给排水管网系统面临的主要突发事件是爆管、污染以及排涝这三类。原因如下：

（1）工程资料数据不完善增加了爆管的可能性。比如说，由于施工人员不了解地下管线的具体情况，导致了给水排水的爆管，给居民的生活带来不便，同时也浪费了宝贵的水资源；

（2）许多给水排水管网由于自身系统功能不全，因此对于管网的污染处理能力也不强。

（三）加强市政给水排水管网优化方案

1.优化市政给水排水管线的布局

（1）做好给水排水系统的规划

给水排水管道的布局必须符合该区域以及整个城市的总体规划，并且要考虑到管网体系的扩展和原先的管网体系之间的对接问题。

（2）给水排水管网的具体设计一定要结合工程的实际情况

综合考虑给水排水区域的地形、水源、水泵以及沉淀池的位置，此外，还有河流、公路以及铁路等其他市政设施对管网的影响，管网的布局成环状，这样更有利于支环的相互结合。

（3）采用先进的优化技术对给排水设计加以辅助

为保证管网运行的可靠性、安全性以及经济性，以使用经典算法，新型算法为辅对其进行设计，以求完善。给水排水管网优化计算的解决方案主要是：依据各种给水排水管道公称直径规格和计算内径的关系数据来对其转换函数的程序进行编写，再依据公式编写计算给水排水管道水力参数函数程序；利用管道水力参数函数程序，再分别对给水管网平差、污水管网以及雨水管网计算程序进行编写，并将计算的结果用表格全面反映出来。这种方法的优点在于计算准确、快速和高效。

（4）为达到城市功能的升级，给排水系统的配合也要相应地改变

现在许多的城市高层建筑以及城市地下空间的拓展等，应该尽量考虑它们的特殊性，进而合理地布置给水排水系统。

2. 新旧管网的配套优化设计

（1）改造原有管网

在旧城进行改造的过程中，不能忽视对给排水管网的改造。对于年份较久的管网，要仔细查找出明漏和暗漏的具体位置，并对其做及时有效的处理，对于老化及漏损严重的管道要尽快摒弃，并用新管取而代之。

（2）建材及管线的合理选择

对于市政给水排水管材的选择要求高度的耐压性及抗腐蚀性，管网系统的整体优化也涵盖成本的优化，而管道材料的性能如何也将对给排水系统的优化产生重要影响，因此，对于管材及管线的选择要做严格的把关。

（3）考虑管道周围环境的改变

在给水排水管道的铺设时，其土层覆盖的厚度要适中，由于市政道路的缘故肯定会致使管网上层覆土厚度变薄，应考虑在道路改造时，重新计算管线的埋深，或者对管线进行迁移，临时过街管线，应考虑通过套管等方法予以处理。

3. 完善给水排水系统的功能

（1）进一步提高监测水平，解决好爆管问题

对给水排水管网的信息要做到及时地更新，加大资金、技术的投入力度，对历史数据进行有效清理，并纳入计算机信息系统之中进行管理。在进行工程施工的时候，要利用管网的相关信息，以有效防护。

（2）综合考虑该区域的环境条件

尤其是夏季的降水量，要对其进行合理测算，对雨污分流进行完善，全面考虑当地的降水量、市政管网自身的排水能力以及其他各种经济因素，可对排水系统的相关标准系数进行适当的调整，并加强雨污分流。

（3）管网污染问题

首先要做好管网污染方面的监控以及防范工作，在城市管网的重要位置上建立完善的监测系统，记录好相关的数据，并对其进行分析，及时地发现并解决问题，找出渗漏的具体位置及原因，做好污染事故的预防工作。

二、市政给排水管网的管理与养护

（一）市政道路给排水管道的管理

随着道路给排水行业的发展，我国针对给排水管的管理制度也日趋完善，在新中国成立以后的飞速发展中取得了卓越的成绩。但在对国外的同行进行认识的过程中，明显地感觉到了我国大部分地区市政的道路给水排水管理工作还需要进一步的改进。

1. 市政道路给排水管道的安全管理

首先，要进行安全管理，必须要有制度可依，因此制定符合当地的安全规程很重要。我国《排水管道维护安全技术规程》（CJJ6-85）就可以作为重要的依据，另外可以根据工作需要结合当地实际情况及时总结制定新的适合当地操作的安全规定。

其次，要有安全装备，参考安全规程，市政道路维护管理中的一些常见的防护设备，由于每次施工的地点不同，对象不同，因此需要配备的个人防护设备也不尽相同。常见的排水行业个人防护设备有：安全帽、安全鞋、呼吸防护器、护目镜、安全手套和安全带等，还要有必要的检测类设备、警示类设备和安全处理类设备等。

最后，健全安全防范的道路给排水网络，领导是关键，中层是骨干，员工是基础，每一级需要层层落实。落实责任制，坚持三个结合：一是安全责任与安全目标相结合；二是检查督促与过程考评相结合；三是考核结果与奖惩兑现相结合。健全安全防范工作机制，明确各组织部门及个人的工作职责范围，制定各项工作规范，如《防范硫化氢中毒等事故须知》《硫化氢应急处置预案》《井下作业安全制度》《排水管道维护安全管理规定》等各项细则。按照安全规程规定，做好详细的上报工作和完善的工作用表，尽可能将安全管理置于首要位置。

2. 市政道路给排水管道的技术管理

维护应该按照最新《城镇排水管渠与泵站维护技术规程》（CJJ68－2007）来执行，此规程由上海市排水处主编，各地区也可按照其进行部分修改，从而形成适合本地的技术规程。在城市化不断发展的今天，给排水行业扮演着越来越重要的角色，人们的日常生活，无时无刻不与道路给排水息息相关，然而，人们往往忽略了道路给排水管道的健康状况。随着时间的推移，一些城市的道路给排水管道已接近老龄，管道的安全维护已不能仅仅局限于日常的养护工作，对其结构的全面检查已经迫在眉睫。

从环境的角度讲，随着现代工业的迅速发展和城市人口的不断集中，城镇用水量日益增加，污水量也日益增加且成分也日趋复杂。给排水管道的损害导致外流的水向地下水渗漏，直接影响地下水体，而保护环境，是进行经济建设必不可少的环节，是保障人类健康和造福子孙后代的大事。

从市政安全角度讲，管道损坏导致道路基础的土壤流失，直接造成路面塌，从而导致给排水管道周围其他地下管道的连带损坏，直接给人民的生命财产安全带来威胁。经相关部门统计，一个中等城市，平均每天有两处路面由于下水道的原因发生塌陷。

俗话说，"小病不治大病苦"。从经济的角度看，如果将危险扼杀在萌芽状态，对市政道路给排水管道的管理与养护的资金投入将要节约 60%，这对于处在社会主义初级阶段的发展中国家来说，节约一笔不小的社会财富。尤其是一些主干管道，它们一旦发生问题，后果不堪设想。总之，排水管道的检测应作为排水工程的一部分应被重视，对保护环境、促进工农业生产和保障人民的健康安全，具有巨大的现实意义和深远影响，因此，我们给排水行业工程技术人员任重而道远。制定管道检测的周期应该被我们管理工作者重视起来，根据各种检测方法，管理者可以选择一项或几项适合当地排水管道检测的方法对管渠系统进行定期检查。

（二）市政道路给排水管道的养护

给排水管道在建成通水后，为保证其正常工作，必须经常进行养护管理。养护管理的任务是：验收给排水管道；监督给排水管道使用规则的执行；经常检查、冲洗或清通给排水管道，以维持其通水能力；修理管道及其构筑物，并处理意外事故等。

给排水管道系统的维护工作，由城市建设机关专设部门领导，下设若干养护工程队，分片负责，责任到每一片的负责人。整个城市道路给排水系统的养护组织一般可分为管道系统、排水泵站和污水厂三部分。

1. 市政道路给排水管道的疏通

管道系统的养护工作中经常性的和大量的工作就是疏通给排水管道。在排水管道中，往往由于水量不足，坡度较小，污水中污物较多或施工质量不良等原因而发生沉淀、淤积，淤积过多将影响管道的通水能力，甚至造成管道堵塞，因此，必须定期疏通。疏通的方法主要可分为水力方法和机械方法两种。

水力疏通的方法是用水对管道进行冲洗。可以利用管道内污水自冲，也可以利用自来水或河水，可以利用上下游水头落差造成的流量对管道进行冲洗，也可以采用高压射水车的高压射水对管道进行疏通。用管道内污水自冲时，管道本身必须具有一定的流量，同时管内淤积不宜过多，而用自来水冲洗时，通常从消防龙头或街道集中给水栓取水，或用水车将水送到冲洗现场。

近年来，当出现管道淤塞严重，淤泥已黏结密实，水力疏通的效果不好时，可以采用机械疏通的方法。很多城市一般采用水力冲洗车进行管道疏通，这种冲洗车由半拖挂式的大型水罐、机动卷管器、高压水泵、高压胶管、射水喷头和冲洗工具箱等部分组成。

2. 市政道路给排水管道的检测

给排水管道所面临的问题及目前国内管理的现状，这些问题的发现都需要通过一定的方法来检测，如果不积极的进行检测检验，那么就只有等到管道堵塞、污水外溢和道路塌的时候才能被管理部门发现。给排水管理的目的就是保障排水系统的正常运行,因此,检测便显得至关重要,尽管目前由于资金等种种原因,给排水管道的检测还没有被相当的重视,但科学的检测是未来给排水行业发展的必经之路。

现在我们通常用到的给排水管道的检测方法有:闭水试验、气压法和水压法检验,以及声纳法管道内窥检测等。有些大城市,对重要路段大管径排水管道的检测颇费周折,特别是在满管水的情况下,有时为了急于了解管道是否出现问题,还会采用潜水员手摸的方式进行检测。

市政道路给排水管道的管理与养护,随着城市建设的深入,显得越来越重要,在市政道路建设中,应当有组织地、及时地排除道路上的废水和雨水,否则可能污染和破坏环境,甚至形成公害,影响生活和生产,以及威胁人民健康。在市政道路给排水管道中所出现的质量问题必须要进行全面控制,要始终坚持技术标准,注意加强施工管理,强化质量意识,及时发现问题并解决问题,以确保市政道路给排水管道的质量,同时总结出多种有效的预防措施,使我国的市政道路给排水管道质量管理水平上升到一个新水平。

三、给排水管网工程施工

(一)施工方法

此处论述的为室外给排水管网工程施工方案。

基本施工流程为:给排水管网开挖→管线安装连接→检查井室砌筑→管沟回填。

1.给排水管网开挖

室外给排水管网开挖以挖掘机开挖为主,人工开挖为辅。

(1)开挖前应按设计要求进行施工测量放样,通过坐标点、路中线里程桩放出管道的中线点,在管道纵向定出基坑开挖边线,并测出开挖深度,加强桩点维护,确保日后复测顺利进行。

1)在进行管坑开挖前,利用在全范围进行地下管线探测,如有管线,应设置标志牌标记地下管线的种类位置和埋深,并进行保护,对施工有影响的需报设计和监理工程师进行处理。

2)开挖坑槽前,应向挖掘机司机详细交底,交底内容一般包括挖槽断面、堆土位置、现有地下构筑物情况及施工技术、安全要求等,并指定专人与司机配合,其配合人员应熟悉机械挖土有关安全操作规程,并及时量测槽底高程和宽度,防止超挖。如超挖,超挖部分应按监理工程师同意的材料回填,并夯压密实。

3)管沟开挖时,先进行详细有测量定位并用石灰标示出开挖边线,复测无误后可指挥挖掘机进行开挖,挖掘机一边开挖一边后退,开挖出来的余泥堆土于坑槽外侧,同时组织散体物料运输车外运余泥,堆土坡脚距槽边 1.0m 以外,堆土高度不超过 2.0m,堆土坡度不陡于自然坡度。

（2）做好坑内、坑外的排水，在坑内应开挖集水沟，并通过集水井将地下水抽至地面临时排水系统。

（3）采用自卸汽车配合挖掘机开挖的运输方式，将开挖出来的土方及时运至事前联系好的弃土场，次要交通位置可堆放弃土，待管沟施工完后用于回填。

（4）沟槽开挖当挖至设计标高时，应进行地基尺寸轴线偏差检查验收。

2. 增强聚丙烯（FRPP）模压管排水管敷设施工

工程所有排水管均采用增强聚丙烯（FRPP）模压管排水管，密封圈承插连接。

（1）施工准备

1）管道基坑开挖至设计标高，软黏土较厚的沟槽底经地基处理达到地基承载力要求，经业主与派驻现场监理工程师验收合格后方可进行基底垫层的施工。

2）按照设计要求回填 150mm 厚中粗砂垫层，并加以夯实平整，保证双壁玻纹管的管肋和回填材料全面接触，虚铺层的宽度约为 1/3 直径。

3）下管前，先清除管坑内杂物，排除基坑内的积水，然后在平基上弹放管道中线，复核平基面标高。

4）管材应附有出厂合格证，安装前检查管的外观质量，不使用有裂缝等现象的管材。

5）根据管径大小和现场情况，确定下管方案。下管时应将管道排好，然后对线校正，严格控制中线和标高，自下游向上游进行下管，并用中心线法或边线法控制管道的中线和高程。

6）管道稳定后，应再复核一次流水位的高程，使管道的纵坡符合设计要求后方可进行下一工序的施工。

（2）管道安装施工工艺

1）小管径的双壁玻纹管安装可采用人工安装。槽深不大时可由人抬管入槽。严禁用金属绳索钩住两管口或将管材自槽边翻滚抛入槽中。

2）调整双壁玻纹管长短时可用手锯或专用切割机进行切割，断面应垂直平整，不应有损坏。

3）下管过程中，严禁将双壁玻纹管从上往下自由滚放，以防止块石等重物撞击管身，并且必须保证沟槽排水畅通。雨季施工时，应尽可能缩短开槽长度，且成槽快、回填快，并采取防止泡槽措施一旦发生泡槽，应将受泡的软化土层清除，换填砂石料或中粗砂。

4）下管以后，应将管道排好，然后对线校正，要注意管内流水位是否相平，不相平的应垫平。

5）管道在安装完毕尚未填土时，一旦遭水浸泡，应进行中心线和高程复测和外观检查，如发生位移，飘浮等现象，应做返工处理。

（3）增强聚丙烯（FRPP）模压管排水管连接

1）连接前，应先检查橡胶圈是否配套完好，确认橡胶圈安放位置及插口应插入承口的深度；

2）管道的承口、插口与密封圈接触的表面应平整光滑、无划痕、无气孔。

3）接口作业时，应先将承口（或插口）的内（或外）工作面用棉纱清理干净，不得有泥土等杂物，并在承口内工作面涂上润滑剂，然后立即将插口端的中心对准承口的中心线就位。

4）插口插入承口时，小口径管可用人力，可在管端部设置木挡板，用撬棍将被安装的管材沿着对准的轴线徐徐插入承口内，逐节依次安装。公称直径大于DN400的管道，可用缆绳系住管材用手搬葫芦等提力工具安装，严禁用施工机械强行推顶管子插入承口。

3. 室外 PE 给水管施工

应设计要求，本工程所有给水管皆为（PSP）钢塑复合压力管，公称压力 ≥ 2.0MPa，d_n ≤ 40 采用卡压式，50 ≤ d_n ≤ 采用扩口，根据口径及应用环境不同，可分别采用卡压式和扩口式连接。

（1）安装前准备工作

首先将施工图纸及其他技术文件，准备齐全，并进行图纸会审，编制安装措施及准备安装机械。管道安装埋设前，必须具备如下资料：

1）设计文件及施工图。

2）管线工程地质和水文地质资料。

3）沿线原有地下管道和其他障碍物的准确资料。

4）管区填土材料分布、材质及储量。

（2）管道装卸

主要采用机械装卸，装卸时应采用韧性好的布带、吊带或吊绳进行安装，不得采用钢丝绳和链条来装卸或运输管道。管道装卸时应采用两个支撑吊点，其两支撑吊点位置应放在管长的1/4处，以保持管道稳定。在管道装卸过程中应防止管道撞击或摔跌，尤其应注意对管端保护、如有擦伤应及时与厂方联系，以便妥善处理。

（3）管道运输

短距离搬运，不应在坚硬不平地面或石子地面上滚动，以防损伤。小管径管道若采用叠放运输时，应将管道保持稳定，管道之间适当留有缝隙，以防管道发生滑动。上下叠放运输，其高度不应超过2m，车箱与管道接触处，要求平坦，并用柔韧的带子或绳子将其固定在运输工具上，防止滚动和碰撞。

（4）管道进场检验

管道运到现场，可采用目测法，对管道是否有损伤进行检验，并做好记录与验收手续。如发现管道有损伤，应将该管道与其他管道分开，立即通知管道供应厂家进行检查，分析原因并作出鉴定，以便及时妥善处理。

（5）管道存放

当管道直接放在地上时，要求地面平整，不能有石块和容易引起管道损坏的尖利物体，要有防止管道滚动的措施。不同管径的管道堆放时，应把大而重的放下边，轻的放上边，管道两侧用木楔或木板挡住。堆放时注意底层管道的承重能力，变形不得大于6%。管道存放过程中，应严格做好防水措施，严禁在管道附近有长期明火。

（6）下管

根据管径的大小、沟槽和施工机具装备情况，确定人工或机械将管道放入沟槽。下管时要采用可靠的软带吊具，平稳下沟，不得在沟壁与沟底激烈碰撞，以防管道损坏。同一批次的产品下管时注意按厂家提供的管段编号顺序下管，注意接口朝水流方向。

（7）管道连接

1）按设计要求确定长度，用专用切管器进行切割管材。管材下料截管后，对管子内外的毛刺必须用专用锉刀或专门的除毛刺器除去，若清除不彻底则插入时会割伤橡胶密封圈而造成漏水。

2）用专用工具扩孔整圆并倒角，对内径尺寸过小的管材需先整圆再进行绞孔。管子插入管件前须确认管件O型密封圈已安装管件端部的U形槽内，安装时严禁使用润滑油。

3）按卡紧套长度在管材外表面画线后垂直插入管件，管子若歪斜则易使O型密封圈割伤或脱落而造成漏水，将管子紧紧套在管材上并用力插入管件承口，直至与垫圈接触，否则会因管道插入不到位而造成连接不紧密出现渗漏。

4）压连接时工具钳口的凹槽必须与管件凸部靠紧，工具钳口应与管子轴心线垂直，卡压压力必须符合要求。开始作业后凹槽部应咬紧管件，直至产生轻微振动才可结束。卡接后钢管与管件承插部位卡成六边形，用量规检查其是否完好。

5）管件与阀门、水表、水嘴等丝扣件的连接必须采用专用的内外丝转换接头，严禁在水管上套丝。

（8）水压试验

1）给水管道水压试验的管段长度一般不超过500m。管道工作压力为0.35MPa，试验压力标准为1.5倍工作压力，且不小于0.6MPa，所以本工程的试验压力为0.6MPa，稳压10min，若压力下降不超过0.05MPa，且管子及附件无损坏，接口管身检查无破损及漏水现象则为合格。

2）试压前应编制具体试压方案，确定水源和排水路线。

3）根据现场情况，选定试压后背，当土质较好时可在试压管道两端各留一段7~10米原状土做试压后背，后背与盖堵用方木和千斤顶做传力系统；当土质不好时采用人工后背。

4）试压设备

①弹簧压力表。

②试压泵。

③排气阀。

5）试压程序

①管道应从下游缓慢入水，进水管路必须安装止回阀，注水时应将置于管段最高点的排气阀全部打开。

②管道升压时，管道的气体应全部排除，升压应逐步开压，每次升压以 0.2MPa 为宜。每升一级应检查后背、管身及接口有无异常现象。水压升至 0.6MPa 后，关闭进水闸阀，停止加压 10min，压力降不超过 0.05MPa，严密性试验合格；

③水压试验过程中，要设专人统一协调，专人巡视，后背顶撑、管道两端严禁站人，对管身、接口严禁进行敲打或修补缺陷。

（9）冲洗消毒

冲洗流程：准备工作→冲洗前的检查→开闸冲洗→检查冲洗现场→目测合格关闸→化验。

1）管道冲洗前应制定冲洗方案。

2）管道冲洗时流量不应小于设计流量或不小于 1.0m/s 的流速。

3）冲洗时间应安排在用水量较小、水压偏高的夜间进行，放水口的截面不应小于被冲洗管截面的 1/2。

4）选好排放地点，确保排水线路畅通，排水管截面不得小于被冲洗管的 1/2。

冲洗要连续进行，当排出口的水色透明度与入口处目测一致时即为合格。

5）管道应用漂白粉溶液注入管道内浸泡消毒，放水冲洗后，经水质部门检验合格后交付验收。

6）管道在经过冲洗后，如水质化验达不到标准要求，应用含量不低于 20mg／L 氯离子浓度的清洁水浸泡 24 小时消毒，然后再冲洗，经水质部门检验合格后交付验收。

4. 井室砌筑

所有给排水检查井室砌筑用砖应符合国家现行标准或设计规定，在砌筑前应将砖用水湿透，不得有干心现象，与混凝土基础相接的砌筑面必须用水冲刷干净。砌砖前应中心线放出墙基线，确定砌法。砖体应上下错缝，内外搭结，最上和最下一皮砖均用丁砖砌筑。爬梯的放置位置准确，上下统一。位于路面、人行道上的井室，井盖均应与道路平齐，无路面井盖应高出室外设计标高 50mm，并应在井口周围以 0.02 的坡度向外做护坡。井室内侧采用水泥砂浆抹面，抹面结束后，将井室内遗留的砖块等建筑垃圾清理干净，把管道阀件上的砂浆清理干净，盖上井盖结束。

5. 管沟回填

（1）水压试验前，除接口外，管道两侧及管顶 0.5m 以内应采用人工回填，三通两侧 5m 在试压前还土至管顶 1m。水压试验合格后，方可回填其余部分。

（2）回填土时，槽底至管顶以上 50cm 范围内，不得含有机物、冻土以及大于 50mm 的砖、石等硬块，回填时先填接口工作坑，再回填管道两侧直至管顶。管道两侧回填高差不超过 20cm。

（3）管沟回填应对称分层进行，管道两侧和管顶以 50cm 人工用木夯夯实，每层虚铺厚度不大于 20cm；管顶以上 50cm 至地面用蛙式打夯机夯实，每层虚铺厚度 20 ~ 25cm；应做到夯夯相连，一夯压半夯。

（4）分段回填时，相邻两段接茬呈阶梯形，且不得漏夯。

（5）根据一层虚铺厚度的用量将回填材料运至槽内，管道两侧和管顶以上 50cm 范围内的回填材料，应由沟槽两侧对称运入槽内，不得直接扔在管道上；回填其他部位时，应均匀运入槽内，不得集中推入。

（6）回填压实标准

1）胸腔部分：≥ 95%。

2）管顶以上 50cm 至地面符合路基密实度的要求。

（二）市政给排水施工中存在的问题

1. 市政给排水线路选择不合理

在市政工程施工的过程中，确定给排水的管道排布、施工线路是非常重要的环节。在以往市政给排水管道的施工中，虽然已经形成了一整套较为完善的施工理念，但是还存在一定的问题。

第一、给排水管道的施工成本问题，在工程施工过程中，成本控制是非常重要的，但是部分施工单位盲目节约施工成本，选择的管道线路不符合实际情况，从而造成了工程质量的不稳定性。

第二、路线选择缺乏科学性，在施工过程中，有些施工单位因循守旧，拒绝使用新技术、新理念，还沿用以往的施工规范和施工理念，选择不合理的施工路线。

所以说，在市政给排水施工过程中，施工方不能盲目坚持"节约工程成本"的理念，要将节约性、科学性有机的结合，更好地做到以较少的工程投入，实现市政给排水管道线路的最优化选择。

2. 市政给排水管道的部件老化问题严重

市政给排水管道配件老化，会造成水资源的严重浪费。随着市场经济的快速发展和城镇化进程的不断加快，给排水管道的使用压力也越来越大，使用时间和频率的迅速增加，加速了管道的老化，同时也加大了配件阀的工作压力，从而更容易产生超压外流。在市政给排水管道施工中，如果给排水中的给水配件阀前压力远远超出了流出水头，那么给水配件在单位时间内的出水量就会超过配件额定的出水量，即超压出流。超压出流会直接影响到市政给排水管道施工的顺利进行。

3. 市政给排水施工缺乏规范化管理

市政给排水工程施工缺乏必要的规范性管理是当前面临的又一重大问题。市政给排水工程建设单位很多都隶属于当地建设行政主管部门，在工程实施过程中可能会出现按基本建设程序实施的现象，例如不实施项目法人制度、工程监理制、合同管理制、招投标制等。

另一方面，缺乏合同意识的现象也有所存在，有的给排水工程施工已经开工多日，但是还没有签订正式的监理合同和劳动合同，边施工、边签约的现象没有得到杜绝；还有部分给排水工程在施工过程前相关的施工许可证、工程质量监督手续等办理不及时，有时甚至是当上级部门检查的时候才开始补办，施工手续和流程非常不规范，这些都不利于施工质量的提高；还有一些地方政府出于政绩的考虑，一味强调压缩工期，这也会造成施工质量存在隐患。

（三）市政给排水工程质量控制措施

1. 加强市政给排水管道施工准备阶段的质量控制

在市政给排水管道施工准备过程中加强质量控制，要做到以下几点：

（1）施工方要认真阅读施工图等相关资料

在施工之前相关工作人员要结合图纸及各类资料，深入现场进行充分的了解，认真分析各种地形、地貌等特征，并进行系统的分析论证，根据管道的设计要求、使用要求，确定好各种参数，以保证给排水管道施工的顺利推进。

（2）要对市政给排水管道施工的现场进行调查和困难排除

在市政给排水管道施工之前，相关人员要结合管道的实际走向以及地形地貌特征，对施工现场进行细致的检查，对任何与管道施工相关的因素要作详细的记录，遇到困难时，要积极与建设方协调解决。

（3）对给排水管道施工的管材进行严格控制

市政给排水管道施工的管材对管道施工的正常推进以及工程质量的提高有着重要的作用。在市政给排水管道施工之前，施工方要认真检查施工所需用的水泥、钢筋、管道等材料，认真把关，保证材料的质量和性能，通过实地抽查和重点检验，来保证材质的可靠性和工程质量的稳定性。

2. 加强市政给排水施工过程中的质量管理

（1）加强市政给排水施工现场的质量管理

城市给排水管道施工的总承包单位应该在施工开始的时候，同建筑单位以及质量监督管理部门，按照质量管理计划推进管理。在施工过程中，现场要有专门的负责人对施工人员、质量检验、工程节点、分部分项工程的实施地点等事项进行记录和管理。同时，总承包单位应该对各分包单位的施工进度进行统筹协调。

（2）施工过程中严格管道的施工测量

在市政给排水管道施工中，施工测量的重要作用不言而喻，因此，在市政给排水管道施工过程中，要有专门的人员按照规范标准来进行施工测量，以此来更好地提高管道施工的准确度。

（3）对给排水管道进行相关实验

在市政给排水管道施工过程中，要对管道进行闭水试验。以排水管道的闭水试验为例，应该严格按照从上游到下游的方式进行，这样既节约用水，又保证了市政给排水管道的稳定运行。

3. 加强市政给排水施工的质量监理

在市政给排水管道的施工过程中，工程监理单位是不可或缺的一方。通过监理工作质量的提高也可以加强施工工程质量的提高。首先，当前我国的施工质量监理过程中，给排水工程在很大程度上是靠设备进行质量检测的，那么积极引进先进的质量监理设备、仪器，能够促进检测手段的现代化和检测结果的精确化，就有助于提高监理水平，从而形成对市政给排水施工的质量高标准监督，提高市政给排水施工的质量控制力度。其次，市政给排水工程施工质量监理是一个系统复杂的工程，必须通过优化监理队伍结构来提升监理工作的质量，在具体的施工过程中，要加强对监理队伍的培训，积极引入高科技、高素质人才，从而提升监理工作水平，为提高市政给排水工程施工质量提供有力的监督和保障。

第五章　水质工程

　　良好的水质供应关系到广大人民的切身利益，亦是中国实现现代化进程的必要条件。自改革开放以来，为让广大人民喝上放心、安全的水我国各级政府均不断投入大笔资金进行城乡供水设施的建设，并采取诸多措施加强水质改善。但自改革开放几十年以来，我国饮用水源的污染问题一直未能得到根本改善，甚至有加剧的趋势。水质问题始终困扰着政府和广大人民群众。因此必须加大政府对于水质工程的监管，采用先进可行的方法，加大对水质的改善，严格控制水质污染，确保水质的良好供应。

第一节　概　述

一、水质、水质指标和水质标准

（一）水质

　　水质（water quality）水体质量的简称。它标志着水体的物理（如色度、浊度、臭味等）、化学（无机物和有机物的含量）和生物（细菌、微生物、浮游生物、底栖生物）的特性及其组成的状况。为评价水体质量的状况，规定了一系列水质参数和水质标准。如生活饮用水、工业用水和渔业用水等水质标准。

1. 基本归类

（1）饮用水类

饮用水 I 类：国家级自然保护区，水质未受污染。

饮用水 II 类：较清洁，过滤后可成为饮用水。

饮用水 III 类：过滤清洁后可用作普通工业用水。

（2）污水类

IV 类：普通农业用水，灌溉用。

V 类：普通景观用水。

劣 V 类：无用脏水。

2. 评价指标

天然水评价指标一般为色、嗅、味、透明度、水温、矿化度、总硬度、氧化 - 还原电位、pH 值、生化需氧量和化学需氧量等。天然水中的大气降水水质与当地的气象条件和降水淋溶的大气颗粒物的化学成分有关；地表水水质与径流流程中的岩石、土壤和植被有关；地下水水质主要与含水层岩石的化学成分和补给区的地质条件有关。

（二）水质指标

水质指标是指水样中除去水分子外所含杂质的种类和数量，它是描述水质状况的一系列标准。

水质指标大致可分为：

1. 物理指标（嗅味、温度、浑浊度、透明度、颜色等）。

2. 化学指标

（1）非专一性指标：电导率、pH 值、硬度、碱度、无机酸度等。

（2）无机物指标：有毒金属、有毒准金属、硝酸盐、亚硝酸盐、磷酸盐等。

（3）非专一性有机物指标：总耗氧量、化学耗氧量、生化耗氧量、总有机碳、高锰酸钾指数、酚类等。

（4）溶解性气体：氧气、二氧化碳等。

3. 生物指标（细菌总数、大肠菌群、藻类等）。

4. 放射性指标（总 α 射线、总 β 射线、铀、镭、钍等）。

有些指标用某一物理参数或某一物质的浓度来表示，是单项指标，如温度、pH 值、溶解氧等；而有些指标则是根据某一类物质的共同特性来表明在多种因素的作用下所形成的水质状况，称为综合指标，比如生化耗氧量表示水中能被生物降解的有机物的污染状况，总硬度表示水中含钙、镁等无机盐类的多少。

（三）水质标准

国家规定的各种用水在物理性质、化学性质和生物性质方面的要求。根据供水目的的不同，存在着饮用水水质标准、农用灌溉水水质标准等。各种工业生产对水质要求的标准也各不相同。农田灌溉用水的水质一般需考虑 pH 值、含盐量、盐分组成、钠离子与其他阴离子的相对比例、硼和其他有益或有毒元素的浓度等指标。

1. 企业标准

水是地球上一切生物赖以生存也是人类生产生活不可缺少的最基本物质。不同用途的水质要求有不同的质量标准。有国务院各主管部委、局颁布的国家标准，省、市一级颁布的地方标准，有不同行业统一颁布的行业标准和各大型全国性企业统一颁布的企业标准。

2. 国标标准

水资源保护和水体污染控制要从两方面着手：

一方面制定水体的环境质量标准，保证水体质量和水域使用目的。

另一方面要制定污水排放标准，对必须排放的工业废水和生活污水进行必要而适当的处理。对水质要求最基本的是《地表水环境质量标准》，由国家环保总局发布 GB3838 — 2002。

GB 表示国标，3838 表示标准号，2002 表示发布年代。

二、水的物理、化学及物理化学处理方法

（一）物理处理方法

利用固体颗粒和悬浮物的物理性质将其从水中分离去除的方法称为物理处理方法。物理处理法的最大优点是简单易行，效果良好，费用较低。物理处理法的主要处理对象是水中的漂浮物、悬浮物以及颗粒物质。常用的物理处理法有格栅与筛网、沉淀、气浮等。

1. 格栅与筛网

格栅是用于去除水中较大的漂浮物和悬浮物，以保证后续处理设备正常工作的一种装置。格栅通常有一组或多组平行金属栅条制成的框架组成。

2. 倾斜或直立

筛网设立在进水渠道中，以拦截粗大的悬浮物。筛网用以截阻、去除水中的更细小的悬浮物。筛网一般用薄铁皮钻孔制成，或用金属丝编制而成，孔眼直径为 0.5 ~ 1.0mm。在河水的取水工程中，格栅和筛网常设于取水口，用以拦截河水中的大块漂浮物和杂草。在污水处理厂，格栅和筛网常设于最前部的污水泵之前，以拦截大块漂浮物以及较小物体，以保护水泵及管道不受阻塞。

3. 沉淀

沉淀是使水中悬浮物质（主要是可沉固体）在重力作用下下沉，从而与水分离，使水质得到澄清。这种方法简单易行，分离效果良好，是水处理的重要工艺，在每一种水处理过程中几乎都不可缺少。

按照水中悬浮颗粒的浓度、性质及其絮凝性能的不同，沉淀现象可分为：自由沉淀、絮凝沉淀、拥挤沉淀、压缩沉淀。

水中颗粒杂质的沉淀，是在专门的沉淀池中进行的。按照沉淀池内水流方向的不同，沉淀池可分为平流式、竖流式、辐流式和斜流式四种。

4. 气浮

气浮法亦称浮选，它是从液体中除去低密度固体物质或液体颗粒的一种方法。通过空

气鼓入水中产生的微小气泡与水中的悬浮物黏附在一起，靠气泡的浮力一起上浮到水面而实现固液或液液分离的操作。

其处理对象是：靠自然沉降或上浮难以去除的乳化油或相对密度接近于 1 的微小悬浮颗粒。浮选过程包括微小气泡的产生、微小气泡与固体或液体颗粒的黏附以及上浮分离等步骤。

实现浮选分离必须满足两个条件：一是必须向水中提供足够数量的微小气泡；二是必须使气泡黏附与分离的悬浮物而上浮达到分离。后者则是气浮的最基本条件。气浮法按微小气泡产生方法的不同可分为电解气浮法、充气气浮法和溶气气浮法三类。

（二）化学处理方法

化学处理方法是利用化学反应的作用以除去水中的溶解性或胶体性的物质。通常可达到比物理处理方法更高的净化程度。常用的处理方法有中和、混凝絮凝、化学沉淀、氧化还原和消毒等。

1. 中和

用化学法去除水中的酸或碱，使其 pH 值达到中性左右的过程称为中和。中和处理的目的主要是避免对水管造成腐蚀，减少对收纳水体水中生物的危害，以及对后续采用生物处理时能够保证微生物处于最佳生长环境。酸性废水的中和方法有利用碱性废水或碱性废渣进行中和、投加碱性药剂及通过有中和性能的滤料过滤三种方法。碱性废水的中和方法有利用酸性废水或酸性废渣进行中和、投加酸性药剂等。

2. 混凝絮凝

水中的胶体颗粒和悬浮物表面常常有电荷。带有相同电荷的颗粒，会因静电排斥作用而难于相互碰撞聚结生成较大的颗粒。向水中投加药剂——混凝剂，混凝剂能在水中生成与胶体颗粒表面电荷相反的荷电物质，从而能中和胶体带的电荷，减小颗粒间的排斥力，促使胶体及悬浮物聚结成易于下沉的大的絮凝体，这种水处理方法称为混凝。将具有链状构造的高分子物质投入水中，高分子物质的链状分子能吸附于胶体和悬浮物颗粒表面，将两个以上的颗粒连接起来，构成一个更大的颗粒，当生成的絮体颗粒足够大时，便易于沉淀下来而从水中除去，这称为水的絮凝。能使水中胶体和悬浮物颗粒絮凝下来的药剂，称为絮凝剂。在城市生活饮用水的处理中混凝和絮凝是去除地表水中混浊物质最常用的处理方法。混凝和絮凝在工业废水处理中也应用甚广。

3. 化学沉淀

化学沉淀是向水中投加某些化学药剂，使之与水中溶解性物质发生化学反应，生成难溶化合物，再进行固液分离，从而除去水中污染物的方法。主要用于在废水处理中去除重金属（如 Hg、Zn、Cd、Cr、Pb、Cu 等）和某些非金属（如 As、F 等）离子态污染物。对于危害性极大的重金属废水，虽然有许多种处理方法，但是迄今为止化学沉淀法仍然是最为重要的一种。根据采用的沉淀剂和反应生成物不同，可将重金属化学沉淀法分为氢氧化物沉淀法、硫化物沉淀法和铁氧体沉淀法等。

4. 氧化还原、消毒

对水中的有毒物质进行氧化或还原，是这些物质经过氧化或还原后转化为无害或无毒的存在状态，或使之转化为容易从水中分离去除的形态，称为氧化法或还原法。天然水体和城市污水、工业废水中都含有大量病原微生物消毒的目的就是将这些病原微生物杀灭。常用的消毒剂有氯和臭氧等。

（三）物理化学处理方法

物理化学处理是利用物理化学的原理和化工单元操作以去除水中的杂志。处理的对象主要为：水中无机的或有机的（难于生物降解的）溶解的或胶体物质，尤其适合处理杂质浓度很高的废水以回收原料，也适合于对杂质浓度很低的废水进行深度处理。

1. 常用的物理化学处理方法

（1）中和法

在含有重金属离子的废水中，投入中和剂使之生成氢氧化物沉淀，再除去的方法。使用中和法应知道最适宜的 pH 值和处理后残品在溶液中的重金属离子浓度。中和法常用的中和剂有生石灰、消石灰、碳酸钙、电石渣、苛性钠、碳酸钠等，其中消石灰最为常用。中和法在实际应用中要考虑共沉淀现象和络合现象对金属沉淀的影响。

（2）离子交换法

用离子交换树脂把溶存在废水中的离子交换到离子交换体中，除去或者回收重金属的方法。它是在固相离子交换剂和液相电解质溶液间进行的。离子交换树脂一般以苯乙烯、二乙烯基苯的聚合物为基体，其上附加离子交换基的粒状或膜状树脂，由于离子交换树脂价格昂贵，再生费用也较高，因此，一般废水处理上很少使用，但它在处理少量，毒性大，有回收价值的重金属时也是可行的。

（3）吸附法

吸附法是一种传统的水处理方法，它一直是研究的热点。1956 年，瑞典矿物学家 Cronsted 等发现了自然界中沸石的存在。但直到以美国 UCC 公司为代表研究成功沸石晶体的水热合成工艺之后，才开始广泛利用这种矿物。目前，它已被广泛应用于消除重金属离子。另外常用的吸附剂是活性炭，有人用这种方法来消除汞污染，当废水中含汞 0.1 ~ 1.0ppm 时，经活性炭吸附后可减少至 0.01 ~ 0.05ppm。

（4）混凝

混凝是常用的水处理物理化学方法。通过向水中投加混凝剂，使其中的胶粒物质发生凝聚和絮凝分离出来从而净化水。混凝系凝聚作用与絮凝作用的合称，前者系因投加电解质，使胶粒电动电势降低或消除，以致胶体颗粒失去稳定性，脱稳胶粒相互聚结而产生；

后者系由高分子物质吸附搭桥，使胶体颗粒相互聚结而产生。

2.物理化学方法发展趋势

近年来，光催化氧化技术、膜法、超声接入技术等新技术在难降解有机工业废水处理方面的应用研究十分活跃，它们对难降解有毒有机废水所表现出的高处理效率引起了人们越来越大的兴趣。这些新技术都将是以后水处理物理化学方法所研究的重点。

（1）光催化氧化技术

光催化氧化是在有催化剂的条件下的光化学降解，分为均相和非均相两种类型。均相光催化降解是以 Fe^{2+} 或 Fe^{3+} 及 H_2O_2 为介质，通过光助芬顿反应产生羟基自由基使污染物得到降解。非均相催化降解是污染体系中投入一定量的光敏半导体材料，如 TiO_2、ZnO 等，同时结合光辐射，使光敏半导体在光的照射下激发产生电子空穴对，吸附在半导体上的溶解氧、水分子等与电子空穴对作用，产生 OH^- 等氧化能力极强的自由基。目前在水处理领域研究较多的主要是 TiO_2 半导体光催化剂。

（2）膜法水处理技术

膜是具有选择性分离功能的材料，利用膜的选择性分离实现料液的不同组分的分离、纯化、浓缩的过程称作膜分离。它与传统过滤的不同在于，膜可以在分子范围内进行分离，并且这过程是一种物理过程，不需发生相的变化和添加助剂。膜的孔径一般为微米级，依据其孔径的不同（或称为截留分子量），可将膜分为微滤膜、超滤膜、纳滤膜和反渗透膜，根据材料的不同，可分为无机膜和有机膜，无机膜主要是陶瓷膜和金属膜，其过滤精度较低，选择性较小。有机膜是由高分子材料做成的，如醋酸纤维素、芳香族聚酰胺、聚醚砜、聚氟聚合物、等等。

反渗透法是一种膜分离技术，该方法是依靠一种半透膜起作用。理想的半透膜能使溶剂通过，而溶质不能通过。当废水一边施加压力超过废水的渗透压时，废水中的水分子就被压过膜而流到清水一边。通过反渗透，废水得到浓缩，而被压过膜的水就得到了澄清。用它处理工业废水，既可回收水中有用物质，又可回收水供重复使用。因此，它可以作为废水处理的一种高级手段。

（3）超声接入技术

近年来，随着声化学的兴起，功率超声作为污水处理的一种新兴手段已经得到了应用，其降解条件温和，降解速率快，适用范围广，可以单独或与其他水处理技术联合使用。尤其是对工业废水中的有机物的降解非常显著，对有机物的处理更直接，能将水体中有害有机物转变成 CO_2、H_2O、无机离子或比原有机物毒性小易降解的有机物，且没有二次污染。

在处理难降解、高浓度有机废水，特殊工业废水时，物理化学方法有着不可替代的优势，以其普适性和高处理效率，在今后的水处理界将有着广阔的应用空间。

三、水的生物处理方法

（一）定义

废水生物处理是利用微生物的生命活动，对废水中呈溶解态或胶体状态的有机污染物降解作用，从而使废水得到净化的一种处理方法。

废水生物处理技术以其消耗少、效率高、成本低、工艺操作管理方便可靠和无二次污染等显著优点而备受人们的青睐。

（二）废水生物处理技术的分类

废水生物处理技术常采用的方法有厌氧生物处理法、活性污泥法、生物膜法、氧化塘法。

1. 厌氧生物处理法

此法主要用于处理污水中的沉淀污泥，又称污泥消化，也用于处理高浓度的有机废水。这种方法是在厌氧细菌或兼性细菌的作用下将污泥中的有机物分解，最后产生甲烷和二氧化碳等气体，这些气体是有经济价值的能源。

厌氧生物处理过程分为三个阶段：

第一阶段水解酸化，在水解酶的催化下，将复杂的多糖类水解为单糖类，将蛋白质水解为氨基酸，并将脂肪水解为甘油和脂肪酸。

第二阶段产酸，在产酸菌的作用下将第一阶段的产物进一步降解为比较简单的挥发性有机酸等，如乙酸、丙酸、丁酸等挥发性有机酸，以及醇类、醛类等，同时生成二氧化碳和新的微生物细胞。

第三阶段产甲烷，在甲烷菌的作用下将第二阶段产生的挥发酸转化成甲烷和二氧化碳。处理后的污泥所含致病菌大大减少，臭味显著减弱，肥分变成速效的，体积缩小，易于处置。

2. 活性污泥法

活性污泥法是一种应用最广、工艺比较成熟的废水生物处理技术。它利用含有好氧微生物的活性污泥，在通气条件下，使污水净化的生物学方法。根据曝气方式的不同。分为普通曝气法、完全混合曝气法、逐步曝气法、旋流式曝气法和纯氧曝气法。活性污泥法不仅用于处理生活污水，而且在印染、炼油、石油化工、农药、造纸和炸药等许多工业废水处理中，都取得很好的净化效果。

活性污泥中的微生物以细菌为主，还包括真菌、藻类、原生动物等。此法最大的弱点是产生大量的剩余污泥，剩余污泥已成为令人头疼的难以解决的疑难问题，研究开发从源头上不产生或少产生污泥的污水处理技术成为研究的热点。

3. 生物膜法

生物膜法和活性污泥法一样都是利用微生物来去除废水中有机物的方法。生物膜是微生物高度密集的物质，是由好氧菌、厌氧菌、兼性菌、真菌、原生动物等组成的生态系统，主要用于去除废水中呈溶解的和胶体状有机污染物。

根据不同的物理装置，又分为生物滤池法、生物转盘法、生物接触氧化池法、流化床生物膜法、悬浮颗粒生物膜法等。它广泛应用于石油、印染、造纸、农药、食品等工业废水的处理。它具有不存在污泥膨胀问题；对废水水质、水量的变化有较好的适应性；剩余污泥量少等优点。

4.氧化塘法

又称生物塘法或稳定塘法，是利用一些适宜的自然池塘或人工池塘，由于污水在塘内停留的时间较长，通过水中的微生物代谢活动可以将有机物降解，从而使污水得到净化的一种方法。在氧化塘中，废水中的有机物主要是通过有机菌藻共生作用去除的。

氧化塘中同时可以进行好氧和厌氧性分解作用和光合作用，三种作用互相影响。氧化塘的效率较低，并需要较大的空间位置，氧化有机物所需的氧气来源常不足，引起氧化作用不完全，因而常常产生较大的臭味。由于它是一个开放系统，所以它的处理效率受季节温度波动的影响很大，这种处理系统只能在温暖的地方使用。

（三）废水生物处理技术的特点

废水生物处理是利用微生物的生命活动过程对废水中的污染物进行转移和转化作用，从而使废水得到净化的处理方法。其主要特征是应用微生物特别是细菌，并在为充分发挥微生物的作用而专门设计的生化反应器中，将废水中的污染物转化为微生物细胞以及简单的无机物。

与物理化学方法相比，废水生物处理技术具有一系列的特点：由于污染物的生化转化过程不需要高温高压，在温和的条件下经过酶催化即可高效并相对彻底地完成，因此，处理费用低廉；对废水水质的适用面宽；废水生物处理法不加投药剂，可以避免对水质造成二次污染。另外，生物处理效果良好，不仅去除了有机物、病原体、有毒物质，还能去除臭味，提高透明度，降低色度等。

第二节　水质污染

水资源污染已成为我国各个城市的普遍现象，对饮用水的水质带来了严重的影响。我国水资源的污染主要是由于污水不经处理即进行排放，严重地破坏了生态环境，并造成我国大部分的河流和水源受到污染，使全国将近一半的人口饮用不安全的水质。因此，我们应该加强水污染的防治工作，保证人们饮水安全，构建一个和谐优美的生活环境。

一、水质污染概述

（一）水质污染的原因

我国的水源污染主要是由于污水不经过处理即进行排放，这污水有工业污水、农业污水、生活污水、医院污水及降雨时的垃圾污水等，这些污染源都是构成水资源污染的原因，这些污水里面含有大量的微生物及病菌，严重地影响了地下水源的水质质量，且呈不断扩大的趋势，使我们的饮用水的安全失去了保障。

1. 工业废水的污染

随着经济的快速发展，我国的工业取得快速地发展，在不断创造经济产值的同时，所排放的污水量也不断地增加，由于对污水处理的技术、设备、资金等原因，很大一部分工业企业的污水不经处理即排入水域中，对我国大部分河流都造成了污染，同时这种污染还在不断地加剧，逐渐地由浅层向深层发展，目前一些近海海域也不同程度地受到污染。这些工业废水所造成的污染面广，成分十分复杂，所以在处理上存在着较大的难度。

2. 农业灌溉的污染

随着农业发展速度地加快，农民为了增加粮食的产量，大量的往农田里施加化肥和农药。这些残留在土壤中的化肥和农药会随着水土流失大量的流入水域中，我国是水土流失最为严重的国家之一，在水土流失过程中，残留在土壤中的大量化肥和农药由流失的水土载体进入水域当中，造成大量的湖泊水质富营养化，导致水质恶化。同时农村牲畜的粪便、含有化肥、农药的灌溉水等也是造成水质污染的因素，严重危及我国的水资源环境的安全，所以对水污染情况进行防治，加大监控的力度是保证水资源的安全的当务之急。

3. 生活污水的污染

我国城市人口大量的激增，导致城市的生活污水量也在不断地增加，生活污水主要含有各种洗涤剂、垃圾、粪便等污水，这些污水中含有大量的氮、磷和致病菌，对饮用水源造成了严重的影响，特别是我国有部分城市都是依江而建，这些城市的饮用水源多数处于生活污水和工业污水的双重污染下，饮用水长期达不到标准，对人们的健康造成了严重的影响。

（二）水质污染的影响及防治措施

随着全球水资源的严重缺乏再加之水资源污染的加剧，已严重的危及人类的生存环境，水污染已成为人类健康的杀手，严重制约经济和社会的发展。水资源的污染，导致人们长期饮用不安全的水，使人体免疫力下降，肠道疾病和传染性疾病增加，严重危害人体的健康。

1. 由于水污染而造成的主要疾病有

（1）癌

癌症科学研究发现，癌症就是有害物质在人体细胞内外体液中的长期积累而造成细胞组织的损害，从而造成急性恶化。而癌细胞的扩散也是通过细胞体液来进行的，其他的疾病、炎症等也是由于细胞内水的有害物质引发的。

（2）结石

人的肝脏功能是把各种养料分解合成，变成身体必需的养分，由血液输送到心脏，再由心脏通过血管将养分运送到五脏六腑及 60 兆细胞。肾脏则是过滤网，从身体各部回来的血液，混合着许多废弃物和杂质，经过肾脏的过滤，从尿道排出体外。这时常常有一部分杂质会在体内积累，日积月累就会造成各种结石症。

（3）心脑血管硬化

长期饮用不洁净的水，有些污染物就会沉淀在血管壁上，加速心脑血管硬化。高血压、心脏病、脑血栓等疾病，和长期饮用不洁净的水有直接关系。

（4）氟中毒

长期饮用高氟水可导致中毒，骨中摄入过量的"氟"会使骨骼中钙质被置换，造成人体骨疏松和软化，使人弯腰驼背，严重的还可丧失劳动能力。儿童 7 ～ 8 岁之前，牙齿表面失去光泽、发黑脱落，一旦形成残留终生。

（5）消化系统的病，如：

1）大肠杆菌——肠胃炎、腹泻、尿路感染、胆囊炎等。

2）沙门氏菌——伤寒、副伤寒等。

3）去贺氏菌——细菌性痢等疾。

4）溶血性链球菌——溶血性黄疸病。

（6）超标重金属引发的疾病，如：

1）铅——肾病、神经痛、麻风病等。

2）砷——神经炎、急性中毒甚至死亡等。

3）镉——骨骼变形、腰背痛、中毒、红血球病变等。

4）磷——有机磷中毒、呼吸困难等。

5）钙——结石症、痛风等。

6）汞——神经中毒症、精神紊乱、疯狂、痉挛乃至死亡等。

7）铬——肾脏慢性中毒、造成肾功能紊乱、癌等。

保证水安全，防治水质污染已成为当前急需解决的重要课题。防治水污染这是一项长期的工程，需要我们每个人从自身做起，保证好我们所生活的环境，维护生态系统的平衡发展，制定相应的措施保护水资源的安全。

2.水质污染的防治措施

（1）政府部门要加快速度建立、健全城镇污水和企业污水处理项目实施进度，切实改善环境保护基础设施。解决好企业超标排污，城镇生活污水超标排污，农村生产生活污染等问题。建立健全水污染事件责任追究制度，对严重超标排污的企业或生产线坚决关闭。

（2）水利部门作为水资源的主要主管部门，需要做好水情水质的动态监测工作，对于一些污染严重的重要河流进行实时监控，同时把监测的信息传递给政府机关或环保部门，使其制定相应的措施以保证水污染的有效治理。

（3）水利部门要通过实施雨水蓄积利用工程和必要的引水工程建设，加快改善人民生产生活和生态环境用水条件。加强上下游部门之间的信息传递与沟通。

（4）地方政府要建立有效保护水环境的长效管理机制，出台和制度奖惩政策，广泛宣传环保知识，使环保观念融化到每个公民的血液中。提高人们参与环保的积极性和主动性。

（5）农业部门要广泛的宣传，加大农家肥和生物农药的使用量，采取措施抑制化肥和剧毒农药的使用量，从而有效的改善地下水资源的水质，避免其染污的加剧。

（6）加强领导，落实责任。各部门要建立健全水污染联防工作责任制，加强流域与区域以及水利、环保、城建、农业、卫生等相关部门间的通力协作和密切配合，明确相关单位间的责任。各司其职，齐抓共管。

（7）加强安全饮用水工程建设。对于具备集中供水条件，可以建自来水工程；对水源受到严重污染的饮水工程，应更换新水源或增加水处理设施。要加强水质检测体系建设，为保证饮用水水质，应加强水源、出水厂的水质检验，建立和完善水厂化验室和水质检测机构，并实现信息畅通，资料数据准确及时。同时保证管理、运行和维护的可持续性。既无来源保障，又无水源防护措施，造成水体污染，难以达到卫生标准。

二、水质污染自动检技术

水污染物的浓度，随环境条件如污染源的排放情况、气象和季节等的不同而变化。要及时掌握水质的变化情况，对水环境质量做出符合实际的评价，为水污染控制提供可靠的依据，就要有足够的具有代表性的监测数据。

（一）水质自动监测站（点）的选定

水质自动监测系统是由一个中心站和几个从站组成。

中心站是整个自动监测系统的指挥中心，它由功能齐全的微型计算机系统和联络用的无线电台组成。它的任务是：向从站发布各种工作指令；管理分站的工作；按规定的时间收集各分站的监测数据，并将其处理如：计算各种均值、打印各种报表、绘制各种污染图形等；同时为了检索和调用监测数据，还能将各种数据存储在磁盘上，建立数据资料库。

子站由水样采集装置、检测仪表（包括污染项目的检测仪表和水文气象的检测仪表）、微型计算机（包括外围设备）和本站电台组成。从站的任务是：接受总站的工作指令，对各种监测项目自动进行检测；将测得的监测数据作必要的处理，例如基本值的计算、显示或打印简单报表；将监测数据作短期的存贮，并能按总站的调令，通过无线传输系统将监测数据传送给中心站。

从原则上讲，水质监测点的布置方法，也适用于水质自动监测系统中分站地址的选择。对于工矿企业的监测系统，从站一般设在工厂废水的排放口、污染处理系统的排放口等处。对于一个大的水域，首先要划分出监测范围，例如一条河流特别是源远流长的大河，通常不是监测整个河流，而是监测其中的某几段或某一个区段，即流经城市或工业区前后的一段。布设从站的数量及位置时，至少应包括监测范围内对照部分、主要污染部分和净化部分三种不同的情况，即在主要污染部分的上游对照从站，监测本区域污染前的水质情况；在主要污染部分设立污染监测从站，检查本地区或城市对河流的污染程度，并追踪污染情况的变化；在主要污染部分的下游，设立水质自净情况的监测从站，检查水的自净情况以及带给下游的污染物的浓度。所选择的每个从站的监测断面，都要代表该区段的平均水质，因此应避开污染源的排放口。

（二）自动站水样的采集装置

水污染固定监测站是连续工作的，因此水样也要连续采集并供给检测仪器。通常将潜水泵安装在采样位置一定深度的水面上，经输水管道将水样输送到分站监测室内的高位配水槽中。潜水泵的安装方式大体可分两种：一种是固定式；另一种是浮动式。固定式安装方便，但是采水深度会随水位的涨落而改变，因此在水位变化大的水域中使用时，不能保持恒定的采水深度。浮动式是将水泵安装在浮盘上，因浮盘始终漂浮在水面上，无论水位如何变化采水度始终保持不变，水泵安装点至岸边最好架设一个管理桥，以便维修。

能否取得具有代表性的水样，是水质污染监测的关键。采样时要注意在河系的不同地点、不同深度和不同断面来采集。同时也要注意采样时间的选择，一般根据气象、水文及沿岸污染源排放的情况来决定。

（三）自动监测的项目和仪器的选定

水污染的监测项目是很多的。其中，作为综合指标的监测项目有：水温、浑浊度、pU值、电导率、溶解氧、化学需氧量、生化需氧量、总需氧量和总有机碳等。单项污染物的监测项目有：氟化物、氯离子、氰离子、砷、酚、铬和重金属等。每一个项目都有几种测定方法，然而某些监测项目和方法还不能用水污染连续自动监测系统。因为自动监测系统是在自动连续检测仪器与电子计算机相结合的基础上建立的，所以要监测的项目，必须有合格的自动检测方法和仪器。

水污染自动监测系统的监测项目，决定于建站的目的和任务，也与自动检测方法的成熟程度有关。一般只选择上述监测项目中一部分通常以监测水污染的综合指标为主，有时还可根据需要增加某些其他项目。但总的来看，在现有水污染连续自动监测系统中，浓度监测项目还是比较少的，这可能是由于检测污染物浓度的自动化检测仪器还比较缺，特别是重金属的自动化检测仪器更缺。遭受浓度检测仪器在性能方面还存在一些缺陷，在一定程度上限制了它的使用。

（四）数据的传输及处理

各水质监测站检测出的污染数据，用有线电或无线电传到监测中心站。中心站设有计算机及各种外围设备，收集从站的实测数据。计算时平均、日平均、月平均值，打印作表，绘制各种污染曲线、图形、累积存贮数据，并向各监测子站发送开机、停机、校正、检误、取水等遥控指令，以及向工厂排放源或水系下游发出污染警报或预报。

水污染连续自动监测系统，不仅用于环境水域如河流、湖泊等的水质监测中，同时也用于工厂企业供排水系统已建立了或正在建立水污染连续自动监测系统。这些水污染自动监测系统的建立，不仅开创了我国水污染监测的新局面。同时也能为我国继续建立水污染自动监测系统积累经验。

对水质污染连续自动监测要比对空气污染进行连续自动监测要困难很多。这是由于污染水质的污染物种类繁多、成分复杂、干扰严重、需要一系列的化学前处理操作，而且水质污染往往是痕量的，须要建立各种提取方法及各种痕量分析方法。所有这些均为连续自动监测技术带来了一系列困难。基于上述原因，水质污染连续自动监测技术首先是那些能够反映水质污染的综合标度的项目，建成连续自动监测，以及时发现水质是否已经污染或是否出现异常，然后再逐步增加督促具体污染项目的连续自动监测来确定具体污染物的污染程度，在后一步未实现以前，仍采用实验室方法取样测定辅之，并大力发展实验室监测分析操作自动化。

三、水质污染的防治

（一）城市供水管网水质污染的防治

城市用水离不开城市供水管网，城市供水管网的安全运行是保证城市居民的用水质量，维护城市生产生活正常稳定运行的基本保障，而面对近些年城市供水管网水质污染愈发严重的问题，对城市供水管网水质污染的防治就显得尤为重要。

1. 城市供水管网的安全运行的重要性

城市供水管网承担着为城市输送生活和生产用水的重要任务，随着我国城市化进程的不断加快，现有城市规模的日渐扩大，对城市供水管网建设的要求也在逐步提高。作为城市供水系统的重要组成部分，供水管网具有提升、运输、存储、调整以及分配水源的功能，如果在供水管网的布设过程当中，不能进行科学又合理的布局规划，选择经济耐用的建筑材料，便会增加供水管网的运行维护费用、提高供水成本、增大管理的难度，同时还可能发生供水水质受到污染的情况，给城市居民的生命健康带来威胁。因此，只有根据居民的用水需要，加大对城市供水管网运行维护的力度，保证城市供水管网的安全运行，才能有效地保障城市供水水质安全，保证城市居民的用水质量，维护城市的正常稳定运行。不仅如此，对供水管网进行统一的规划与科学的管理，还能够起到降低供水管网运行能耗和维护费用的效果，为供水企业节省了资金，提高了企业的经济效益和市场竞争力。

2. 供水管网水污染因素

（1）管道冲洗消毒不符合规范要求

1）新管道未按规范要求冲洗消毒

管道在运输及安装施工过程中难免进入污物。管道在竣工验收前，应及时冲洗消毒。如果冲洗流速小到不能带走管内泥沙污物，就会造成污染；消毒水中没有足够氯浓度，浸泡时间不够，也会导致消毒不彻底。

2）吸入污染水造成管道污染

管网运行中，因故障某些管道内形成负压，负压管段跑漏水点处，管外的污染水吸入管道内，造成污染。

3）管网施工及日常维修

扩充管网、管道施工、设施维修、水压调整等工作中，开关阀门和停水后复水，会促使水体流向的改变，对管网内壁有冲刷作用，造成水的浑浊度增大甚至超标。

（2）管网内管的腐蚀及结垢

水在管道内流动过程中，水中的某些化学成分分解，管内壁或涂衬材质也会发生相应的化学变化。镀锌管腐蚀时，从水嘴放出的乳状水经久不消失，或原来清澈，但经煮沸后反而发生白浊。铸铁管中的铁锈原沉积于管底或被冲到管道末梢，一旦流速或流向发生变化或水压波动，易造成"红水"。由于管道的腐蚀及结垢，给微生物提供滋生场所，若管网末梢余氯低于 0.05mg/L，就会导致细菌和耐氯藻类等微生物在管内大量繁殖，造成水的异味现象。

（3）用户自行安装使用不良管材造成污染

有的用户为了省费用，自行安装管道，使用废管或放置很久的旧管材，管材内壁污染严重，可能有化学、微生物、生物污染。

3. 城市供水管网水质二次污染原因剖析

分析城市供水管网水质二次污染的原因首先从剖析二次污染类型开始。二次污染主要强调的是水质在运输过程中受到运输环境以及供水管网自身的影响，而使水质产生了物理、化学的变化，进而发生再次污染的现象。

一般二次污染远比一次污染对水质产生更为严重的影响。二次污染因所受污染的环境不同而分为水质运输系统内部污染和外部污染两类。内部污染又分为成品水出厂的水质问题、供水管道的自身材质、结构构造、附属设备等问题。外部污染主要分为供水管道在安装、维修过程中出现的污染因素、供水管道维护中的冲洗环节污染、居民建筑的二次供水污染等因素。

4. 改善和提高管网水质相应的防治措施与对策

（1）推广应用新型管材，加快陈旧管网改造步伐

为避免管道材质品种的多样化，造成将来的维护管理诸多不便。推广应用新型管材宜选择 2 ~ 3 种，例如：埋地给水管以球墨管和 HDPE 管两种为主体的给水管材；室内给水管以钢塑复合管、PP-R 管等。除此，选用的管网阀门与配件等，其阀体或配件内壁面应有热喷涂 PE 等材料防腐措施。加强对房地产建筑室内给水管道的质检与接收管理，确保符合国家水质标准要求的管材、配件与设备进入到供水管网。加快更换已腐蚀、使用多年、陈旧的铸铁管和镀锌管。对确不能进行更换铸铁管的地段，改善管网水质的方法可采用衬管技术。

（2）合理制定管道工程施工方案与管网冲洗计划

严格按国家有关规范标准实施管道工程施工与验收的管理。对柔性逗管连接安装，禁用对水质有影响即对人体有害或对橡胶圈有腐蚀作用的润滑剂。加强新装管道的冲洗消毒方案制定与措施的实施力度：被冲洗管与排出水管截面比率应满足 1/2，冲洗流速应达 1 ~ 1.5m/s，冲洗历时以排出水浊度小于 3NTU，检验符合国家水质卫生标准的规定。对隔日继续安装管道的，应在前一日采用不透水玻纤布封堵其管口，避免沟槽脏（污）水或漂浮异物等倒灌入管内，在雨季多发期应注意封堵措施引起的浮管。

（3）加强对接入河床或接至下水管道中排（泄）水阀的维护管理

使其绝对处于完好状态，在汛期还应加强该管段的巡检维护工作力度，发现管道阀门故障及时修复处理。

5. 加强科学管理

加强科学管理的根本目的是保证出厂水稳定地达到标准和目标的要求。为保证管网水质达到要求，对经过管网可能引起变化的项目，其出厂水的指标值，要适当留有余地。

（1）在日常运行中要抓住关键性运行项目

为保证供水水质，需定期检测水质标准（或目标）所规定的各项目，以验证所供水质是否符合要求。但检测是定期的，检测的结果也是事后的。故在水厂日常运行中，要寻找便于频繁检测或连续检测的关键性运行项目以确保供水安全。浊度和余氯是常规处理中共同的关键性运行项目。

（2）保证浊度稳定地达到预定的要求

稳定地降低过滤水浊度有两种基本方式：根据快滤池的浊度去除率确定沉淀水浊度要求；加注助凝剂或助滤剂，特别是加注有机聚合物，会改善水的混凝、沉淀和过滤性能。

（二）自来水水质污染及防治

1. 对水质污染所造成的危害进行一定分析

通常情况下，水质的优质情况会对民生造成直接的影响。已经受到污染的水质，会对居民的身心健康状况进行严重的影响。按照相关的调查可以表明，世界上大约 80% 以及一半的儿童死亡都关系到饮用水的不良水质。因为饮用不良水质的水会造成很多疾病，比如癌症、皮肤病、传染病等，存在着逐渐增多的水质污染所造成的新发病种的实际状况。因此，这会对人体造成一定的伤害，还会造成工农业生产，为人们造成非常严重的经济损失。

2. 对产生水质污染的具体原因进行一定分析

（1）出水厂的实际水质

对于出厂水来讲，其具体水质应该符合一定的标准。然而，不一样的出水厂的相关指标也存在着一定的差异，自来水当中所包含的悬浮物以及铁锰等经过一定的消毒以及氧化之后会在管道内壁上进行积聚，会导致管网水所具有的色度以及浊度等都比出厂水要高，会出现二次污染。

（2）水源出现污染

现阶段，随着经济的迅猛发展，居民的生活用水量会呈现出一种上升的趋势，同时也会增加生活污水量，另外，还会增加工业废水的实际排放量。然而，存在着极其不到位的城市污水的相关处理，会导致非常多的地表水水源受到一定的污染。相比于地表水，地下水的水源状况比较好，然而，因为最近有着过度运用的农药以及化学肥料，会造成有害物质渗入到地下，同时还会对地下水水质造成一定的影响，因此，会在不同程度上污染水源水的实际水质。

（3）自来水管道的具体材质

之前的管网材质基本都是非常普通的铸铁，并且不存在内衬，因此，随着管道运用的时间增长，会在很大程度上增大锈蚀的程度。管道的阻力增大会导致管道当中有机物以及微生物在管道内壁上进行黏附，会滋生出很多的细菌，会导致水质污染。

（4）管道流速

通常来讲，自来水厂会按照用水的实际高峰以及低峰来对出厂总管压力进行适当的设置，这样会在一定程度上改变管道当中的水流实际速度。若有着过低的流速，或有着过粗的管径而导致有着比较少的用户时，那么就会导致管道中出厂水有着过长的滞留时间，导致水体当中所包含的锰以及铁氧化进行沉积，进而对水质造成严重的影响，同时还会在很大程度上对管网进行间接污染。

3. 对水质污染的相关防控措施进行一定分析

以某自来水公司为例，目前，该公司有一座水源和两座净水厂，下面共设置了 8 个供水站以及 12 个职能科室，拥有着每天 50 万立方米的供水能力，经过一段时间的集约化供水之后，拥有了六百平方千米的供水面积，具体的服务人口达到了就是万人。第三水厂所运用的是整体的净水工艺流程。对于逐渐严重的水质污染现象，该公司对自身的实际情况进行有效的结合，采取了有效的措施来对水质污染问题进行有效的解决。

（1）有效提高出水厂的水质

该公司的两座水厂运用的都是相同的水源。通过分析该水源当中的有机物、浊度、锰以及氨氮等相关的指标，水厂根据水源的实际水质状况以及特点来运用有效的深度处理工艺，给出了出厂水的实际指标和稳定性。该公司的第三水厂所运用的是高密度的沉淀池、臭氧活性炭以及近模式处理工艺，出厂水的相关指标相比于相关的标准比较低。

（2）有效完善二次供水的相关设施

一般情况下，二次供水主要是指个人或者是单位把城市公共供水以及自检设施供水经过一定的储存以及加压，利用管道对用户进行提供水的一种形式。所以，二次供水设施的建设优劣程度会对二次供水的实际水质、水压以及安全造成一定的影响。特别是在高层进行居住的用户，因为有着比较高的楼层，没有充足的压力，二次供水属于是最佳的选择。该公司已经进行了二次供水改造方案以及计划编制的推进，现在已经成立了专门的科室，来完成前期的相关调查。同时也在有序地进行小区水箱改造的相关工程，对水箱的实际容积进行了适当的调整，进而来有效满足实际的用水量。在结构方面，有效防止了死水区的出现，将水形成了推流式的流动状态。除此之外，在管理制度上，小区的物业应该按照城市二次供水管理的相关制度，根据卫生防疫部门的相关要求，对水箱进行定期的清理以及消毒。

（3）对管网管理进行有效深化，有效改善自来水的管道系统

一般情况下，自来水管道会在很大程度上影响水质的二次污染，所以，对于自来水管网的改造工作，需要对管道的材料进行适当的选择，管道的内壁应该运用可以抵抗腐蚀又能够有效析出有害物质的材料来进行铸造，例如玻璃钢管、球墨管以及不锈钢管等。在设计以及施工方面，需要尽量运用环状管网。若没有适当的条件，应该运用树状管网，在对管线进行设置时，应该保证管线的长度，避免造成末端滞水的现象。但管线一定要进行加长，应该尽量保证在中途进行加氯或者进行定期的冲洗。

（4）有效增强管网水质的监测

应该保证做好管网的相关维护工作，还应该保证管网水质监测相关工作的实施，进而保证对水质污染进行及时的发现并采取有效的措施。因此，自来水企业需要在管网进行采样点的设置，还应该设置监测设备，例如细菌测定仪以及浊度测定仪等，还应该实施远程的实时监控，对管网当中水的实际水质动态进行实时掌握。

（5）对加药量进行适当的控制

加药主要指的是进行加氯，对于不同的自来水厂，有着不同的水源以及不同的净水工艺，因此应该按照自身的具体状况来制定加氯的规定。在对水当中的病毒、细菌以及微生物进行彻底消灭的基础上，需要尽可能地对氯的实际加入量进行降低，尽量的后移加氯点。

现阶段，水厂已实现了生产方面的自动化，能够按照实际的水量来对氯的投加量进行适当以及自动的调节。

四、给水工程改善水质的措施

（一）我国当前供水水质现状

根据国家水利部近年来发布的相关数据显示我国饮用水水源水质污染较 2000 年以前虽有所改善但仍然十分严峻。各地供水企业通过技术改进、加强管理等多种手段，虽然使我国目前供水水质较以前有了显著提高，但仍然存在以下诸多问题：

1. 处理后水质感官性治标不良，色度高、有异臭、异味。

2. 原水中存在浓度较大的氨氮，降低了氯的消毒作用。

3. 现有的常规处理工艺难以出去，原水中的三致物质和有毒有害物质，从而使得饮用水中或单个有机物浓度或有机物总量超标。

4. 湖泊水普遍存在富营养化现象，藻类繁殖旺盛，对供水水质产生威胁。

5. 水质污染的减重，导致水净化过程中混凝剂、消毒剂使用量增加，引起水的 pH 值降低，进而导致管道腐蚀，水质恶化。此外管道的维护亦会导致水质的恶化。

6. 人类活动对环境造成污染的同时为病原微生物的繁殖创造了有利条件，其中隐孢子虫和贾第虫就是两种典型的存在于饮用水中的病原微生物。

（二）改善现有水质，提高供水质量的可行措施

1. 改善技术，确保水源净化程度达标

有些水源在受到有机污染物的污染后，使用现有的常规处理工艺进行处理后水质仍会存在很多问题难以达标。对此，我们需要利用先进科技开拓创新，开发新的更高水平的污水处理工艺，从而确保达到优良水质的净水要求。而对于不具备进行工艺提升条件的水厂，则应在有限条件下尝试改进现有处理工艺，尽可能地缓解水质问题。此外，水源地不同水质也会千差万别，对于处理工艺技术的选择应根据具体的情况有针对性的进行研究和选择，并在净水工艺的选择以及设计中对相关参数预留足够的回旋余地。

2. 对水源地实施生态保护，从源头做起

饮水安全能否得到保障的根本因素是能否对水资源进行有效的保护。在国外，欧美国家通常会在水源地的上下分别建立保护区，并在取水口建立自动检测站，在美化环境的同时对水源地实现切实有效保护。而我国改革开放以来实行的是以经济发展为前提的基本国策，生产与污染治理是相分离的，治污采用的是以产品为前提的末端排放达标治理方式。

进入 21 世纪以来，生态系统的修复成为国家的重点关注对象，对于水污染的环境治

理开始上开始从末端走向起始，从集中走向集中与分散相结合。这就要求在供水厂的修建时要重视对水源的选择，对所选水源的水质进行全面严格的分析检测；而对已建成的供水厂则应在加强对现有水源保护的同时建立严格的水源水质和环境的检测体系确保对水源水质的变化获得实时的第一手资料；此外，有关机构还应加大对水源水体修复技术的开发。

3. 改善供水管网，保证供水的安全与可靠

目前我国大多数城市的供水管网建设严重滞后，以至于很多自来水公司出厂水可以达到国家标准，却在输送过程中因种种原因导致水质下降。供水管网已成为整个供水系统的薄弱环节，加强供水管网的建设和管理，势在必行。

其具体措施有以下几点作为参考：提高出厂水的稳定性，避免因有机物含量过高而导致输送过程中水中微生物滋生，水质下降；加快对老旧管网的改造；大力推广新型管材和新型内防腐材料的应用；积极采用不停水开口技术来取消管道预留口；严格施工管理制度，加强供水管网的维护；建立完备的管网监测系统，加强管网水质在线监测，实现管网水质变化的动态管理；定期排放消火栓。

4. 实施分质供水，加大水质标准的考核力度

我国国土面积辽阔，不同地区原水水质差异巨大，且不同地区经济发展水平不平衡。而国家饮用水的卫生标准制订原则是在满足饮水健康的前提下，要保障标准的可实施性。这就要求国家需针对不同地区的水源状况和经济条件等因素制订不同的供水水质标准。

我国总用水量中工业用水占55%，而工业用水中的30%可以采用低于生活饮水标准的低品质工业用水标准。针对这种情况各地政府可统筹规划，合理分配有限的资金，加大对居民用水的投入。除此之外，各级政府还应加强对水质标准的考核力度，对于不达标的供水企业及时予以处罚并勒令整改，从而激励供水行业的良性快速发展。

5. 利用现代科技，实现供水信息网络的建立和水质净化与输配的全程自动化检测与控制

开发或引进先进技术，通过精密的检测仪器，实现对水质的自动监测与控制并取代传统的人工定期抽样检测和控制是现今保证供水水质的必要手段。而供水企业若缺少发达的供水信息网络，面对自身与外部的巨大信息量，将很难及时发现问题，并整理数据和传递正确指令。因此，通过远水水质预警系统；水厂自动加药系统；沉淀池、滤池以及房等附属设施相关装置的自动监测和控制；计算机供水调度系统等一系列手段，实现水质净化和输配的全程自动监测与控制意义重大。当然，重视自动化的同时还应重视相关净水规章制度和操作规程的完善，培养一批能够适应不同岗位的全能性人才。

第六章　城市道路工程

城市道路工程是城市建设工作的一个重要组成部分，是为城市居民和企业、事业单位的生活和生产提供服务的基础工程，因此，道路工程施工质量，直接影响城市的各项经济建设。畅通的道路，快捷的交通，作为一座城市的窗口，直接反映了城市的管理水平。改革开放以前，城市道路工程建设项目管理体制，一直沿用政府出资，"自筹、自管"和"工程指挥部"直接管理模式，在实际工作当中，虽然能集中力量，短期会战，取得了一定的成绩，但是由于自建、自管，也暴露了许多弊病。随着我国社会主义市场经济体制的逐步建立，城市道路工程项目管理，引入了第三方—监理单位，逐步实现了道路工程建设管理专业化、社会化、科学化。通过监理单位独立、公正的监理工作，极大地提高了城市道路工程建设管理的水平。随着监理单位直接参加工程管理，使得城市道路工程项目管理的组织得以健全。

第一节　城市道路简述

一、我国城市道路工程管理现状

（一）我国城市道路工程管理现状

我国城市道路工程管理工作存在着一定的不足和问题，这些问题阻碍了城市道路工程管理工作的进一步发展和完善，城市道路工程管理工作的全面化发展过程中需要以城市发展为基础，进而建立相应的城市道路工程管理方案，将城市道路工程管理工作与城市管理工作结合起来，共同促进我国城市道路工程管理工作的发展。从目前我国城市道路工程管理工作现状来看，主要存在着以下几个问题：

首先，城市道路工程管理工作忽视了城市与城市间的差异性，在我国的不同地区内，不同的城市有着不同的道路建设要求，加之城市的发展模式和城市的发展脚步不同，城市对于道路的需求也有所不同。

其次，城市道路工程管理忽视了城市本身的管理。从一个城市的管理角度来说，城市本身的发展和进步与城市的管理工作之间是分不开的，城市的管理工作也并不是单一的，其从本质上来说是一个复杂的综合体，包含着各个方面的管理。

第三，城市道路工程管理工作在进行改革和发展的过程中忽视了与时俱进性，在我国经济发展的过程中，经济的发展和进步所呈现出来的特点是不同的，我国的城市道路工程管理工作需要尊重经济的发展和进步，体现出时代的先进性，强化信息技术和网络技术在城市道路工程管理工作中的应用，以信息技术为基础，以网络技术为手段来推动城市道路工程管理工作。

（二）引发城市道路工程管理问题的原因

引发城市道路工程管理问题是多方面的。

首先，从人力角度来说，城市道路工程管理工作人员的综合素质不高直接导致了管理工作的受限，其没有从城市发展的角度来说提升自身的综合素质，没有真正地发挥城市道路工程管理工作中人力的作用。

其次，从目前我国城市的交通压力来看，大多数城市都承载着超负荷的车辆，堵车成了大多数城市的共性问题，与日俱增的压力为城市道路工程管理工作设置了一个又一个难题，如何在促进城市道路建设的基础上缓解城市交通压力，避免工程建设期间造成城市道路的超负荷使用是一个十分关键的问题。

（三）优化城市道路工程管理工作的对策

为了进一步的优化我国城市道路工程管理工作，体现出城市道路工程管理工作的科学性和可持续发展性，带动我国城市道路工程管理工作取得全面的发展和进步，需要从各种角度来推动和完善，以城市的发展为基础，以科技的进步为支持，带动我国城市道路工程管理工作与其他管理工作的结合，更好的体现出城市道路工程管理工作的优势。

1. 体现城市的差异性

不同的城市所进行的城市道路工程是不同的，在进行城市道路工程管理工程的过程中需要尊重其差异性，根据不同城市不同地段所进行的城市道路工程建设来制定符合其发展的城市道路工程管理模式和管理手段，带动城市管理工作的全面新发展和进步。

2. 尊重时代的发展进程

在进行城市道路工程管理工作的过程中，要积极的引进先进的管理技术和管理方式，结合城市的技术发展来推动整个城市道路工程管理工作，引进国内外先进的管理技术，建立科学的管理网络平台，真正地实现城市道路工程管理信息的共享，体现出我国乃至是世界技术的迅速发展。可以说，以信息技术和网络技术为基础带动的城市道路工程管理工作完善和优化是十分科学的，其充分地体现出了我国的技术实力，也能更为有效地体现出城市道路工程管理工作的管理质量。

3. 促进城市道路工程管理与城市管理的结合

针对目前我国城市道路工程管理工作与城市管理的其他工作脱节的现象来说，城市道路工程管理工作要积极地融入城市管理工作的大家庭中来，以城市管理工作的发展和进步来带动整个城市的发展，以便于从多角度来体现出我国城市道路工程管理工作的科学性，带动城市道路工程管理工作的发展和优化。

4. 强化城市道路工程管理工作的抗压性

随着城市的经济发展，人们生活水平的提升，私家车的数量与日俱增，城市道路的压力也越发的增大，城市道路建设工作需要充分的考量私家车所占的比重，以车辆数量的迅速增加来进行相应的城市道路建设。针对于此，城市道路工程管理工作也需要提升自身的抗压性，以科学的管理环节建设过程中所出现的城市交通压力。

二、城市道路管理水平的强化

城市道路是城市基础设施的重要组成部分，是城市赖以生存和发展的公用设施。城市道路的 70% 以上的运箱量是直接服务于经济发展的，其余的则是服务于社会发展和人民生活的。城市道路行业是为生产、流通、消费三个国民经济环节服务的一个基础行业。由于城市化进程的不断加快，促使人们对于精神生活以及周边的环境要求越来越高。而传统意义的道路只是满足出行的需求，不能满足今天居民所需要的精神层面的需要。因此，如何强化城市道路管理是如今迫在眉睫的主要问题。

加强城市道路管理是多方面的，主要需要从道路施工管理、道路设施管理、道路交通管理、道路绿化管理等方面入手。

（一）当前道路施工管理的现状分析

1. 道路施工监督体系不完善

由于道路施工监督体系不够完善，在施工过程中没有强有力的监督力量督促施工人员严格按照规定和设计要求进行施工，并且不能及时发现和纠正施工过程中出现的小问题，这些小问题日积月累，逐渐形成大的漏洞。最终导致道路无法正常投入运行，或者在道路投入运行后为日后道路事故的出现埋下安全隐患。由此可见，道路施工监督体系的不完善是单路道路施工建设中不容小觑的问题。

2. 道路施工质量管理不到位

近年来，随着我国道路施工数量不断增加以及速度的不断增长，我国的道路质量却一直无法得到根本保障，事故问题的频频出现，给人们的正常生活和城市建设带来极其不好的影响，而产生这些问题的主要原因还是由于道路施工质量管理的不完善所造成的。尽管目前我国道路建设相关部门已经建立了相应的道路质量管理规范和制度，但并没有从根本上形成一个完善的管理体系，正是由于这种欠缺，致使道路施工质量得不到保障，最终导致道路频繁出现质量问题。

（二）道路设施管理现状

如今，道路设施管理主要分为三个模式：集中管理、集中分级管理和分散管理。

1. 集中管理

指的是政府市政设施管理单位对城市道路进行统一管理、建设与养护工作，形成三者为一体的管理。此种形式的体制大大减少了相互推诿现象的出现。将城市道路维修费用和养护费用统一使用，可以合理地调配维修队伍和机械设备，然而，不利于调动人员管理和养护的积极性。

2. 集中分级管理模式

主要是为了加强对城市主干道路和跨区次干路的管理和养护；设立区级管理部门，主要负责辖区内的次干路和支路的养护和管理。这种形式的体制从某个层面来说，更有利于调动区级城市道路管理和养护的积极性。然而，因为相关主管部门没有对区级城市道路管理和养护部门进行有效的管理，从而在养护费用使用方面出现了很多问题。

3. 分散模式

是将城市道路的管理和养护下放到区，交由政府授权各个行政区设立城市道路管理和养护部门。这种模式有利于调动区级城市道路养护和管理的积极性以及极大程度上弥补了经费的短缺。然而，上述这种形式极易导致管理权与资金使用失控。

（三）道路交通管理现状

城市化和机动化的发展以及现代城市综合水平的提高对城市道路网的交通效率提出了更高的要求，加上城市交通管理手段落后、简单，道路交通设施不完善，用地规划不规范，机动车数量飞增，使得城市交通问题日益严重，污染、拥堵和安全问题突出。由于我国城市道路建设长期以来缺乏系统、科学的规划发展，大中城市普遍存在着道路面积、总量和密度严重不足；路网结构规划不当，道路建设远远落后于交通需求增长等问题。

我国大中城市的道路网密度很低，与日本、美国、俄罗斯、意大利、韩国等的大城市相比，平均人均道路面积仅为国外平均值的1/8，平均道路密度约为国外平均值的1/4。城市道路交通设施供应落后，远远满足不了交通的需求。严重制约了城市社会经济的发展。这与我国建设小康社会的目标和未来的经济状态不相符。

（四）加强我国城市道路管理的措施

1. 加强道路施工管理

（1）加强道路施工的成本管理

道路施工的成本管理就是在施工过程中对人员、材料和机械设备等的成本进行控制。对于人工费的控制主要通过工资进行控制，应采用绩效工资形式，来提高工作人员的工作积极性；在采购材料方面，采购时应做好市场调查，摸清市场情况，严格按采购程序进行采购，施工过程中也要加强监督和管理，避免浪费现象的出现。

（2）严格控制并提高道路施工的质量

在道路施工的实际过程中必须严格控制道路施工质量。加强道路施工的质量控制，要从最开始的施工设计到实施细节再到最后的正式投入运行都要加强管理，不仅要统筹把握大方向，还要紧紧把握每一个道路施工细节。在严格控制道路施工质量上提高施工的效率和质量，做到"用时少，质量高"。

（3）提高施工人员的管理意识

参与道路施工的工作人员众多，且文化水平各不相同，因此，做好宣传工作，让每个参与者都认识到施工管理的重要性、树立牢固的施工管理意识是十分有必要的。

首先，作为带头人（工程的决策者）一定要起到带头和表率作用，先让他们认识到施工管理的重要性，工程的好坏影响到以后的经济发展水平。

其次，作为施工现场的直接管理者，要让他们认识到自身的职责所在，做好道路施工现场的管理工作。

最后，要获得广大基层员工的支持。工程质量的直接决定者和工程的具体实施者就是广大的基层员工，他们施工管理的重视程度直接影响着施工的质量和效率，因此，帮助基层员工树立并提高管理意识是保证施工管理质量的重要内容。

2. 加强城市道路设施管理

（1）转变重建设轻管理的观念

由于受到重建设轻管理思想的长期影响，在一定程度上，导致了政府下拨道路维修与养护的费用严重不足。因此，想要改变当前这种现状，各级地方的财政部门应该根据相关的规定，定期对养护和维修费用进行重新地核定，并进行统一安排和拨款，确保养护和维修经费落实到位。

（2）提高职工的素质

城市道路管理的最关键因素是人才，因此，加强人才队伍建设是强化城市道路管理水平的必要措施。首先要提高职工的综合素质，增强社会责任感，将整个管理队伍建设成为一支具有良好思想作风与较高专业技术水平的队伍；其次，要定期组织职工参加专业知识培训，提高职工的专业技能，快速改变养护队伍技术水平偏低的现状。

3. 加强城市道路交通管理

加强对道路交通的管理需要制定包括公交优先、各类车辆发展及使用、停车场建设与管理、战略目标和发展政策。针对不同等级的道路，根据规划要求和实际需要，改善道路建设中交通管理设施包括标线、护栏、标志、信号灯、电子警察等建设；改善城市公共交通系统、停车场建设。

三、加强城市道路施工管理的方法

城市道路的施工质量关系到城市的市容市貌，也和居民的生活密切相关，因此在实际施工中必须加强城市道路的施工管理，认真落实施工过程中各个环节的安全措施，坚决杜绝偷工减料现象的发生，只有这样，才能减少道路后期的维修费用，也能保证道路按照要求如期完成。

（一）在道路工程施工之前需要做好充分地准备

对于设计方案要进行验证，在这方面可以吸取国外道路设计的相关经验，从以往的道路工程的事故来看，大多数在设计时没有考虑全面致使设计方案中存有缺陷，因此要提高设计水平，从而使我国的道路设计与国际接轨，将国外先进的管理经验融入我国的道路工程的建设中。从道路设计的角度来说，不仅要考虑道路的施工，还要做好道路周边配套设施的建设。由于道路是城市之中的交通主要环节，因此要严格按照相关标准进行执行，一般要高于标准，从而保证设计的合理性。

（二）招标前的质量保证

对于城市道路来说，要想使质量得到保证，还需要保证工程项目在招标过程中体现公开公平公正的原则，并且打破行业的垄断。在招标之前对各个招标单的资质进行认真的审查，对于那些代理机构的招标行业也要加以规范，值得注意的是要严格审查招标单位和主管部门是否存在利益关系或者隶属关系，制定相应的措施制止招标过程中的不合法行为，从而根据实际情况选择最合适的建设单位。道路工程项目施工以前要对施工方的责任进行明确，最好有监督和保障制度，从而可以有效地避免施工过程中出现质量不合格现象，在问题发生时也可以得到及时地纠正。

（三）在城市道路工程下包以后

对于工程质量监督的法人对项目终身负责，施工项目组需要控制施工过程中的各个环节，建立一套完善的质量保证体系，并且将具体的责任落实到个人。一般来说道路工程对于工期的要求比较严，其特点是工期较短，尽量不影响市民的出行，这对于项目实施来说加大了质量风险。如果是在雨季施工，那么会使施工更加困难，雨季也是各种管道的铺设时期，路基的含水量比较大，因此路基的强度及密度都得不到保证。除此之外，由于城市道路工程不能完全封闭交通，对于人流的控制比较困难，再加上和道路下方各种管道线路的交织，这就让施工的空间变得更加狭窄，对于工程质量的管理相对来说也更加零散，不具有连续性。另外，城市道路项目承包方还要根据国家的相关法律法规以及城市的相关规定进行施工，在施工前确定各个施工的具体工序，并将责任分配到具体的个人。在一个小型项目完成之后加强质量检验，检验合格之后再进行后续的施工。明确整体工程的质量目标对于道理质量管理来说非常重要，城市道路施工的各个子工程如管线工程、基础工程以及路基工程等都要有一定的标准，对项目实施过程中的五大要素人、机、料、法、环进行合理地分析，从而制定出更加科学规范的标准。

（四）在道路工程项目建设的过程中

要严格执行监理制度，以往我国的很多工程没有严格的监理制度，只按照经验进行验收，这无疑会埋下安全隐患。道路工程的监理的主要工作是负责工程质量的控制，运用制度的方法取代行政手段去指挥和管理工程的施工，一般来说，如果责、权、利如果不能很好地分开，那么就会导致出现问题时没有人负责的现象，因此将项目中的责、权、利分开是非常必要的。监理单位要对设计变更等进行记录，认真核对施工完成的子工程，按照标准进行质量的验收。

（五）在道路工程完工以后

需要按照道路验收的相关标准进行验收，一般来说除了监理机构以外还需要城市的相关行政主管部门参加，在验收合格之后才能交付使用，如果出现问题那么必须在解决问题的前提下才能交付，施工方要按照合同中的保修制度负责对道路的保修，通常情况下保期是一年，如果在保修期内出现质量问题，那么施工单位必须要负责保修，保修完成后再进行验收和交付。

（六）市政工程行政主管部门对其组织建设和管理的城市道路

按照城市道路的等级、数量及养护和维修的定额，逐年核定养护、维修经费，统一安排养护、维修资金。承担城市道路养护、维修的单位，应当严格执行城市道路养护、维修的技术规范，定期对城市道路进行养护、维修，确保养护、维修工程的质量。市政工程行政主管部门负责对养护、维修工程的质量进行监督检查，保障城市道路完好。设在城市道路上的各类管线的检查井、箱盖或者城市道路附属设施，应当符合城市道路养护规范。因缺损影响交通和安全时，有关产权单位应当及时补缺或者修复。城市道路的养护、维修工程应当按照规定的期限修复竣工，并在养护、维修工程施工现场设置明显标志和安全防护设施，保障行人和交通车辆安全。经批准临时占用城市道路的，不得损坏城市道路；占用期满后，应当及时清理占用现场，恢复城市道路原状；损坏城市道路的，应当修复或者给予赔偿。新建、扩建、改建的城市道路交付使用后五年内，大修的城市道路竣工后三年内不得挖掘。

综上所述，加强城市道路施工管理对于道路工程质量控制来说具有重要的意义，在施工前要制定相关的责任制度，施工时严格落实监理制度，保证各个子工程无误之后再进行后序的施工，施工后认真组织相关单位进行验收，这样才能使城市道路的质量得到有效的保证。

四、城市道路施工管理中质量控制措施

城市道路质量最重要的两个基本考量标准就是路面和路基的质量。因而在这两方面进行质量控制的时候应该要根据基础功能、等级以及交通量等因素对其实施综合性的系统考量。此外，还应该要将沿线的地形情况、地质与路面情况等全部结合进去，从而实现道路稳定性与强度的提升。另外路面还需要满足抗滑以及平整的基本要求。

质量考量还主要包含有安全性、经济性以及社会效益，等等。目前城市道路施工企业都是盈利性的企业，所以在施工准备的时候，企业必须要实施综合性的施工管理手段，确保以最小的投入实现最大的经济效益。一般在具体管理的时候会从前期准备、技术水平、材料质量、机械设备管理等几个现场管理方面入手。

（一）工程施工中的常见问题

在道路建设中最常见到的问题有以下三种：

第一，作业人员对相应的规范与法律法规不够熟悉，认识不够充分。因为整个施工队伍中人员较多，具体专业素质参差不齐，在实际操作的时候很多都是依照经验进行，无法保证施工质量。

第二，大部分施工方其技术缺乏先进性，人员实际操作能力比较差，甚至企业内部中没有成熟的培训机制，这样一来不仅无法使用新型工艺，无法满足道路施工多样化的需求。

第三，很多施工方本身对质量认识不够深入，基本都认为道路施工和建筑施工不同，所以就算是出现质量问题，也不会造成人员伤亡，因而在施工过程中存在较强的侥幸心理。

（二）管理控制措施

1. 加强前期准备工作

（1）强化管理人员水平

对于施工过程的管理工作决定整个施工环节合理性以及质量的好坏。在每一个环节中都应严格把控，只有对其加强掌握才能够进一步开展后期的施工工作。因而，在道路施工之前就需要对图纸进行熟悉，将相关施工流程掌握到位；另外，作业人员也需要进一步掌握施工技术，从而最大限度上减少因为技术不到位而出现的失误现象。在具体了解施工流程之后，管理者还应该结合施工过程中涉及的技术规范和标准，优化施工环节；并结合天气状况、地形地质条件、材料以及环境等因素进行加强，最终保证每一环节都是合理可控的。

（2）强化前期技术储备工作

对于施工方来说必须要达到合法的工程资质要求。在实际施工的时候，人员职责与工作性质存在一定差异，因此就可以将其分为管理者、采购员、设计师以及实际作业人员、等等。其中对于管理控制人员而言，他们必须要明确该类工程基本的施工规范以及相应的

法律法规；对于采购员而言，应该要具有一定的采购技巧，并严格把握好设备与材料的质量；对于设计师而言，必须要具有一定的设计经验，从而设计出合理的施工图纸；对于作业人员而言，不但要掌握相应的施工技巧和方式，还应该要明确材料的相应特性，进而通过实际操作提升工程施工质量。

2. 提升施工队伍技术水平

在其施工过程中人数最多的就是实际操作作业人员，并且他们还是将设计图纸转化为实际工程项目的重要人员，可以说他们的技术水平与实际操作将会直接决定整个项目的质量。因而要想确保工程推进更加安全和规范，就一定要把控好这些人员的能力，对其实施高效科学的管理，杜绝一些不合理行为。

现阶段我们国家工程中的作业人员以民工为主，其专业素质相对来说比较欠缺，相关的质量安全意识也都比较薄弱。所以，加强对人员的管理也是整个项目实施过程中需要解决的一项重大问题，因而这就要从三个方面入手加大对这些人员的管理：

第一，可以建立一套完整的工程质量监管体系，将其责任和义务明确到位。

第二，加强对其人员专业节能的培训和教育，使其能够尽快掌握新型工艺，进而提升工程效率。

第三，要加强对作业人员的管理，全面提升整个施工队伍的综合素质。

3. 把握好施工材料质量

在该工程建设过程中，材料质量的高低也会直接影响到项目质量。在其工程施工的时候需要运用混凝土、水泥等材料，还需要运用到一些辅助性的材料，所以其材料不论是种类还是数量都极为庞大，因而这就必须要严格把握其材料质量。

在材料采购环节，应该要先从其材料源头入手加强控制管理，主要需要从生产商、规格、数量以及性能等多个方面实施全面性的考量。在购买之后，还要对其按照上述几个重要方面进行检验，进一步考核材料质量，以确保最终进入到施工场地材料的高标准和高质量。另外，在实际施工的时候还需要加强对材料质量的排查与检验，避免因为材料储存不当造成材料变质的问题，因此材料的检测工作应该要贯穿项目施工的始终，不能在将其材料检测工作停止在采购环节。其中一旦没有注重对材料的检测，就有可能会给工程埋下安全隐患，影响后期道路质量。例如，几年前在哈尔滨市就发生了一起大桥坍塌的事故，事故主要原因就是因其材料质量不合格，在垮塌的桥梁之中发现了很多编织袋与木棍的混合物，并且还没有将钢筋进行捆绑，最终造成了大桥坍塌，造成重大人员伤亡。

4. 把握好施工过程

首先，需要控制好路基质量，包含有道路地下管线回填质量控制。

其次，需要加强对路基密实程度以及平衡程度的控制，并依照实际标准对其进行平整，保证最终标高与设计高程相符。

最后，加强对路面面层的质量控制，在这其中主要包含有两方面内容：一方面是水泥砼面层。主要需要对砼的强度、黏度以及密度等进行控制，进而确保材料的合格度，进一步突然提升面层质量。另一方面是沥青砼面层。主要包含有对摊铺碾压、运输以及接缝处理等。这是该项工程完成的最终阶段，所以，这也就决定了整个工程的质量。在摊铺沥青砼的时候要确保其表面的均匀性，与此同时，还需要达到摊铺规范中的厚度与平整度。

在碾压的时候主要包含有三个阶段，分别为初压、复压以及终压。其中初压没有过多的要求，但是在复压的时候应该要使其温度达到135度以上，然后再使用20～35t的压路机对其路面实施碾压，最后再应用DDS10振动压路机进行终压。在接缝作业的时候必须要确保横缝和道路铺筑的方向相互垂直，不能应用斜接缝的方式实施接缝作业，进而确保面层质量。

五、城市道路的养护管理

（一）城市道路设施养护管理现状中存在的问题

1. 城市道路养护运行机制不健全

由于社会经济的发展，城市化的进程日益推进，市政基础工程建设是城市化推进的重要保障。但是市政基础工程的快速发展中也存在着一系列的问题，其中包括"重建设，轻管理"的现象，"建设是基础，养护管理是可持续发展的必要条件"这个理念没有贯彻到位。在科学合理的养护和未来发展的长久统筹的工作没有切实落实，后期的养护管理工作没有有效的开展。同时道路养护的技术标准制定不严格，道路维护工作不能达到城市交通运作的要求。

2. 城市道路养护体制的落后

目前我国对道路养护管理机制重视不大，更新不足。导致事业型管理机制仍然在进行城市道路养护的管理，导致其市场因素影响较小，进而没有变革的意识和动力，最后导致城市道路维护责任不清、管养不分的问题。养护管理部门对道路的养护方式不单一，可以代表政府实行道路设施管理，进而进行道路养护管理，由部门监督政府招人进行养护，也可以承包企业养护，在专项费用之内进行将保养小型修理工程和中型修理工程进行外包工程企业，同时也对道路和桥梁的排水工程进行外包。在工程进展中缺少有效的监督制约，限制了养护管理技术的创新和养护水平的提高。

3. 对养护投资力度不大

城市道路作为政府的公共设施，养护的资金主要来源就是政府的财政收入。目前大部分城市存在养护管理资金不足的情况，大约资金占养护所需资金的50%，导致养护工作不能达到人们预期的效果，养护工作需要道路状况监测、对道路设施基础资料参考、日常巡检等。由于资金的不足就导致了道路状况监测工作无法按照规定展开，道路设施基础资料不完整，日常巡检的力度不大。道路养护水平也因此降低。国家提出的城市道路维修率为

7%，而日前大部分城市的道路维修率达不到国家标准。基本处在 4% ~ 5%。如果道路的病害阶段得不到及时有效的维修，还未发生病害的道路进行预防性的养护，必然会使道路的使用寿命大大降低，日后的翻新甚至重修的成本会非常的高。

4. 养护的科技落后

很多城市在进行道路养护工作为了节约成本仍然采用传统的人工手工方式，尽管配用相关机械设备，也是为了方便手工作业的前提下，并没有对大型机械的引进及使用。设备的管理也是粗放的管理，没有系统的管理机制，导致安全操作规程和维修养护制度不被重视。有些城市虽然配备了大型养护设备，但是机械本身的性能得不到充分的发挥，并且不经常使用，使得这项资源白白浪费。养护工作的低效率和低技术，使城市道路无法适应的交通快速性和大流量。

5. 没有道路养护的专业人才

大多数城市进行道路养护都是面向社会招贤纳士，但是找到的都是没有经验的农民工，专业技术匮乏同时专业素质普遍偏低，进而导致养护工作效率的低下。良好地进行道路养护需要对道路养护知识的掌握和实际操作技能要强。达不到相关要求，就很难进行有效的道路养护。同时，管理人员对相关的管理方面的法律法规知识掌握不足，导致不能很好地进行城市道路和排水方面的管理。

（二）如何提高道路养护水平的探究

1. 在建设相关专项规划和管理法规体系的速度要快

城市道路设施建设和养护管理是相辅相成的，建设是基础，可持续发展需要进行有效的养护管理进行保障。通过进行理念的认知进行道路养护管理的加强，才能更好地进一步巩固建设成果，使道路更好地发挥出它的服务功能，同时也发挥建设投资展现的效益。建设、管理、养护三者是城市道路能够持续良好的进行服务的三个重要环节，不能秉承"重建设、轻管理"的理念，三者并重才是正确的理念，秉承这个理念进行完善的养护工区专项规划编制工作，使得市政设施进行良好建设的同时也可以为后期养护管理留有发展的空间。进而使道路设施养护管理具有规范性、区域性，道路抢修也会及时地进行。

管理条例是针对一项工作的目标具有规范性的标准，在任何一项工作都需要进行管理条例的设置。在进行道路养护管理的工作同样需要进行合理养护规范和管理条例，对道路设施的设计与施工进行有关养护管理方面提出规范性的要求，并做到明文规定，同时制定出道路养护的方案，结合管理条例对道路养护工作中的专业技术储备和施工现场进行严格要求和制约。目前由于道路养护施工单位的责任感缺失，导致很多交通受阻的情况。所以只有明确道路养护施工单位的责任和义务，才能进行有效地进行城市道路养护工作的进行。

2. 进行城市道路养护管理的制度改革

事业型的管理体制在目前的城市道路养护管理中，展现出很多缺陷，对于道路服务作用的长久保持是不利的。只有进城市道路养护管理体制的改革，切实实现责任公平、管养分离。管理人员的招聘和施工招聘面向社会进行择优选择，进行施工方的选择可以通过招投标的方式，进行严密的书面合同承诺，给予施工方严格的责任要求，切实施工方进行优质的道路养护施工。将城市道路养护市场化，将市场竞争融入道路养护中来，进行公平性管理，间接改善城市道路养护工作的质量，同时解决了养护管理方面的诸多问题。

3. 合理进行资金管理和提高道路养护的技术水平

目前城市道路养护的维修率达不到国家的标准，最重要的原因就是资金问题。资金问题主要表现为投资不足和烂利用两个特点，资金不足可以通过收取土地使用费、占道费等拓展资金渠道。烂利用的现象是如今道路养护的主要现象，也是道路投资不被看好的因素。进行有效的资金节约，就要先进行合理严密的造价管理，进行具有"花少钱、办多事、办好事"的特点造价设计工作。积极引进新技术，进而提高道路养护的水平。

养护技术水平决定城市道路养护工作的质量，是决定道路安全性、舒适性等良好特点的关键，在提高养护的水平的前提，是进行设备和技术的引进。设备的引进，设备引进要遵循绿色、高效、对市民的生活和安全无影响的原则进行设备引进，并保持设备的维护和检测工作。技术引进，对发达城市或者国外进行工艺技术引进，派出代表进行学习然后进行普及培训，整体提高工作人员的技术水平。

第二节　土石方工程

土石方工程在整个建筑工程中作为基础性环节，它是建筑工程的前提，而且它对整个建筑工程进度和质量的影响有很大的关系。对土石方环节采取有效地施工管理措施，例如对施工要点加以重视，对设计原则通晓明确，对实现整个工程建设既定的进度和质量目标具有不可估量的作用。然而，在工程施工的具体过程中，只注重理论知识而不联系实际，或者只注重实际而对理论研究不屑一顾，都会对整个建筑工程造成很大损失，只有把理论知识和实际情况相互联系，才能更好地对土石方的施工质量加以控制，才能更顺利地开展整个工程建设。

一、土石方工程施工管理

（一）土石方工程项目简要介绍

1. 土石方工程项目的定义

土石方工程是压密，弃土、排水和土壁支撑等工作的总称，通常情况下，它的工作内容包括以下很多方面，例如场地平整，路基和人防工程开挖，管沟开挖，路基填筑以及基坑回填等。因为土石方工程施工经常受地形、气候等方面限制而使得该工程在实施过程中更为困难和复杂，因此，在施工时要尽量避开雨季。为了降低土石方工程施工费用，以及减少对农田和土地的占用，相关负责人员要合理调配土石方的施工方案。作为建筑工程中的基本环节，合理且科学的土石方工程设计才能更好地促进建筑工程的开展。例如，场地平整作为土石方工程重要项目，只有对这一项目严格控制，才能为建筑物的开工创造更优越的条件；使得整个场地后期的土石方保持平衡调配，为后期储备种植土资源奠定良好的基础；土石方工程设计的好坏关系着该工程的整体质量。

2. 土石方工程的特点

在土石方工程设计之前，充分了解该工程项目的特点，可以帮助建筑工程中更有效地完成对土石方工程设计以及工程实施的效果。众所周知，土石方工程的工程量非常大，它的施工周期也很长，此外劳动力工作量大，机械设备需超负荷使用，要是土石方工程基坑深度较大，较容易造成重大事故的发生；再者，该工程容易受地质、水文、气候、地下障碍等因素的影响，而使得施工难度有所增加。

（二）土石方工程在设计和技术方面的要求

1. 土石方工程在设计方面的要求

土石方工程在设计过程中，需要满足建筑基础埋深、工程管线铺设的要求以及建筑物的功能布置要求。同时，还要对场地内道路的标高和坡度多加注意，最好能够充分利用地形优势，从而降低土石方工程量。因为平场施工图是建筑物底层轮廓轴线的控制坐标的真实反映，因此，在实际的平场图和总图设计过程中，设计人员必须充分考虑到项目的复杂程度，并且严格控制平场实施图的比例绘制道路中心线，合理的规划路与场地周边的连接关系。此外，在进行设计时，也要对解决场地排水问题加以注意，设计巧妙且合理的排水系统，从而做到地面排水畅通无阻。在考虑建筑物或环境与车库的衔接部位设计时，在确保各项技术规范的要求之下，尽量做到最大经济化，并且保障工程建设与使用期间的稳定和安全。

2. 土石方工程的技术方面的要求

土石方工程的施工过程包括开挖，填筑和压实三个方面。因此在施工项目中由于施工不同，相应的技术要求也是不一样的。确切地说，开挖指的是基坑或基槽的土方开挖，在开挖方面，最起码的要做到测量定位、抄平放线，一般情况下，采用的基坑开挖措施是分层开挖、先撑后挖。开挖时确保水准点、平面控制桩、边坡坡度和基坑平面位置等细节符合施工标准。如果遇到开挖的土体不稳定，基坑较深或者是地质条件不好时，根据实际情况，必须采取适当的加固措施，例如对于地下水位的以下区域，在开挖时，就必须采取降水的措施；其次，在土方的填筑过程中，最基础的是适合的土料的选择，一般情况下，淤泥质土，膨胀土，以及有机质含量超过8%的土或者其他不符合要求的土料都是不能使用的，要是工程中确实需要这些土进行填筑，必须在使用前进行专门的处理。注意填方也要分层进行，并且尽量保证要使用同类土进行填筑。最后是对土方进行压实，事实上，土方的压实方法是有很多种的，例如夯实法，振动压实法，碾压法以及利用运土工具压实等方法，在进行土方压实的过程中，需要从最低处填土，从下往上平整地进行整层平铺、碾压或夯实。同时，还要合理对当地的自然条件进行利用，尽最大的可能节约施工量，对工程施工现场的给水、排水问题也要合理解决，最终保证给水排水系统完好，而且要严格按照规定实施压实机器上所施加的功、每层铺土厚度以及压实的遍数等方面，确保整个土石方工程项目的顺利进行。

（三）土石方工程的施工管理措施

1. 土石方工程在质量方面的控制措施

土石方工程在质量方面所采取的控制措施，相对来说是一个比较完整的质量控制体系，它主要包括下面五个方面的内容：

首先，在对该工程进行全程质量管理的过程中，必须严格监督和控制每一个施工要点和施工要素，使施工员及监理的作用得以充分发挥，并且定期巡检及抽查整个施工的全过程。

其次，要确保项目施工人员对施工图纸可以认真阅读并熟练地掌握该工程内容，特别是挖土尺寸，轴线位置和标高。

第三，严格落实层层交底制度，也就是落实工程师，项目经理，施工工长，施工班组长和施工人员之间的一步步的交底过程，并且采用质量责任制的管理方法，从而确保土方施工得以顺利进行。

第四，在挖土过程中，着重保护轴线控制桩、引桩、现场水准点等细节，并对它们进行经常性的测量和检查，及时修复遭到损坏的轴线引桩。

最后，使用专用工具对桩头进行清理，防止对桩身造成破坏，从而保证桩顶面平整，使之符合该项目的设计要求。

2. 土石方工程在安全管理方面的控制措施

安全管理不仅是土石方工程施工的重点，同样，它也是所有工程在施工过程中要注意的地方，因为土石方施工难度和强度都很大，同时还涉及地下作业，强化施工安全管理方面的控制措施是很有必要的。

首先是对基坑的防护，在施工时要确保禁止在基坑上口边 3m 范围内堆土、堆料和停放机具，同时严禁施工人员翻越基坑身护杆，在基坑施工期间要设立警示牌，尤其是在夜间时。

其次，对专职安全员的设立，定期的检测土体水平位移、地表沉降等，一经发现问题则要尽快通知相关单位的负责人员。

第三，在进行土方开挖时，要对挖机司机加强安全教育，严格按规定的开行路线行驶，挖土机工作回转半径范围内不得站人或进行其他作业，确保施工现场不受破坏，禁止碰撞基坑围护桩。同时也要加强对施工人员的安全教育，禁止向基坑内乱扔杂物，在休息时，为防止跌落要远离基坑边。

最后，禁止挖土机和自卸车在架空输电线路下工作。此外，如果在夜间作业时，要确保工作地点有充足的照明，以及保证在危险地段设立醒目的警示标志和护栏。

二、土石方工程施工

（一）一般规定

1. 土方工程施工前应进行挖、填方的平衡计算，综合考虑土方运距最短、运程合理和各个工程项目的合理施工程序等，做好土方平衡调配，减少重复挖运。

土方平衡调配应尽可能与城市规划和农田水利相结合，将余土一次性运到指定弃土场，做到文明施工。

2. 基坑开挖工程包括无支护结构的放坡基坑开挖和有支护结构的基坑开挖，以及与之相配合的地下水控制措施。

3. 基坑开挖前，应根据工程结构型式、基坑深度、地质条件、气候条件、周围环境、施工方法、施工工期和地面荷载等有关资料，确定基坑开挖和地下水控制施工方案。

4. 基坑开挖方案内容主要包括：支护结构的龄期、机械选择、基坑开挖时间、分层开挖深度及开挖顺序、坡道位置和车辆进出场道路、施工进度和劳动组织安排、降排水措施、监测方案、质量和安全措施以及基坑开挖对周围建筑物需采取保护的措施等。

5. 基坑边缘堆置土方和建筑材料，或沿挖方边缘移动运输工具和机械，一般应距基坑上部边缘不少于2m，弃土堆置高度不应超过1.5m，并且不能超过设计荷载值，在垂直的坑壁边，此安全距离还应加大。软黏土地区不宜在基坑边堆置弃土。

6. 施工中机具设备停放的位置必须平稳，大、中型施工机具距坑边距离应根据设备重量、基坑支撑情况、土质情况等，经计算确定。

7. 采用机械开挖土方时，需保持坑底及坑壁留150~300mm厚土层，由人工挖掘修整。同时，要设集水坑，及时排除坑底积水。

8. 基坑开挖时，应对平面控制桩、水准点、基坑平面位置、水平标高、边坡坡度等经常复测检查。

9. 基坑周围地面应进行防水、排水处理，严防雨水等地面水浸入基坑周边土体。

10. 当土方工程挖方较深时，施工单位应采取措施，防止基坑底部土的隆起并避免危害周边环境。

11. 平整场地的表面坡度应符合设计要求，如设计无要求时，排水沟方向的坡度不应小于 2‰。平整后的场地表面应逐点检查。检查点为每 100～400m² 取 1 点，但不应少于 10 点；长度、宽度和边坡均为每 20m 取 1 点，每边不应少于 1 点。

12. 土方工程施工，应经常测量和校核其平面位置、水平标高和边坡坡度。平面控制桩和水准控制点应采取可靠的保护措施，定期复测和检查。土方不应堆在基坑边缘。

13. 土方开挖过程中，特别是冬季、雨季、汛期施工时，注意气候、降雨、地震、降温等预报，按施工方案的规定，采取必要的安全防护措施。

（二）土方开挖

1. 场地平整

场地平整是将需进行建筑范围内的自然地面，通过人工或机械挖填平整改造成为设计所需要的平面，以利现场平面布置和文明施工。在工程总承包施工中，三通一平工作常常是由施工单位来实施，因此，场地平整也成为工程开工前的一项重要内容。

场地平整要考虑满足总体规划、生产施工工艺、交通运输和场地排水等要求，并尽量使土方挖填平衡，减少运土量和重复挖运。

（1）施工准备

1）技术准备

①学习和审查图纸，核对平面尺寸和标高，图纸相互间有无错误或矛盾；掌握设计内容及各项技术要求，了解工程规模、特点、工程量和质量要求；审查地基处理和基础设计，进行图纸会审。

②熟悉土层地质、水文勘察资料，搞清地下构筑物、基础平面与周围地下设施管线的关系，图纸相互间有无错误和冲突。

③查勘施工现场，摸清工程场地情况，收集施工需要的各项资料，包括施工场地地形、地貌、地质水文、河流、气象、运输道路现状，邻近建筑物、地下基础、管线、防空洞、地面上施工范围内的障碍物和堆积物状况，供水、供电、通信情况，防洪排水系统，等等，以便为施工规划和准备提供可靠的资料和数据。

④研究制定现场场地平整、基坑开挖施工方案；绘制施工总平面布置图和场地平整或基坑开挖图，确定开挖路线、顺序、范围、场地标高或基底标高、边坡坡度、排水沟、集水井位置，场地平整的土方调配方案，多余土方或基槽土方的堆放地点、运距，提出需用的施工机具、劳动力、推广新技术计划等。

⑤根据施工方案编制技术交底，并向参加施工人员进行详细的技术和安全文明施工交底。

2）材料准备

做好临时设施用料和机械用油料计划、采购和进场组织工作，按施工平面图要求指定地点存放。

3）主要机具

推土机、铲运机、装载机、挖掘机、自卸汽车等。

常用土方机械的选择见下表。

表 6-2-1　常用土方机械的选择

机械名称、特性	作业特点及辅助机械	适用范围
推土机 操作灵活，运转方便，需工作面小，可挖土、运土。易于转移，行驶速度快。应用广泛	1. 作业特点 （1）推平；（2）运距 100m 内的堆土（效率最高为 60m）；（3）开挖浅基坑；（4）推送松散的硬土、岩石；（5）回填、压实；（6）配合铲运机助铲；（7）牵引；（8）下坡坡度最大 35°，横坡最大为 10°，几台同时作业。前后距离应大于 8m 2. 辅助机械 土方挖后运出需配备装土，运土设备 推挖三—四类土，应用松土机预先翻松	1. 推一—四类土 2. 找平表面，场地平整 3. 短距离移挖作填，回填基坑（槽）、管沟并压实 4. 开挖深不大于 1.5m 的基坑（槽） 5. 堆筑高 1.5m 内的路基、堤坝 6. 拖羊足碾 7. 配合挖土机从事集中土方、清理场地、修路开道等
铲运机 操作简单灵活。不受地形限制，不需特设道路，准备工作简单，能独立工作。不需其他机械配合能完成铲土、运土、卸土、填筑、压实等工序。行驶速度快，易于转移；需用劳力少，动力少，生产效率高	1. 作业特点 （1）大面积整平；（2）开挖大型基坑、沟渠；（3）运距 800—1500m 内的挖运土（效率最高为 200—350m）；（4）填筑路基、堤坝；（5）回填压实土方；（6）坡度控制在 20° 以内 2. 辅助机械 开挖坚土时需用推土机助铲。开挖三、四类土宜先用松土机预先翻松 20～40cm；自行式铲运机用轮胎行驶。适合于长距离。但开挖亦须用助铲	1. 开挖含水率 27% 以下的一—四类土 2. 大面积场地平整、压实 3. 运距 800m 内的挖运土方 4. 开挖大型基坑（槽）、管沟，填筑路基等。但不适于砾石层、冻土地带及沼泽地区使用

续表

机械名称、特性	作业特点及辅助机械	适用范围
正铲挖掘机 装车轻便灵活，回转速度快，移位方便；能挖掘坚硬土层，易控制开挖尺寸。工作效率高	1. 作业特点 （1）开挖停机面以上土方；（2）工作面应在 1.5m 以上；（3）开挖高度超过挖土机挖掘高度时，可采取分层开挖；（4）装车外运 2. 辅助机械 土方外运应配备自卸汽车，工作面应有推土机配合平土、集中土方进行联合作业	1. 开挖含水量不大于27%的——四类土和经爆破后的岩石与冻土碎块 2. 大型场地整平土方 3. 工作面狭小且较深的大型管沟和基槽路堑 4. 独立基坑 5. 边坡开挖
反铲挖掘机 操作灵活，挖土、卸土均在地面作业，不用开运输道	1. 作业特点 （1）开挖地面以下深度不大的土方；（2）最大挖土深度4—6m，经济合理深度为1.5—3m；（3）可装车和两边甩土、堆放；（4）较大较深基坑可用多层接力挖土 2. 辅助机械 土方外运应配备自卸汽车，工作面应有推土机配合推到附近堆放	1. 开挖含水量大的——三类的砂土或黏土 2. 管沟和基槽 3. 独立基坑 4. 边坡开挖
拉铲挖掘机 可挖深坑，挖掘半径及卸载半径大，操纵灵活性较差	1. 作业特点 （1）开挖停机面以下土方；（2）可装车和甩土；（3）开挖截面误差较大；（4）可将土甩在基坑（槽）两边较远处堆放 2. 辅助机械 土方外运需配备自卸汽车、推土机，创造施工条件	1. 挖掘——三类土，开挖较深较大的基坑（槽）、管沟 2. 大量外借土方 3. 填筑路基、堤坝 4. 挖掘河床 5. 不排水挖取水中泥土
抓铲挖掘机 钢绳牵拉灵活性较差，工效不高，不能挖掘坚硬土；可以装在简易机械上工作，使用方便	1. 作业特点 （1）开挖直井或沉井土方；（2）可装车或甩土；（3）排水不良也能开挖；（4）吊杆倾斜角度应在45°以上，距边坡应不小于2m 2. 辅助机械 土方外运时，按运距配备自卸汽车	1. 土质比较松软，施工面较狭窄的深基坑、基槽 2. 水中挖取土，清理河床 3. 桥基、桩孔挖土 4. 装卸散装材料

机械名称、特性	作业特点及辅助机械	适用范围
装载机 操作灵活，回转移位方便、快速；可装卸±方和散料，行驶速度快	1. 作业特点 （1）开挖停机面以上土方； （2）轮胎式只能装松散土方，履带式可装较实土方；（3）松散材料装车；（4）吊运重物，用于铺设管道 2. 辅助机械 土方外运需配备自卸汽车，作业面需经常用推土机平整并推松土方	1. 外运多余土方 2. 履带式改换挖斗时，可用于开挖 3. 装卸土方和散料 4. 松散土的表面剥离 5. 地面平整和场地清理等工作 6. 回填土 7. 拔除树根

4）作业条件

①现场已作初步勘察，根据现场实际情况编制了场地平整施工方案。

②现场原有居民或工厂已搬迁，建（构）筑物已拆除；影响场地平整的地上地下障碍物已清除。

③施工机械和人员已落实。

④必要的临时道路、临时设施已搭设。

（2）施工工艺

1）工艺流程

现场勘察→清除地面障碍物→标定整平范围→设置水准基点→设置方格网，测量标高→计算土方挖填工程量→平整土方→场地碾压→验收。

2）施工要点

①现场勘察

当确定平整工程后，施工人员首先应到现场进行勘察，了解场地地形、地貌和周围环境。根据建筑总平面图及规划了解并确定现场平整场地的大致范围。

②清除地面障碍物

平整前必须把场地平整范围内的障碍物如树木、电线、电杆、管道、房屋、坟墓等清理干净。场地原有高压线、电杆、塔架、地上和地下管道、电缆、坟墓、树木、沟渠以及旧有房屋、基础等进行拆除或进行搬迁、改建、改线；对附近原有建筑物、电杆、塔身等采取有效的防护和加固措施，可利用的建筑物应充分利用。在黄土地区或有古墓地区，应在工程基础部位，按设计要求位置，用洛阳铲进行详探，发现墓穴、土洞、地道、地窖、废井等，应对地基进行局部处理。

③根据总图要求的标高，从水准基点引进基准标高作为确定土方量计算的基点

土方量的计算有方格网法和横截面法，可根据地形具体情况采用。现场抄平的程序和

方法通过确定的计算方法进行。通过抄平测量，可计算出该场地按设计要求平整需挖土和回填的土方量，再考虑基础开挖还有多少挖出（减去回填）的土方量，并进行挖填方的平衡计算，做好土方平衡调配，减少重复挖运，以节约运费。

④大面积平整土方宜采用机械进行

如用推土机、铲运机推运平整土方；有大量挖方应用挖土机等进行。在平整过程中要交错用压路机压实。

⑤平整场地的表面坡度应符合设计要求

如设计无要求时，一般应向排水沟方向做成不小于 0.2% 的坡度。

⑥平整后的场地表面应逐点检查

检查点为每 100 ~ 400m² 取 1 点，但不少于 10 点；长度、宽度和边坡均为每 20m 取 1 点，每边不少于 1 点，其质量检验标准应符合相关规范的要求。

⑦场地平整应经常测量和校核其平面位置、水平标高和边坡坡度是否符合设计要求

平面控制桩和水准控制点应采取可靠措施加以保护，定期复测和检查；土方不应堆在边坡边缘。

（3）成品保护措施

1）引进现场的测量控制点（坐标桩、水准基点）应严加保护，防止在场地平整过程中受破坏，并应定期进行复测校核，保证其正确性。

2）在场地平整过程中和平整完成后均应注意排水设施的保护，保持现场排水系统的畅通，以防止下雨后场地大面积积水或场地泥泞影响施工作业。

3）场地道路应经常维修和加强维护，保持道路整洁和畅通。

（4）安全环保措施

1）机械操作人员应持证上岗，严禁无证人员动用机械设备。

2）机械施工应严格按照操作规程作业，严禁违章作业。

3）运输车辆进出场当与铁路、公路相交时应设专人指挥或设置专用信号标志，以防发生交通安全事故。

4）如场地平整中需要爆破作业时，应采取可靠措施，保证临时设施、机械和人员的安全，防止发生损害和人身伤亡事故。

5）当场地作业区距居民小区较近时应注意安排好作业时间，噪声大的机械夜间应停止作业，防止影响居民休息。

6）运输土方的车辆如需在场外行驶时，应用加盖车辆或采取覆盖措施，以防遗洒污染道路和环境。

2.基槽（坑、管沟）人工挖土

（1）施工准备

1）技术准备

①熟悉施工图纸和地质勘查报告，掌握基础部分标高和做法，土层和地下水位情况，确定挖土深度和坡度，人员组织和安排，编制挖土施工方案和技术交底。

②测量放线工作，根据给定的国家永久性坐标、水准点，按建筑物总平面和建筑红线要求，引测到现场。在建筑物周围，设置测量控制基线、轴线和水平基准点；做好轴线控制的测量和校核。轴线控制网应避开建筑物、构筑物、机械操作运输线路，并设保护标志；在建筑物四角设置龙门板，其他控制轴线设置龙门桩，龙门板和龙门桩一般距基槽（坑）1.5～2.0m。并放出基槽（坑）上口和下口的灰线。

③对参加施工人员进行详细的技术和安全文明施工交底。

2）材料准备

①如基槽（坑）需用明沟和集水井进行降排水时应准备做集水井的材料，需作简单支护时，需准备支护用材料。

②基槽（坑）需作局部处理或基底换填时，需准备好换填用材料。

③雨期施工应准备护坡用材料（如塑料布、钢丝网、水泥等）。

④冬期施工应准备基底保温覆盖材料。

⑤应准备好基础施工材料，以便验槽后可以立即进行基础工程的施工，防止过长时间的晾槽。

3）主要机具

①机械：机动翻斗车、水泵等。

②工具：铁锹、十字镐、大锤、钢钎、钢撬棍、手推车等。

4）作业条件

①现场三通一平已完成，地上地下障碍物已清除或地下障碍物已查明。

②基槽（坑）开挖的测量放线工作已完成，并经验收符合设计要求。

③开挖现场的地表水已排除，如采用人工降低地下水位时，水位已降至基底500mm以下。

④土方堆放场地已落实，如需机械倒运土方时，土方的装载、运输、堆高或平整的机械设备已落实。

⑤参加施工人员已进行了技术、安全和文明施工的交底。

（2）施工工艺

1）工艺流程

测量放线→分层开挖→排降水→修坡→整平→验槽。

2）施工要点

①基槽（坑）和管沟开挖应按放线定出的开挖宽度，分段分层挖土。根据土质和地下水情况，采取在四侧或两侧直立或放坡开挖。

③在天然湿度的均质土中开挖基槽（坑）和管沟，如无地下水，挖方边坡可做成直立壁，不加支撑，但挖方深度不得超过表6-2-2的规定，如超过表6-2-2的规定的深度，但不超过5m时，应根据土质情况按相关规定进行放坡开挖。基槽（坑）和管沟的宽度应稍大于基础的宽度，根据基础做法留出基础砌筑或支模板的操作面宽度，一般每侧为300 ~ 500mm。

表6-2-2 基槽（坑）和管沟不加支撑时的容许直立开挖深度

项次	土的种类	容许深度（m）
1	密实、中密的砂土和碎石类土（充填物为砂土）	1.00
2	硬塑、可塑的粉质黏土及粉土	1.25
3	硬硬、可塑的黏土和碎石类土（充填物为黏性土）	1.50
4	坚硬的黏土	2.00

③当开挖基槽（坑）和管沟的土体含水量较大而不稳定，或基坑较深，或受周围场地限制需用较陡的边坡或直立开挖而土质较差时，应采取或局部采取临时性支撑加固。开挖宽度较大的基坑，当在局部地段无法放坡，或下部土方受到基坑尺寸限制不能放较大的坡度时，则应在下部坡底线采取加固措施。如采用短桩与横隔板支撑或砌砖、毛石或用编织带堆砌临时矮挡土墙保护坡底线。当开挖深基坑时须采取安全可靠的支护措施

④挖土应自上而下水平分段分层进行，边挖边检查坑底宽度，不够时应及时修整，每1m左右修坡一次，至设计标高后再统一进行修坡并清底，检查坑底宽度和标高，要求坑底凹凸不超过20mm。如基槽（坑）基底标高不相同时，高低标高相接处应做成阶梯形，阶梯的高宽比不宜大于1 : 2。

⑤开挖条形浅基槽不放坡时，应沿灰线里面切出基槽的轮廓线。对普通软黏土，或自上而下分层开挖，每层深度为300 ~ 600mm，从开挖端向后倒退按踏步型挖掘；对黏土、坚硬黏土和碎石类土，先用镐刨松后，再向前挖掘，每层挖土厚度150 ~ 200mm，每层应清底和出土后再挖掘下一层。

⑥基槽（坑）管沟放坡，应先按规定的坡度粗略开挖，再分层按坡度要求做出坡度线。当基槽（坑）管沟挖至距离坑底0.5m时，应沿基槽（坑）壁每隔2 ~ 3m打入一根小木桩，并抄上标高，以此作为清底的标高依据。

⑦开挖较深基槽（坑）或管沟时，为了弃土方便，可根据土质特点将坡度全高做出1 ~ 2个宽0.7 ~ 0.8m的台阶，作为倒土台。开挖时，可将下阶弃土倒至上阶土台后，再倒至坑上沿。

⑧基槽（坑）或管沟开挖应尽量防止扰动地基土，当基坑挖好后不能及时进行下道工序施工时，应预留 150 ～ 300mm 的土不挖，待下道工序开始前再挖至设计标高。

⑨在地下水位以下挖土且水量不大时，可采取明沟和集水井排水法随挖随排除地下水。其方法是在每层土开挖之前，先在基坑四周或两侧挖 500mm 深排水沟，每隔 20 ～ 30m 挖一口集水井，深度在 1m 以上，将土中或表面的水经排水沟排到集水井，然后用水泵抽出坑外。排水沟和集水井应随开挖面先行不断加深，始终保持比开挖面低 300 ～ 500mm，以利开挖能顺利进行；当涌水量较大时应采取人工降低地下水位措施。

⑩在基槽（坑）边缘上侧堆土或堆放材料时，应与基坑边缘保持 1m 以上的距离，以保证基槽（坑）边坡的稳定。当土质较好时，堆土或材料应距基坑边缘 0.8m 以外，高度不宜超过 1.5m，并应留出基础施工时进料的通道。

⑪在邻近建筑物旁开挖基槽（坑）和管沟的土方，当开挖深度深于原有基础时，开挖应保持一定的坡度，以免影响邻近建筑物基础的稳定，一般应满足 ≤ 0.5 ～ 1（h 为超过原有基础的深度，为离原有基础的距离）。如不能满足要求，应采取在坡底线设挡墙或支撑的加固措施。

⑫开挖基槽（坑）和管沟时，不得超过基底标高，如个别地方超挖时，应取得设计单位的同意，用与基土相同的土料补填，并夯实至要求的密实度，或用灰土或砂砾石填补并夯实。在重要部位超挖时，可用低强度等级混凝土填补。

⑬在基槽挖土过程中，应随时注意土质变化情况，如基底出现软弱土层、枯井、古墓，应与设计单位共同研究，采取加深、换填或其他加固地基方法进行处理。遇有文物，应做好保护，妥善处理后再继续施工。

⑭雨期施工时，基槽（坑）应分段开挖，挖好一段验槽后，立即浇筑一段垫层，并在基槽（坑）两侧提前挖好排水沟，以防地面雨水流入基槽（坑）；同时应经常检查边坡和支护稳定情况，必要时适当放缓边坡坡度或设置支撑，以防止坑壁受水浸泡造成塌方。

⑮冬期施工时，应采取措施（如表土覆盖保温材料，或将表土翻松），防止土层冻结，挖土要连续快速挖掘、清除，以免间歇使土冻结。基坑土方开挖完毕，应立即进行下道工序施工，如有停歇（1 ～ 2d），应覆盖草袋、草垫等简单保温材料；如停歇时间较长，应在基底预留一层松土层（200 ～ 300mm）不挖，并用保温材料覆盖，待下道工序施工时再清除到设计标高，以防基土受冻。

⑯基槽（坑）挖完经钎探后，通知设计、勘察、监理、建设等单位共同验槽，检查基底土质是否符合设计要求；对不符合设计要求的松软黏土层、坟坑、孔洞等，应制定出处理方案，按方案认真进行处理，完全符合设计要求后，做出地基验槽记录和隐蔽工程记录，经参加验收的各方签证后，作为竣工资料和调整结算的依据。

（3）成品保护措施

1）对测量控制定位桩、水准点应注意保护。挖土、运土机械行驶时，不得碰撞，并应定期复测检查其是否移位、下沉；平面位置、标高和边坡坡度是否符合设计要求。

2）基槽（坑）开挖设置的支撑或支护结构，在施工的全过程均应做好保护，不得随意损坏或拆除。

3）基槽（坑）、管沟的直立壁或边坡，在开挖后要防止扰动或被雨水冲刷，造成失稳。

4）基槽（坑）、管沟开挖后，如不能很快地浇筑垫层或安装管道，应采取保护措施，防止扰动或破坏基土。

5）基槽（坑）开挖过程中，如发现文物或古墓，应妥善保护，立即报有关文物部门处理；发现永久性标桩或地质、地震部门设置的长期观测点以及地下管网、电缆等，应加以保护，并报有关部门处理。

6）深基坑土方开挖和降低地下水位过程中，应定期对邻近建（构）筑物、道路、管线以及支护系统进行观察和测试，是否发生变形、下沉或移位，如发现异常情况，应采取保护措施或应急处理措施。

（4）安全环保措施

1）人工基槽（坑）开挖时，两人操作间距应大于 3m，不得对头挖土；挖土面积较大时，每人工作面不应小于 6m²。挖土应由上而下、分层分段按顺序进行，严禁先挖坡底线或逆坡挖土，或采用底部掏空塌土方法挖土。

2）基坑开挖应严格按规定放坡，操作时应随时注意土壁的变动情况，如发现有裂缝或部分坍塌现象，应及时进行支撑或放坡，并注意支撑的稳固和土壁的变化。当采取不放坡开挖，应设置临时支护。冬期不设支撑的挖土作业，只许在土体冻结深度内进行。

3）深基坑上下应设阶梯或搭设靠梯，或开斜坡道，并采取防滑措施，禁止踩踏支撑上下。坑四周应设置安全栏杆。

4）人工吊运土方时，应检查起吊工具、绳索是否牢靠。吊斗下面不得站人，卸土堆应离开坑边一定距离，以防造成坑壁塌方。

5）用手推车运土，应先平整好道路，并尽量采取单行道，以免来回碰撞；用平板车、翻斗车运土时，两车间距不得小于 10m，装土和卸土时，两车间距不得小于 1m。

6）机械距土坡安全距离：汽车不小于 3m；起重机不小于 4m；堆土高不超过 1.5m。

7）采用降排水措施时，抽出的水应有组织地排放至指定位置，不得任其漫流而污染场地环境。

8）运输土方的车辆如需在场外行驶时，应用加盖车辆或采取覆盖措施，以防遗洒污染道路和环境。

3. 基槽（坑）机械挖土

机械挖土是采用推土机、铲运机、装载机、挖掘机等设备开挖，配套自卸汽车等进行运输。具有操作机动灵活、运转方便、生产效率高、施工速度快等特点。适用于工业与民用建筑的机械开挖土石方工程，包括基槽（坑）、管沟以及路面基层等挖土工程。

（1）施工准备

1）技术准备

①熟悉施工图纸和地质勘查报告，掌握基础部分标高和做法，土层和地下水位情况，确定挖土深度和坡度，人员组织和安排，编制挖土施工方案和技术交底。

②测量放线工作：根据给定的国家永久性坐标、水准点，按建筑物总平面和建筑红线要求，引测到现场。在建筑物周围，设置测量控制基线、轴线和水平基准点；做好轴线控制的测量和校核。轴线控制网应避开建筑物、构筑物、机械操作运输线路，并设保护标志；在建筑物四角设置龙门板，其他控制轴线设置龙门桩，龙门板和龙门桩一般距基槽（坑）1.5 ～ 2.0m。并放出基槽（坑）上口和下口的灰线。

③有支护结构的深基坑土方开挖，应根据支护结构的特点和形式制定先支护后开挖、边开挖边支护或机械下坑底开挖还是在坑上搭栈桥开挖等的专门施工方案。

④对参加施工人员进行详细的技术和安全文明施工交底。

2）材料准备

①采用边开挖边支护（锚喷支护、锚杆支护、内支撑等）需准备支护用材料。

②雨期施工应准备护坡用材料（如塑料布、钢丝网、水泥等）。

③冬期施工应准备基底保温覆盖材料。

④应准备好基础施工材料，以便验槽后可以立即进行基础工程的施工，防止晾槽时间过长。

3）主要机具

①机械：推土机、铲运机、装载机、挖掘机、自卸汽车、水泵等。

②工具：吊土斗、铁锹、十字镐、大锤、钢钎、钢撬棍、手推车等。

4）作业条件

①现场三通一平已完成，地上地下障碍物已清除或地下障碍物已查明。

②基槽（坑）开挖的测量放线工作已完成，并经验收符合设计要求；有支护桩的基坑支护桩及帽梁已达到设计强度。

③开挖现场的地表水已排除，如采用人工降低地下水位时，水位已降至基底 500mm 以下。

④土方堆放场地已落实，如需机械倒运土方时，土方的装载、运输、堆高或平整的机械设备已落实。

⑤参加施工人员已进行了技术、安全和文明施工的交底。

（2）施工工艺

1）工艺流程

测量放线→分层开挖→降、排水→边坡修整或支护→基底整平→验槽。

2）施工要点

①机械土方开挖应根据工程规模、土质情况、地下水位高低、施工设备条件、进度要

求等合理选用挖土施工机械，以充分发挥机械效率，节省费用，加速工程进度。一般深度不大的大面积基坑开挖，宜采用推土机推土配合装载机装车运土的方法；对长度和宽度均较大的大面积土方一次开挖，可用铲运机铲土；对面积较大且深的基坑，常采用液压反铲挖掘机开挖；挖高于挖掘面的土石方，常用液压正铲挖掘机开挖；在地下水位以下不排水挖土，可采用拉铲或抓铲挖掘，效率较高。

②机械挖土应绘制详细的土方开挖图，规定开挖路线、顺序、范围、底部各层标高、边坡坡度，排水沟、集水井位置及流向，弃土堆放位置等，避免混乱，造成超挖、乱挖，应尽可能地使机械多挖，减少机械超挖和人工挖土。

③各种挖土机械应采用其生产效率高的作业方法进行挖土

A. 推土机开挖的基本作业是铲土、运土和卸土三个工作行程和空载回驶行程。铲土时应根据土质情况，尽量采用最大切土深度在最短距离（6～10m）内完成，以便缩短低速运行时间，然后直接推运到预定地点。一般采用下坡推土法，借助于机械自重增加推力向下坡方向切土推运，推土坡度控制在15°以内；或用并列推土法，几台推土机同时作业，减少漏失量；或用槽形推土法，重复连续多次在一条作业线上切、推土，利用逐渐形成的浅槽，在沟槽内进行推土，减少土从铲刀两侧散漏，以增加推土量。

B. 铲运机以铲土和运土作业为主，施工时的开行路线，应视挖土区的分布不同，合理安排铲土与卸土的相对位置，一般采取环形或"8"字形开行路线；铲土厚度通常在80～300mm之间。作业方法多采用下坡铲土、预留土埂的跨铲法；长距离挖运坚硬土时，多采用助铲法，另用1台推土机配合3～4台铲运机顶推作业，或两台铲运机联合作业的双联铲运法等强制切土，以提高工效。

C. 正铲挖掘机作业方法多采用正向开挖和侧向开挖两种方式。运土汽车布置于挖掘机的后面或侧面。开挖时的行进路线，当开挖宽度为0.8～1.5R（R为最大挖掘半径）时，挖掘机在工作面一侧直线进行开挖；当开挖宽度为1.5～2.0R时，挖掘机沿开挖中心线前进；开挖宽度为2.0～2.5R时，挖掘机做之字形移动；当开挖宽度为2.5～3.5R时，挖掘机沿工作面一侧做多次平行移动；开挖宽度大于3.5R时，挖掘机沿工作面侧向开挖。开挖工作面的台阶高度一般不宜超过4m，同时要经常注意边坡的稳定。

D. 反铲挖掘机作业通常采用沟端开挖和沟侧开挖两种方法。当开挖深度超过最大挖深时，可采取分层开挖。运土汽车布置于反铲的一侧，以减少回转角度，提高生产效率。对于较大面积的基坑开挖，反铲可做"之"字形移动。

E. 拉铲通常采用沟端开挖和沟侧开挖两种方法。当宽度较小，以要求沟壁整齐，可采用三角形挖土方法。

F. 抓铲挖掘机作业动臂角应在45°以上。抓土应从四角开始，然后中间，分层抓土。挖掘机距边沿的距离不得小于2m。开挖沟槽时，沟底应留出200—300mm的土层暂不挖土，待铺管前用人工清理至设计标高。

G. 装载机作业与推土机、铲运机基槽相同，亦有铲装、转运、卸料、返回等四道操作工序。

对大面积浅基坑，采取分层铲土；对高度不大的挖土，可采取上下轮换开挖法，先将土层下部 1m 以下铲 300—400mm，然后再铲土层上部 1m 厚的土，上下转换开挖。土方直接从后端装自卸汽车运走。

④自卸汽车数量应按挖掘机械大小、生产率和工期要求配备，应能保证挖掘或装载机械连续作业。汽车载重量宜为挖掘机斗容量的 3—5 倍。

⑤大面积基础群基坑底板标高不一，机械开挖次序一般采取先整片挖至一平均标高，然后再挖个别较深部位。当一次开挖深度超过挖掘机最大挖深时，宜分 2 ~ 3 层开挖，在一面修筑 10% ~ 15% 坡道，作为机械和运土汽车进出通道。挖出之土方运至弃土场堆放，最后将斜坡道挖掉，可能的情况下场内应留部分土作基坑回填之用，以减少土方二次倒运。

⑥基坑边角部位、桩的周围等机械开挖不到的部位，应用少量人工配合开挖和清底、清坡，将松土清至机械作业半径范围内，再用机械装车运走。

⑦挖土机、运土汽车进出基坑的运输道路，应尽量利用基础一侧或两侧相邻的基础以后需开挖部位，使它互相贯通作为车道，或利用提前挖除土方后的地下设施部位作为相邻的几个基坑开挖地下运输通道，以减少挖土量。

⑧对面积和深度都较大的基坑，通常采用分层挖土施工法。使用大型土方机械在坑下作业。如为软黏土地基或在雨期施工，进入基坑行走需铺垫钢板或铺路基箱垫道。

⑨对大型软黏土基坑，为减少分层挖运土方的复杂性，可采用"接力挖土法"，它是利用两台或三台挖土机分别在基坑的不同标高处同时挖土。一台在地表，两台在基坑不同标高的台阶上，边挖土边向上传递，到上层由地表挖土机装车，用自卸汽车运到弃土地点。上部可用大型挖土机，中、下层可用液压中、小型挖土机，挖土、装车均衡作业，机械开挖不到之处，再配以人工开挖修坡、找平。在基坑纵向两端设道路出入口，上部汽车开行单向行驶。用本法开挖基坑，可一次挖到设计标高，一次成型。一般两层挖土可挖深 10m，三层挖土可挖深 15m 左右，可避免将载重汽车开进基坑装土、运土作业，工作条件好，效率高，降低成本。

⑩机械开挖应预留一层 200mm 厚土用人工清底找平，避免超挖和基底土遭受扰动。

⑪土方工程冬期施工应做好各项准备工作，做到连续施工。挖掘和松碎冻土层的机具和方法，应根据土质、冻结深度、机具性能和施工条件等确定。当冻土层厚度较小时，可采用推土机、铲运机或挖掘机直接开挖；当冻土层厚度较大时，可采用松土机、破冻土犁、重锤冲击或爆破松碎等方法。冬季开挖基坑，应在冻结前用保温材料覆盖或将表土翻松，深度不小于 300mm。开挖时应防止基底土遭受冻结，如较长时间不能进行下一道工序时，应在基底标高以上预留适当厚度的松土或用其他保温材料覆盖。如遇开挖土方引起邻近建（构）筑物的地基暴露时，应采取保护措施。

（3）成品保护措施

1）机械挖土作业应注意保护测量控制定位桩、轴线桩、水准基桩，防止被挖土和运土机械设备碰撞、行驶破坏。

2）基坑四周应设排水沟、集水井，场地应有一定坡度，以防雨水浸泡基坑和场地。

3）夜间施工应设足够的照明，防止地基、边坡超挖。

4）深基坑开挖的支护结构，在开挖全过程中应做好保护，不得随意拆除或损坏。

5）在斜坡地段挖土时，应遵循由上而下、分层开挖的顺序，以避免破坏坡底线，引起滑坡。

6）在软黏土或粉细砂地层开挖基槽（坑）和管沟时，应采用轻型或喷射井点降低地下水位至开挖基坑底以下 0.5 ~ 1.0m，以防止土体滑动或出现流砂现象。

7）基槽（坑）和管沟开挖完成后，应尽快进行下一道工序施工，如不能及时进行施工，应预留一层 200 ~ 300mm 以上土层，在进行下一道工序前挖去，以避免基底遭受扰动，降低地基承载力。

（4）安全环保措施

1）开挖边坡土方，严禁切割坡底线，以防导致边坡失稳；当山坡坡度陡于 1/5 时，或在软黏土地段，不得在挖方上侧堆土。

2）机械行驶道路应平整、坚实，必要时，底部应铺设枕木、钢板或路基箱垫道，防止作业时下陷；在饱和软黏土地段开挖土方，应先降低地下水位，防止设备下陷或基土产生侧移。

3）机械挖土应分层进行，合理放坡，防止塌方、溜坡等造成机械倾翻、淹埋等事故。用推土机推土，铲刀不得超出坡沿，以防倾覆。陡坡地段推土需设专人指挥，严禁在陡坡上转弯。正车上坡和倒车下坡的上下坡度不得超过 35°，横坡不得超过 10°。推土机陷车时，应用钢丝绳缓缓拖出，不得用另一台推土机直接推出。

4）多台挖掘机在同一作业面机械开挖，挖掘机间距应大于 10m；多台挖掘机在不同台阶同时开挖时，应验算边坡的稳定，上下台阶挖掘机前后应相距 30m 以上，挖掘机离下部边坡应有一定安全距离，以防造成翻车事故。

5）在有支撑的基坑中挖土时，必须防止碰撞支撑，在坑沟边使用机械挖土时，应计算支撑强度，危险地段应加强支撑。

6）机械施工区域禁止无关人员进入场地内。挖掘机工作回转半径范围内不得站人或进行其他作业。土石方爆破时，人员及机械设备应撤离危险区域。挖掘机、装载机卸土，应待整机停稳后进行，不得将铲斗从运输汽车驾驶室顶部越过；装土时任何人都不得停留在装土车上。

7）挖掘机操作和汽车装土行驶要听从指挥；所有车辆必须严格按规定的开行路线行驶，防止撞车。

8）挖掘机行走和自卸汽车卸土时，必须注意上空电线，不得在架空输电线路下工作；如在架空输电线路一侧工作时，垂直与水平距离分别不得小于 2.5m 与 4 ~ 6m（110 ~ 220kVA 时）。

9）夜间作业，机上及工作地点必须有充足的照明设施，在危险地段应设置明显的警示标志和护栏。

10）冬期、雨期施工，运输机械和行驶道路应采取防滑措施，以保证行车安全。

11）采用降排水措施时，抽出的水应有组织地排放至指定位置，不得任其漫流而污染场地环境。

12）运输土方的车辆如需在场外行驶时，应用加盖车辆或采取覆盖措施，以防遗洒污染道路和环境。

13）如在居民区附近施工时，噪声大的机械夜间应禁止施工，以免影响居民休息。

4. 质量控制要点

（1）土方开挖前应检查定位放线、排水和降低地下水位系统，合理安排土方运输车的行走路线及弃土场。

（2）施工过程中应检查平面位置、水平标高和边坡坡度、压实度、排水、降低地下水位系统，并随时观察周围的环境变化。

（3）临时性挖方的边坡值应符合表 6-2-3 的规定。

表 6-2-3　临时性挖方的边坡值

土的类别		边坡值（高：宽）
砂土（不包括细砂、粉砂）		1：1.25 ~ 1：1.50
一般性黏土	硬	1：0.75 ~ 1：1.10
	硬塑	1：1.10 ~ 1：1.25
	软	1：1.50 或更缓
碎石类土	充填坚硬、硬塑黏性土	1：0.50 ~ 1：1.10
	充填砂土	1：1.00 ~ 1：1.50
注：1. 设计有要求时，应符合设计标准 2. 如采用降水或其他加固措施，可不受本表限制，但应计算复核 3. 开挖深度，对软黏土不应超过 4m，对硬土不应超过 8m		

5. 质量标准

土方开挖工程的质量检验标准应符合表 6-2-4 的规定。

表 6-2-4 土方开挖工程的质量检验标准（mm）

项	序	项目	允许偏差或允许值					检验方法
			柱基基坑基槽	挖方场地平整		管沟	地（路）面基层	
				人工	机械			
主控项目	1	标高	-50	±30	±50	-50	-50	水准仪
	2	长度、宽度（由设计中心线向两边量）	+200 -50	+300 -100	+500 -150	+100	——	经纬仪，用钢尺量
	3	边坡	设计要求					观察或用坡度尺检查
一般项目	1	表面平整度	20	20	50	20	20	用 2m 靠尺和楔形塞尺检查
	2	基底土性	设计要求					观察或土样分析

注：地（路）面基层的偏差只适用于直接在挖、填方上做地（路）面的基层

6. 质量验收

（1）检验批的划分应符合《建筑地基与基础工程施工技术标准》中"基本规定"的 3.0.9、3.0.10 条的规定。

（2）检验批的验收组织应符合《建筑地基与基础工程施工技术标准》中"基本规定"的 3.0.15 条的规定。

（3）质量验收记录

1）地基验槽记录和隐蔽工程记录；

2）钎探记录等。

（三）土方回填

土方回填，系用人力或机械对场地、基槽（坑）和管沟进行分层回填夯实，以保证达到要求的密实度。本节适用于工业与民用建筑场地、基槽（坑）和管沟、室外散水等回填土工程。

1. 施工准备

（1）技术准备

1）施工前，应根据工程特点、填料土质、设计要求的压实系数、施工条件，进行必要的压实试验，确定填料含水量控制范围、铺土厚度、夯实或碾压遍数等参数。根据现场条件确定施工方法。

2）编制施工方案和技术交底，并向施工人员进行技术、质量、安全、环保文明施

工交底。

（2）主要材料

1）土料：宜优先选用基槽（坑）中挖出的原土，并清除其中的有机杂质和粒径大于50mm的颗粒，含水量应符合设计要求。

2）石屑：不含有机杂质，最大粒径不大于50mm。

（3）主要机具

1）人工回填主要机具有：铁锹、手推车、机动翻斗车、蛙式打夯机、木夯、筛子、喷壶等。

2）机械回填主要机具有：推土机、铲运机、汽车、压路机、羊足碾、平碾、平板振动器等。

（4）作业条件

1）回填前应清除基底上草皮、杂物、树根和淤泥，排除积水，并在四周设排水沟或截洪沟，防止地面水流入填方区或基槽（坑），浸泡地基，造成基土下陷。

2）施工完地面以下基础、构筑物、防水层、保护层、管道（经试水合格），填写好地面以下工程的隐蔽工程记录，并经质量检查验收、签证认可。混凝土或砌筑砂浆达到规定的强度。

3）大型土方回填，应根据工程规模、特点、填料种类、设计对压实系数的要求、施工机具设备条件等，通过试验确定土料含水量控制范围，每层铺土厚度和打夯或压实遍数等施工参数。

4）做好水平高程的测设，基槽（坑）或管沟、边坡上每隔3m打入一根水平木桩，室内和散水的边墙上，做好水平标记。

2. 材料质量控制要点

（1）土料最大颗粒粒径不大于50mm，含水量符合设计要求。

（2）碎石类土、砂土和爆破石渣，其最大粒径不得超过每层铺设厚度的2/3，可用作场地表层以下填料。

（3）基础肥槽、管沟、室内填土砖块、石块和粒径大于50mm的土料。

（4）有机质含量不大于8%的土仅可用于无压实要求的填方。

（5）淤泥和淤泥质土一般不能用作回填土料。

3. 施工工艺

（1）工艺流程

基层处理→分层摊铺→分层压（夯）密实→分层检查验收。

（2）施工要点

1）填土前应检验土料质量、含水量是否在控制范围内

土料含水量一般以手握成团、落地开花为适宜。当含水量过大，应采取翻松、晾干、

风干、换土回填、掺入干土或其他吸水性材料等措施，防止出现橡皮土。如土料过干（或砂土、碎石类土）时，则应预先洒水湿润，增加压实遍数或使用较大功率的压实机械等措施。各种压实机具的压实影响深度与土的性质、含水量和压实遍数有关，回填土的最优含水量和最大干密度，应按设计要求经试验确定。其参考数值见表 6-2-5。

表 6-2-5　土的最优含水量和最大干密度参考表

项次	土的种类	变动范围	
		最优含水量（%）（重量比）	最大干密度（t/m³）
1	砂土	8 ~ 12	1.80 ~ 1.88
2	黏土	19 ~ 23	1.58 ~ 1.70
3	粉质黏土	12 ~ 15	1.85 ~ 1.95
4	粉土	16 ~ 22	1.61 ~ 1.80

注：
①表中土的最大干密度应以现场实际达到的数字为准
②一般性的回填可不作此项测定

2）基底处理

①场地回填应先清除基底上的垃圾、草皮、树根，排除坑穴中积水、淤泥和杂物，并应采取措施防止地表滞水流入填方区，浸泡地基，造成基土下陷。

②当填方基底为耕植土或松土时，应将基底充分夯实或碾压密实。

③当填方位于水田、沟渠、池塘或含水量很大的松散地段，应根据具体情况采取排水疏干，或将淤泥全部挖除换土、抛填片石、填砂砾石、翻松、掺石灰等措施进行处理。

④当填土场地地面陡于 1/5 时，应先将斜坡挖成阶梯形，阶高 0.2 ~ 0.3m，阶宽大于1m，然后分层填土，水利接合和防止滑动。

3）回填土

应分层摊铺和夯压密实，每层铺土厚度和压实遍数应根据土质、压实系数和机具性能而定。一般铺土厚度应小于压实机械压实的作用深度，应能使土方压实而机械的功耗最少。通常应进行现场夯（压）实试验确定。常用夯（压）实工具机械每层铺土厚度和所需的夯（压）实遍数参考数值见表 6-2-6。

表 6-2-6 填方每层铺土厚度和压实遍数

项次	压实机具	每层铺土厚度（mm）	每层压实遍数（遍）
1	平碾（8~12t）	200~300	6~8
2	羊足碾（5~16t）	200~350	6~16
3	蛙式打夯机（200kg）	200~250	3~4
4	振动碾（8~15t）	60~130	6~8
5	振动压路机（2t，振动力98kN）	120~150	10
6	推土机	200~300	6~8
7	拖拉机	200~300	8~16
8	人工打夯	不大于200	3~4

4）填方应在边缘设一定坡度，以保持填方的稳定

填方的边坡坡度根据填方高度、土的种类和其重要性，在设计中加以规定，当无规定时，可按表 6-2-7 采用。

表 6-2-7 永久性填方的边坡坡度

项次	土的种类	填方高度（m）	边坡坡度
1	黏土类土、黄土、类黄土	6	1：1.50
2	粉质黏土、泥灰岩土	6~7	1：1.50
3	中砂和粗砂	10	1：1.50
4	黄土或类黄土	6~9	1：1.50
5	砾石和碎石土	10~12	1：1.50
6	易风化的岩土	12	1：1.50

注：

①当填方的高度超过本表规定的限值时，其边坡可做成折线形，填方下部的边坡应为 1：1.75~1：2.00

②凡永久性填方，土的种类未列入本表者，其边坡坡度不得大于 $\varphi+45°/2$，φ 为土的自然倾斜角

③对使用时间较长的临时性填方（如使用时间超过一年的临时工程的填方）边坡坡度，当填高小于 10m 时可采用 1：1.50；超过 10m 可做成折线形，上部采用 1：1.50，下部采用 1：1.75

5）在地形起伏处填土，应做好接槎，修筑 1：2 阶梯形边坡，每台阶高可取 500mm，宽 1000mm。分段填筑时，每层接缝处应做成大于 1：1.5 的斜坡。接缝部位不

得在基础、墙角、柱墩等重要部位。

6）人工回填打夯前应将填土初步整平，打夯要按一定方向进行，一夯压半夯，夯夯相接，行行相连，两遍纵横交叉，分层夯打。夯实基槽及地坪时，行夯路线应由四边开始，然后夯向中间。用蛙式打夯机等小型机具夯实时，打夯之前应对填土初步整平，打夯机依次夯打，均匀分开，不留间歇。基槽（坑）回填应在相对两侧或四周同时进行回填与夯实。回填高差不可相差太多，以免将墙挤歪。较长的管沟墙，应采取内部加支撑的措施。回填管沟时，应用人工先在管道周围填土夯实，并应从管道两边同时进行，待填至管顶0.5m以上，方可采用打夯机夯实。

7）采用推土机填土时，应由下而上分层铺填，不得采用大坡度推土，以推代压，居高临下，不分层次和一次推填的方法。推土机运土回填，可采取分堆集中，一次运送方法，以减少运土漏失量。填土程序宜采用纵向铺填顺序，从挖土区段至填土区段，以40～60m距离为宜，用推土机来回行驶进行碾压，履带应重叠一半。

8）采用铲运机大面积铺填土时，铺填土区段长度不宜小于20m，宽度不宜小于8m。铺土应分层进行，每次铺土厚度不大于300—500mm；每层铺土后，利用空车返回时将地表面刮平，填土程序一次尽量采取横向或一次采取纵向分层卸土，以利行驶时初步压实。

9）大面积回填宜用机械碾压，在碾压之前宜先用轻型推土机、拖拉机推平，低速预压4—5遍，使表面平实，避免碾轮下陷；采用振动平碾压实爆破石渣或碎石类土，应先静压，而后振压。

10）碾压机械压实填方时，应控制行驶速度，一般平碾、振动碾不超过2km/h；羊足碾不超过3 km/h；并要控制压实遍数。碾压机械与基础或管道应保持一定距离，防止将基础或管道压坏或使其移位。

11）用压路机进行填方压实，应采用"薄填、慢驶、多次"的方法。碾压方向应从两边逐渐压向中间，碾轮每次重叠宽度约150—250mm，边坡、边角边缘压实不到之处，应辅以人力夯或小型夯实机具夯实。碾压墙、柱、基础处填方，压路机与之距离不应小于0.5m。每碾压一层完后，应用人工或机械（推土机）将表面拉毛，水利结合。

12）用羊足碾碾压时，碾压方向应从填土区的两侧逐渐压向中心。每次碾压应有150—200mm的重叠，同时应随时清除粘于羊足之间的土料。为提高上部土层密实度，羊足碾压过后，宜再辅以拖式平碾或压路机压平。

13）用铲运机及运土工具进行压实，其移动均须均匀分布于填筑层的全面，逐次卸土碾压。

14）填土层如有地下水或滞水时，应在四周设置排水沟和集水井，将水位降低。已填好的土层如遭水浸泡，应把稀泥铲除后，方能进行上层回填；填土区应保持一定横坡，或中间稍高两边稍低，以利排水；当天填土应在当天压实。

15）雨期基槽（坑）或管沟回填，工作面不宜过大，应逐段、逐片地分期完成。从运土、铺填到压实各道工序应连续进行。雨前应压完已填土层，并形成一定坡度，以利排水。

施工中应检查、疏通排水设施，防止地面水流入坑（槽）内，造成边坡塌方或使基土遭到破坏。现场道路应根据需要加铺防滑材料，保持运输道路畅通。

16）冬期填方，要清除基底上的冰雪和保温材料，排除积水，挖出冰块和淤泥。对室内基坑（槽）和管沟及室外管沟底至顶 0.5m 范围内的回填土，不得采用冻土块或受冻的黏土作土料。对一般沟槽部位的回填土，冻土块含量不得超过回填总量的 15%，且冻土块的颗粒应小于 150mm，并应均匀分布。填方宜连续进行，逐层压实，以免地基土或已填的土受冻。大面积土方回填时，要组织平行流水作业或采取其他有效的保温防冻措施，平均气温在 -5℃ 以下时，填方每层铺土厚度应比常温施工时减少 20% ~ 25%，逐层夯压实；冬期填方高度应增加 1.5% ~ 3.0% 的预留下陷量。

4. 质量控制要点

（1）土方回填前应清除基底的垃圾、树根等杂物，抽除坑穴积水、淤泥，验收基底标高。

（2）如在耕植土或松土上填方，应在基底压实后再进行。

（3）对填方土料应按设计要求验收后方可填入。

（4）填方施工过程中应检查排水措施，每层填筑厚度、含水量控制、压实程度。填筑厚度及压实遍数应根据土质，压实系数及所用机具确定。如无试验依据，应符合表 6-2-8 的规定。

表 6-2-8　填土施工时的分层厚度及压实遍数

压实机具	分层厚度	每层压实遍数
平碾	250 ~ 300	6 ~ 8
振动压实机	250 ~ 350	3 ~ 4
柴油打夯机	200 ~ 250	3 ~ 4
人工打夯	< 200	3 ~ 4

5. 成品保护措施

（1）回填时，应注意保护定位标准桩、轴线桩、标准高程桩，防止碰撞损坏或下沉。

（2）基础或管沟的混凝土，砂浆应达到一定强度，不致因填土受到损坏时，方可进行回填。

（3）基槽（坑）回填应分层对称进行防止一侧回填造成两侧压力不平衡，使基础变形或倾倒。

（4）夜间作业，应合理安排施工顺序，设置足够照明，严禁汽车直接倒土入槽，防止铺填超厚和挤坏基础。

（5）已完填土应将表面压实，做成一定坡向或做好排水设施，防止地面雨水流入基槽（坑）浸泡地基。

6. 安全环保措施

（1）基槽（坑）和管沟在回填前，应检查坑（槽）、沟壁有无塌方迹象，下坑（槽）操作人员要戴安全帽。

（2）在填土夯实过程中，要随时注意边坡土的变化，对坑（槽）、沟壁有松土掉落或塌方的危险时，应采取适当的支护措施。基坑（槽）边上不得堆放重物。

（3）坑（槽）及室内回填，用车辆运土时，应对跳板、便桥进行检查，以保证交通道路畅通安全。车与车的前后距离不得小于 5m。车辆上均应装设制动闸，用手推车运土回填，不得放手让车自动翻转卸土。

（4）基坑（槽）回填土时，支撑（护）的拆除，应按回填顺序，从下而上逐步拆除，不得全部拆除后再回填，以免边坡失稳；更换支撑时必须先装新的，再拆除旧的。

（5）非机电设备操作人员不准擅自动用机电设备。使用蛙式打夯机时，要两人操作，其中 1 人负责移动胶皮电线。操作打夯机人员，必须戴绝缘手套，以防触电。打夯时要精神集中，两机平行间距不得小于 3m；在同一夯行路线上，前后距离不得小于 10m。

（6）压路机制动器必须保持良好，机械碾压运行中，碾压轮边距填方边缘应大于 500mm，以防发生溜坡倾倒。停车时应将制动器制动住，并楔紧滚轮，禁止在坡道上停车。

（7）如在居民区附近施工时，噪声大的机械夜间应禁止施工，以免影响居民休息。

7. 质量标准

填方施工结束后，应检查标高、边坡坡度、压实程度等，检验标准应符合表 6-2-9 的规定。

表 6-2-9　填土工程的质量检验标准（mm）

项	序	项目	允许偏差或允许值					检验方法
			柱基基坑基槽	场地平整		管沟	地（路）面基层	
				人工	机械			
主控项目	1	标高	-50	±30	±50	-50	-50	水准仪
	2	分层压实系数	设计要求					按规定方法

续表

项	序	项目	允许偏差或允许值					检验方法
			柱基基坑基槽	场地平整		管沟	地（路）面基层	
				人工	机械			
一般项目	1	回填土料	设计要求					取样检查或直观鉴别
	2	分层厚度及含水量	设计要求					水准仪及抽样检查
	3	表面平整度	20	20	30	20	20	用靠尺或水准仪

8. 质量验收

（1）检验批的划分应符合《天龙房地产有限公司地基与基础工程标准大全》第2.9、2.10条的规定。

（2）检验批的验收组织应符合《天龙房地产有限公司地基与基础工程标准大全》第2.15条的规定。

（3）质量验收记录

1）填土料的质量检查记录；

2）每层压（夯）检验报告和取样点位置图。

三、土石方工程施工安全措施

（一）人工开挖基坑、基槽的安全要求

1. 人工开挖时，作业人员必须按施工员的要求进行放坡或支撑防护，严禁掏洞和从下向上拓宽沟槽，以免发生塌方事故。

2. 施工中要防止地面水流入坑、沟内，以免边坡塌方。

3. 在深坑开挖时，要保持坑内通风良好，遇有可疑情况，应该立即停止作业，并且报告上级处理。

4. 开挖的沟槽边1m内禁止堆土、堆料、停置机具。

5. 开挖深度超过2m时，必须在边沿处设立两道护身栏杆。危险处，夜间应设红色标志灯。

6. 开挖过程中，作业人员要随时注意土壁变化的情况。

7. 人员上下坑沟应先挖好阶梯或设木梯，不得从上跳下或踩踏土和壁及其支撑上下。

8.在软黏土和膨胀土地区开挖时，要有特殊的开挖方法，作业人员必须听从施工员的指挥和部署，切勿私自做主、冒险蛮干，以免发生事故。

（二）机械挖土的安全要求

1.参加机械挖土的人员要遵守所使用机械的安全操作规程，机械的各种安全装置齐全有效。

2.土方开挖的顺序应从上而下分层分段依次进行，禁止采用挖空底脚的操作方法，并且应该做好排水措施。

3.使用机械挖土前，要先发出信号。配合机械挖土的人员，在坑、槽内作业时要按规定坡度顺序作业。任何人不得进入挖掘机的工作范围内。

4.装土时，任何人不得停留在装土车上。

5.在有支撑的沟坑中使用机械挖土时，必须注意不使机械碰坏支撑。

（三）预防土方坍塌的安全规定

1.施工人员必须按安全技术交底要求进行挖掘作业。

2.土方开挖前必须作好降（排）水。

3.挖土应从上而下逐层挖掘，严禁掏挖。

4.坑（槽）沟必须设置人员上下坡道或爬梯，严禁在坑壁上掏坑、攀登上下。

5.开挖坑（槽）沟深度1.5m时，必须根据土质和深度放坡或加可靠支撑。

6.当深度超过2m时，周边必须设两道护身栏杆；危险处，夜间设置红色警示灯。

7.配合机械挖土、清底、平地、修坡等作业时，不得在机械回转半径以内作业。

8.作业时要随时注意检查土壁变化，发现有裂纹或部分塌方，必须采取果断措施，将人员撤离，排除隐患，确保安全。

9.坑（槽）沟边1m以内不准堆土、堆料。不准停放机械。

四、影响土石方施工成本的因素及控制措施

（一）土石方工程成本管理的意义

土石方工程是建设工程施工的主要工程之一。包括土石方的开挖、运输、填筑、平整与压实等主要施工过程，以及场地清理、测量放线、排水、降水等准备工作和辅助工作。土木工程中常见的土石方工程有：场地平整、基坑（槽）与管沟开挖、路基开挖、地坪填土、路基填筑以及基坑回填等。

这类项目工程量大，工序众多，相应的也涉及许多成本项，因而成本管理任务繁重，某一成本项超预算就有可能对整个工程的成本控制产生不利影响，甚至可能引起总成本超预算，降低施工效益。因此在施工中必须理顺成本控制项，结合工程特点和预算成本严格

控制各项成本支出，以免因施工成本超预算使施工单位蒙受经济损失。

（二）土石方工程成本影响因素

1. 采用的机械设备数量及种类

就目前来看，较远距离的土石方工程优先采用挖掘机配自卸汽车，中等运距优先使用推土机自配的铲运车，短距离的可就地整平现场，使用推土机即可完成作业任务。

由于挖掘机配自卸汽车的作业面较小，周转灵活，作业效率快，在近几年逐渐代替推土机配自行式铲运车用于中等距离的土石方工程。但是这种汽车购买成本较高，大规模应用势必会增加机械成本。为此，在施工中，施工单位应该根据作业距离和土石方工程量合理配置施工机械，尽量在不影响施工效率和工程质量的前提下保证机械成本最低。

2. 运距及路况

运距是指从取土到弃土之间车辆所走过的路程。运距越长，路况越差，运输时间就越长，势必会增加车辆损耗（如增加油耗量），进而导致运输成本提高。严格来讲，运输成本是具有可控性的。施工单位可根据运距估算出运输车的油耗量，再根据油耗成本有针对性地调整运输结构，以实现成本最低。

3. 开挖土的难易程度及松散系数的影响

土质越硬越不容易取土。如果是石方，就必须先爆破再取土。土石方工程成本的高低还取决于土质的松散系数。在以挖方为计量单位的工程中，土质松散系数越意味着要运走的土量越大，这势必会增加运输成本。有的土体掺杂着石头，装土时如果石头卡住斗门就会造成松土散落，在一定程度上会影响运输效率。

4. 土石方总量

土石方总量指没有开挖前的或是需要填的土石方量，在成本计算是需要考虑松散系数的影响。

5. 车辆的折旧费

车辆的折旧费可以用多种计算方法计算出一年或者一个季度的折旧费。因而这部分成本是可控的。

6. 司机和管理人员的工资福利待遇费用

这部分费用主要发生在土石方开挖及运输环节，如挖掘机司机和运输车司机的工资及法定节假日的岗位津贴、过节福利、加班补助、等等。在夏季高温时段开展挖掘作业或运输作业，有条件的施工单位应该为员工发放防暑药品等劳保用品，以体现人文关怀。

7. 临时性工棚或租用当地人房子的费用

临时租用的工棚、房子通常用作工人宿舍和仓库。从成本控制的角度来讲，场地面积够用即可，应根据员工人数或仓储数量确定租用面积，切忌盲目租用浪费成本。

8. 资金的周转过程中产生的成本

资金周转所产生的成本主要是指计划外的工程变更引起的支付款项和应对突发事件必须支付的款项。施工单位必须在开工前设计出应急预案，准备好应急资金，施工中一旦出现突发事件，可按照程序启动应急预案并及时拨付应急资金，以防现场抓瞎造成成本失控。

9. 管理费

管理费用包括开工前产生的费用，如购买招标文件，取得资料情报等所用费用；开工中产生的费用，如日常办公费用、招待费用等；以及竣工后产生的费用，如收回资金方面产生的费用等。

（三）土石方工程成本控制要求

对于土石方工程来讲，施工企业的行业竞争力主要取决于对施工成本的控制。通过节本降耗来实现成本最低，就能最大限度提高经济效益。针对土石方爆破工程，下文将基于降低工程成本的目的，对机械配置、工期控制以及现场管理等工作提几点要求：

1. 取得当地的可靠水文地质、气候、天气等情报资料

加以分析，避免产生不必要的成本，如果分析研究发现异常问题，则需在签订合同时加入保护条例。如有些岩石埋藏较深，被深厚的表层所覆盖，而岩石的挖掘和运输都较困难，故成本较高。

2. 根据不同的土质选用不同的机械设备配置

一般来说，机械选型应该考虑以下几个方面：

（1）能够满足施工设计的质量要求。

（2）不会损坏已完成的工序和降低其质量。

（3）生产效率高，能按期完成工作量。

（4）机械使用运转费低，施工成本低。

（5）操作简单，维修方便，工作可靠性好。

（6）能满足使用安全，污染小。

3. 加强现场施工管理，提高工作效率

采用科学合理的施工方案是提高效率降低成本的重要因素之一，施工队伍应该采用流水施工，以保证施工质量和足够的施工作业面，对于挖掘机配自卸车的数量及推土机配自行式铲运车的数量建议用排队论来确定，避免出现等装车或者无车可装的情况。推土机单独送土时，应采用槽中送土或者多台推土机并排送土的方式，以减少土的散落。

4. 控制工期

工期的长短影响到人工工资，机械的利用，工地的日常开支等一系列的方面，因而也决定了总成本，控制工期就是要找到最佳工期的天数，如果为了缩短工期而加班加点，疲劳作业，反而为增加额外成本，得不偿失。所以控制工期就是把工期控制在最优工期内。

（四）基于施工过程的成本控制策略

1. 根据气候、天气及水文地质条件合理安排施工时间

由于土石方工程露天性的特点，受气候及水文地质的影响较大。有些地区上半年和下半年降雨量相差较大，对一个工期半年的工程在上半年开工还是下半年开工情况完全不同。同一地区的不同标段也有黏性土和砂性土之分，黏性土对施工道路影响较大，受降雨影响大，路况较差，而砂性土则往往雨后即可施工。

施工企业在开工前应该先了解当地的气候变化规律及水文地质特点，黏性土类施工项目尽量避开雨季，以免因路况差延长施工周期，增加不必要的人工费、机械费等成本开支。

2. 优化施工组织设计

对合理、科学的施工方案进行应用是对施工成本进行降低的主要因素，作为施工队伍，要通过流水施工方式的应用对施工作业面以及质量进行保证，并在施工活动开展前对施工流程进行设计，在对不同工序间隔、持续时间进行计算的基础上实现不同施工班组生产效率的最大限度发挥，在对施工班组赶工、窝工现象进行减少的基础上实现施工成本的控制。

3. 合理设计运距及运输车的成本

运输成本一般按照下列公式进行计算：

$$运费成本 = 车辆折旧费 + 车辆维修费 + 燃油费 + 人工工资 + 其他成本$$

另外，做土石方必须考虑运距及运输车的成本。一般来说，7—8km 运距先看路况，如果是水泥路，则可合理压缩运费，如果是土路，势必会延长运输时间，并且增加一部分运输成本。超出 7—8km，重点看运距，运距越长，成本越高。管理人员应该根据工程具体的运输距离严格控制运输成本，以防成本超预算。

4. 严格控制挖掘机作业成本

挖掘机每方土方的成本价大概是 1.8 元，爆破后的石方每方 2.2 元，渣石每方 2.0 元。要控制挖掘机作业成本，先要通过市场调研确定挖掘机所用柴油的市场保底价，根据价格调研结果编制挖掘机预算，再按照预算选择新购或租用挖掘机设备。

5. 根据石方类型选择最佳爆破方式

石方爆破前，爆破技术人员必须进行实地踏勘，结合业主对工程施工安全、施工质量、施工进度以及爆破成本的要求，选择合适的爆破方案。爆破成本与爆破的孔距、孔深，以及炸药的单耗、排距、单孔装药量有密切的关系。要控制爆破成本，就必须严格控制这几项爆破参数。目前常用爆破方案可分为如下几种：

（1）深孔台阶微差松动爆破

待爆破山体工程量大，爆破后的石料要运至周边填料区，采用深孔台阶微差松动爆破，

可改善爆破后石料的粒径级配提高装运效率和满足填方要求；爆破震动较小，对附近民宅和其他建造物造成的危害较小；机械化程度高，施工效率高，工程施工进度易控制。但这套爆破方案相对硐室爆破次数多，起爆频繁，对机械设备要求较高。在具体施工中，为了控制爆破成本，要求爆破孔距至少为 3.0m，每孔孔深至少达到 10m，每孔炸药装药量不得超过 4.5kg，装药量过少达不到爆破要求，装药量过多就会增加炸药成本，因此必须严加控制。

（2）硐室爆破

爆破山体规模较大，采用硐室爆破能在较短时间内爆破较大的土石方量，爆破次数少，需要的机械设备较少，成本较低。但采用硐室爆破，爆破危害效应大，对附近的建构筑物将造成很大影响甚至是毁坏。同时，硐室爆破后石料粒径级配不合理，大块率高，影响铲装效率和不能满足填方要求。

（3）浅孔爆破

浅孔爆破所需要的钻孔设备比较简单，适应性强，爆破后石料的粒径级配合理，大块率较低。但浅孔爆破生产效率低，工人劳动强度大，机械化程度较低，较难满足大方量土石方平场的工期要求。另外，炸药装药量及炸药单耗的控制是爆破成本控制的关键所在。浅孔爆破通常要求孔距要达到 80 ~ 120cm，孔深 88 ~ 488cm，炸药装药量应设计为 0.12 ~ 1.80kg/ 孔，炸药单耗必须控制在 $0.3g/m^3$，才能实现成本最低的要求。

第三节　城市桥梁工程

一、道路桥梁工程管理现状及措施

（一）道路桥梁工程管理中存在的问题分析

1. 道路桥梁工程管理人员管理意识淡薄

现阶段，我国在进行道路桥梁工程中采用的材料几乎都是以混凝土为主，而混凝土一旦使用不当就会造成道路桥梁出现裂缝等情况，从而严重影响到人们的生命财产安全。一般情况下，出现此种问题的原因主要是道路桥梁工程管理人员管理意识淡薄造成的，具体表现在以下几个方面：

首先，管理人员没有对施工人员进行混凝土参配过程中进行监督，造成部分施工人员的混凝土水灰配比不合格，在使用过程中就会出现干缩裂缝情况，从而造成道路桥梁质量不合格。

其次，道路桥梁工程管理人员忽视桥梁的养护工作，造成道路桥梁投入使用后在寒冷的冬天就会发生裂缝，桥梁质量严重下降。

2. 道路桥梁工程安全监督管理工作不到位

现阶段，我国道路桥梁工程管理过程中存在监督管理工作不到位情况，具体表现在以下几个方面：

首先，施工单位缺少道路桥梁工程管理意识，没有对道路桥梁工程管理有一个正确的认知，导致道路桥梁工程在管理过程中存在"重技术、轻管理"的情况，从而造成道路桥梁工程管理难以发挥出作用。

其次，我国部分建筑企业缺少道路桥梁工程监督管理环节，缺失施工技术管理的监督管理机制，造成道路桥梁工程质量严重下降。

再次，道路桥梁工程监督管理工作使用的仍然是老旧的管理方法，直接导致道路桥梁工程管理工作不能适应现代发展需要，难以在激烈的实诚竞争中站稳脚步。

最后，由于缺少道路桥梁管理，造成道路桥梁工程在钢筋等施工材料使用过程中缺少检测环节，而部分质量不合格的施工材料被使用到工程中，就会造成道路桥梁工程整体质量下降，产生严重的安全隐患。

（二）道路桥梁工程管理问题的解决对策分析

1. 提高道路桥梁工程管理人员的管理意识

一般情况下，提高道路桥梁工程管理人员需要从以下两个方面进行：

一方面，道路桥梁工程相关人员需要对管理人员进行管理知识培训，对管理人员讲明道路桥梁管理的厉害，从而强化道路桥梁工程管理人员的管理意识，保证管理人员在管理过程中进行管理。

另一方面，需要为道路桥梁工程管理人员专门制定一套管理制度，并对管理人员进行约束，让管理人员将管理工作严格落实，从而保证道路桥梁工程质量。

2. 道路桥梁工程施工质量管理

道路桥梁工程施工质量一直是工程的重点内容，所以相关人员要想保证道路桥梁工程顺利投入使用就需要加强道路桥梁工程施工质量管理，具体可以从以下几个方面进行：

首先，施工单位需要对道路桥梁的施工人员进行规范，并根据建筑工程的实际特点、国家法律法规要求等方面内容制定一套完善的管理制度，保证其可以在建筑工程的各个阶段都能使用，从而提高道路桥梁工程施工质量管理效率。

其次，施工单位在施工过程中需要采用先进的混凝土施工技术，在施工前期对道路桥梁工程使用的混凝土等材料进行检查，保证所购买的材料都是大厂家生产的，并带有一定批号的，从而保证混凝土强度符合施工要求，从而提高工程的整体质量。

最后，施工单位需要对施工材料进行保管，保证施工材料在保管中不会出现变质、腐蚀的状况，从而保证道路桥梁工程施工质量。

3. 道路桥梁工程施工安全管理

现阶段，我国道路桥梁在施工过程中经常会面临复杂的情况，同时一些隧道工程也带有一定的危险性。因此，相关单位需要加强道路桥梁工程施工安全管理，保证道路桥梁施工现场的安全，从而为施工人员提供一个安全的施工环境。一般情况下，加强道路桥梁工程施工安全管理需要从以下几个方面进行：

首先，施工单位需要创新管理理念，让施工人员加强自身学习，提高施工人员的施工技术，并加强施工人员的安全意识，让其在施工过程中佩戴安全帽，做好安全防护措施，从而为道路桥梁工程施工安全管理奠定坚实基础。

其次，施工单位需要对施工人员的施工时间进行合理规划，避免施工人员的高强度、高负荷工作，让施工人员劳逸结合，从而让施工人员在施工过程中可以有充足的精力，不会出现注意力不集中，从而提高安全性。

4. 道路桥梁工程进度管理

道路桥梁工程是有时间要求的，施工单位需要保证工程在规定的时间内完场，一旦道路桥梁工程施工进度延长，不仅会造成施工成本上升，还会影响城市交通。因此，施工单位在施工前期需要利用计算机对施工进度进行预测，让施工人员保证每一天的施工量，从而保证道路桥梁工程在规定的时间内完工。

二、城市桥梁工程施工中存在问题及对策

（一）城市桥梁施工中存在的主要问题分析

道路桥梁主要由路基、路面、桥梁、隧道工程和交通工程等多个设施组成，任何一个结构的质量问题都会对整个桥梁质量造成威胁。

1. 桥梁裂缝

桥梁裂缝是道路桥梁存在的最常见质量问题之一。桥梁裂缝形成的原因较为复杂，影响因素较多，其中主要有：

（1）施工因素

混凝土结构在浇筑、制作、起模等过程中都可能由于施工操作不当，形成各种裂缝。施工工艺引起的桥梁裂缝原因很多，在施工实践中常见的有：

1）混凝土捣鼓时未严格按照施工方案操作，时间短、力度小、使得振捣不够密实、均匀，混凝土结构中存在大量的蜂窝、空洞或者麻面，从而引发钢筋锈蚀出现裂缝。

2）混凝土或者受力筋保护层过厚，使得混凝土构件有效高度减少，容易形成于受力钢筋垂直方向的混凝土裂缝。

3）混凝土在浇筑时较快，使得混凝土在固化前沉实不够，固化后沉实落差过大，容易出现塑性收缩裂缝。

4）进行混凝土分层或分段浇筑时接头处理不严谨（例如新旧混凝土浇筑间隔较长、黏结力小等），导致在新旧混凝土之间出现裂缝。

5）混凝土模板刚度不足以及拆模时间过早，都可能导致裂缝的出现，刚度不足会导致混凝土浇筑时产生的侧向压力挤压模板变形，而拆模过早则会导致混凝土强度不足产生构件自身荷载下的裂缝。

6）混凝土现浇步骤紊乱导致的裂缝，例如钢筋混凝土连续梁满堂支架和墙式护栏同时进行混凝土浇筑施工，在拆架之后护栏容易出现旧裂缝，应该在主梁浇筑拆架之后再进行护栏的混凝土浇筑施工，则不易出现裂缝。

（2）材料因素

混凝土是桥梁的主体材料，如果配置混凝土所采用的材料质量以及混凝土配比不合理都可能会形成桥梁裂缝。

1）水泥安定性不合格以及游离的氧化钙超标，会直接导致混凝土抗拉强度下降，而水泥出厂时如果强度不足或者在施工保管时受潮后使用，都会导致混凝土开裂，另外，当水泥中含碱量（一般在5‰以下）过高，在混凝土搅拌时使用含有碱活性的骨料，也会引发反应形成裂缝。

2）混凝土中的砂石粒径太小，将导致混凝土搅拌时水量加大，从而会直接降低混凝土的强度。另外，如果砂石中云母含量过高，会严重削弱水泥与骨料的结合力，间接降低混凝土的强度、抗冻和抗渗性能，导致施工后裂缝的产生。如果砂石中有机物质过多，会延缓混凝土的固化过程，使得混凝土早期强度降低。

3）混凝土搅拌时使用的拌和水以及外加剂中杂质含量过高将会严重锈蚀混凝土内钢筋，长期在外在承载力作用下将会形成裂缝。

（3）荷载因素

荷载裂缝指的是混凝土桥梁在荷载以及次应力作用下产生的裂缝，主要包括直接应力裂缝和次应力裂缝。

1）直接应力裂缝产生的原因

一是桥梁设计时结构计算模型不合理，实际受力和设计受力不相符以及设计断面满足不了施工要求等。

二是施工过程未严格按照施工方案和图纸进行，忽视结构疲劳强度验算。

三是桥梁在实际使用过程中遭受超过设计荷载的车辆通行以及受到外力、恶劣自然环境破坏。

2）次应力

是桥梁裂缝产生的一个重要原因，次应力裂缝都是因为荷载导致的，主要是因为在进行混凝土设计时对次应力的产生不合理估算、验算。

（4）温度因素

混凝土和平常物体一样受到热胀冷缩规律的影响，会发生一定程度的变形，如果变形受到制约，则会产生应力，当应力力度大于混凝土的强度时则会产生温度裂缝。温度因素导致的桥梁裂缝会随着温度变化而收缩。温度对桥梁裂缝的影响主要体现在：

1）四季变化。在我国，四季温度变化较为明显，但温度变化相对缓慢，设计时可以采取一定措施加以解决。

2）短期温度骤降。在我国的西北地区，公路桥梁常常面临恶劣气候的威胁，气温在一天之中发生急剧变化，混凝土内部和外部存在温度梯度，容易导致裂缝的产生。

3）混凝土施工时大体积的混凝土浇筑之后内外温差太大，混凝土结构表面也会出现裂缝。

4）在进行预埋件与钢结构焊接时，附近混凝土区域会出现极高温度，极大降低混凝土的强度和黏结力，从而出现开裂的现象。

5）当大气气温低于零度时，混凝土结构会出现冰冻并产生膨胀应力，膨胀应力在形成初期会严重降低混凝土的强度（甚至达到 50%），混凝土强度的快速降低会形成严重的裂缝。

（5）地质因素

桥梁基础的不均匀沉降会使得混凝土结构产生附加应力，如果附加应力超出了混凝土设计的抗拉能力，极易出现桥梁底部的裂缝。桥梁基础地质勘查精度不够以及设计时对地质差异、载荷差异以及结构类型差异没有预防措施是导致裂缝出现的主要原因。

2. 桥头跳车

桥头跳车是桥梁普遍存在的质量问题之一，其产生的根本原因在于桥梁构造物与桥梁两头接线路堤之间存在的沉降差。而这两者之间的沉降差产生的原因较为复杂，主要原因在于桥端路堤地基处理不到位。由于桥端路堤大部分处于天然地基上或者经过简单处理的混凝土路基，并且路堤平面较少，往往无法使用大型压路机工作，压实度很难达到标准值，在桥梁以及行车载荷的压力下，不可避免地出现沉降和较大的变形，而桥梁构件一般采用桩基础或者平台基础，沉降非常缓慢，两者之间的沉降差就会导致跳车现象。同时，路面渗水进入路基引起路基土软化、下沉也是桥头跳车的原因之一。造成桥头跳车的另外一个原因是桥梁台后填料处理不当，例如使用含水量较大的泥土回填、回填时没有按照施工要求控制压实度，回填土发生了沉降并在台背与路基之间形成沉降台阶。

3. 桥面不平整

桥面不平整会严重影响行车安全，同时桥面平整度也反映了桥梁的整体质量。造成桥面不平整的因素主要有：

（1）桥面局部存在蜂窝、麻面以及气泡

这些问题的存在会极大降低混凝土结构的严密性和强度，严重影响到桥梁的承载力和使用寿命。蜂窝、麻面以及气泡出现的原因：

1）在混凝土施工时没有按照标准进行配比，随机性较强。

2）在进行混凝土浇筑时没有进行规范、均衡的捣鼓、振动操作，部分捣振不到位的地方密实度不够。

3）混凝土结构模具加工精度不够以及模板周转过多，出现了变形或者漏洞，从而出现使得构件表面出现蜂窝现象。

（2）桥梁雨水井、检查井与桥面接缝处的塌陷

市政桥梁中大多数的雨水井、排水管、检查井等很多设置在行车道或者人行道上，由于这些设施大多在桥梁施工后期甚至在桥梁完工后才施工，施工过程没有严格监管，施工人员也往往不够专业，设施周边的处理经常不到位，从而出现塌陷的现象。

（3）桥梁面层摊铺的材料质量以及工艺存在问题

例如不合理的油石比和沥青混合料会使得铺筑的桥面松散，混凝土砂石的抗压力度不够就会降低桥面的稳定度，蜂窝等路面病害就在所难免。

（4）混凝土防撞护栏不美观

城市桥梁不但要注重质量，而且也要注意美观。防撞混凝土护栏是影响桥梁外观的关键构件，也是桥梁整体线型的具体体现，但在施工实践中，经常出现护栏高度不整齐、弧线体现不明显、边角混凝土磕碰严重等质量问题，严重影响了桥梁的美感。主要是护栏模板施工工艺不够先进、模板精度和焊接不合理等造成的。

（二）加强施工管理，有效控制桥梁施工质量问题

通过采用一定的质量控制措施，可以最大限度地减少和控制这些质量问题的存在，保证城市行车安全和桥梁寿命。

1. 施工前期的勘察、设计和培训工作

桥梁工程施工需要进行严密的组织和勘查，对施工区域的地质、水文详细情况摸底调查，设计人员对于桥梁施工中可能出现的各种情况要做好预案，施工单位对于设计方案要进行实地印证，明确施工计划和方案的技术要求、施工方法以及施工必须达到的质量标准。在可能的情况下进行试验施工，对参与施工的管理人员、技术人员以及现场操作人员进行严格培训，培养岗位责任意识，同时做好施工机械的调配工作以及有针对性的灾害预防措施。

2. 施工过程中的质量控制

桥梁施工的质量直接决定了桥梁的整体质量。桥梁裂缝、桥头跳车等质量问题都可以通过加强施工质量控制得到有效的控制。例如通过控制入模时混凝土的温度，就可以较大程度减少分层浇筑出现的温度裂缝；通过规范捣、振混凝土，就可以保证混凝土的密实度，从而减少裂缝、蜂窝等质量问题。施工时要严格按照施工方案进行，不抢进度、不偷工减料，可以较大程度的减少桥梁灾害的发生。

3. 积极改善施工工艺和技术

随着科学技术的不断发展，桥梁施工工艺和技术也得到了飞速发展。例如通过桥面混凝土可调高胀管螺栓角钢侧模施工工艺就可以精确地控制桥面铺装层顶面标高，从而保证施工时桥面的平整度。

三、城市桥梁工程施工管理与质量控制

（一）影响施工管理的因素分析

1. 人为因素

施工人员的因素不仅包含对一线施工人员的培训和管理，也包括对领导者素质和思想的提升。当前我国桥梁工程安全事故频发的其中一个原因就是由于上级领导的不重视和施工人员技术水平过低。

2. 外界因素

（1）施工材料质量因素

施工材料是桥梁施工质量保障的基础，如果施工材料的质量不过关，就很容易导致整个桥梁施工的质量产生问题，当前，很多桥梁工程的施工企业为了能够获取更多的经济效益，经常出现偷工减料的现象，在材料质量上做文章，使得材料的质量无法达到标准，使得桥梁工程在投入使用之后产生很多问题，严重妨碍了交通和出行。

（2）机械设备因素

新时代的施工离不开各种机械设备，是桥梁施工中的关键工具，机械设备的运行状态和运行效率直接影响了桥梁工程的质量和进度。此外，机械设备还需要进行日常保养和维修，才能保障机械设备发挥其基本功能。因此，如果施工单位没有对机械设备进行妥善的保管和使用，而采用粗线条的管理方式，很容易使机械设备出现故障，灵敏度降低，最终对施工结果造成严重影响。

3. 施工环境因素

在施工过程中，环境因素及天气状况等因素是不可预算的，都会对施工进度等造成影响。尤其是自然环境的因素，如暴雨、洪水、泥石流等，都或多或少的影响着施工的质量及施工人员的安全。

（二）桥梁工程施工管理与质量控制的措施

1. 严格监管建材、建筑构配件和机械设备质量

在目前物资供应市场处于买方主导的环境下，卖方各种营销手段名目繁多，有"回扣销售""有奖销售""送货上门销售"，等等，对物资采购人员具有很大的诱惑力。因此，

在建筑材料、建筑构配件及机械设备选择方面特别要注意把好采购关。

首先，培养高素质的采购人员，提高其政治思想素质、职业道德素质和质量鉴别水平。采购员应挑选事业心强、清正廉明、诚实守信，具有专业技术水平的人担任。

其次，成立物资采购领导小组，健全物资采购制度，实行多家性价比较透明供货制度，加强对物资采购全过程监管。

第三，严格按照设计及施工规范要求选材，要求卖方提供符合规范要求的质保书或有专门机构出具的产品质量认证书，并对进场材料、构配件及机械设备进行必要的检验和检测，凡不符合要求的材料和设备坚决杜绝使用，并坚持追踪到底，按规定追究采购员职责责任和卖方经济赔偿责任。

2.强化培训，优选施工人员

工程质量是工程项目施工所有施工人员即项目管理人员、技术管理人员、材料设备采购人员、施工操作人员、内部质检人员和其他服务人员协同工作的结果，施工人员是形成工程质量的主要因素。首先，应提高施工人员的质量意识和安全意识，树立："质量第一，安全第一""预防为主，严控在先""用数据说话，创精品工程""为用户服务，我要敢担当"及"社会效益与企业效益并重"五大现代观念，把责任心强、做事严谨的施工人员用在关键岗位。材料设备采购人员应具有较高的政治思想水平、职业道德水平和材料设备质量鉴别水平。

3.完善工程施工管理规章制度

（1）施工组织计划审查制度

施工组织计划审查制度是保证计划目标实现的关键，在提交业主和监理工程师批复之前，必须进行严格内审。重点审查施工人员、建筑材料和机械设备等施工资源的配置是否满足施工需求；施工计划网络图中各工序间逻辑关联是否科学合理；各工序用时累计能否满足工期要求；不良情况下计划措施能否有效克服环境因素对质量、进度、安全的影响等等，避免计划与实际脱节，造成停工待料或突击赶工而影响进度和质量，甚至因突击赶工而导致安全事故发生。

（2）技术交底制度

技术交底制度是保证质量和安全的基础。开工前必须进行图纸会审和技术交底，使各施工班组进一步熟悉图纸，明确施工各环节技术要求和需要注意的问题。对施工过程中有可能遇到的环境因素对工程质量和施工安全造成的影响进行风险评估，提出切实可行的技术解决方案和应对措施，交由技术负责人和安全负责人组织实施。

（3）质量和安全管理制度

质量和安全管理制度是保证工程质量和施工安全的根本保障。将质量和安全管理责任落实到质检人员和安检人员头上，分别对桥梁施工质量和施工安全负总责，各施工班组长与质检人员和安检人员分别签订质量和安全责任书，对所管辖的施工班组施工质量和施工安全负全责。对施工班组出现质量和安全问题的，按照责任大小和相关规定追究质检人员、安检人员和班组长责任。

（4）工序技术例会制度

工序技术例会制度是解决质量和安全问题的重要手段。定期召开工序技术例会，要求质检人员和安检人员反馈各施工班组在完成工序过程中存在的问题、处理办法及处理效果，并对已完成工序进行质量和安全评估，如果出现施工质量或者是施工安全隐患，也可以在第一时间找到相应的负责人，也方便管理责任人第一时间对问题进行整改。坚持质量隐患和安全隐患不排除不放过，为下步工序提供经验借鉴。

（5）工序交工验收制度

工序交工验收制度是确保工序质量和安全施工的主要措施，是整体质量和整体安全的前提保障，没有工序的质量和安全，就没有整体的质量和安全。往往质量和安全事故的发生均出自于工序质量和安全隐患的累积。自觉加强工序检查验收，严格执行工序交工验收制度，彻底消除工序质量和安全隐患，确保下道工序质量和安全。根据桥梁各分项工程技术特点、施工工艺及质量标准要求，找准影响工程质量和施工安全的关键工序和关键因素，制定质量和安全保证措施，加强检查和检测，形成工序成果资料汇总报表及分项工程中间交验单，报技术负责人和安全负责人审查。如钻孔灌注桩施工质量和安全控制：桩位放样、护筒标高、钻机就位、泥浆制备、混凝土灌注前清孔及钢筋笼就位、水下混凝土灌注和施工安全储备等等，每道工序都要经过细致的监督、检查和验收，全面跟踪每一道工序、每一个环节，严格执行有错漏不签认、有差错坚决返工、有安全隐患责令停工整改，彻底消除质量隐患和安全隐患。

（6）无破损检验制度

无破损检验制度是必须要对混凝土的质量检查以及质量验收工作进行加强，进而保证混凝土的质量。在进行混凝土质量以及混凝土验收的过程当中，要根据我国相关条例来工作，经过全方位检查之后，如果发现混凝土确实符合相关规定，则可以通过，如果与规定存在一定差异，必须要在第一时间提出相关问题。这一过程中，承包人必须要自觉的执行规范要求，不要存在侥幸心理，优势监理工程师可能因为临时有事，不在现场，承包人就会投机取巧，容易为日后埋下隐患。承包人要使用无破损的检验方法对混凝土进行检验，要对桥梁中的所有钻孔桩进行检验。对无破损检验过程当中所需要使用的预埋件，可以在检验之前按照施工图纸上的实际情况，让承包人自行解决。承包方要在施工现场配备直径比较大的芯样设备，而且要聘请相关技术人员进行施工，钻芯工作如果存在困难，可以将钻芯任务直接承包给监理工程师或者是专业的团队进行处理。如果监理工程师在检查之后，对施工所使用的混凝土存在不满或者是对施工过程当中的任何情况存在疑问，那么就代表桩质量很有可能低于施工标准。作为监理工程师在这种情况下就要对全桩进行取样，通过取样的方式保证灌注质量。

（7）文明施工制度

文明施工是塑造工程管理形象、向外界展现企业形象和文化内涵的重要方式，工程管理形象的好坏决定了企业的管理水平和外界对企业的认可度。文明施工制度的有效实施将会有力推进企业管理水平的提升和企业文化发展。围绕保证施工现场环境清洁程度，不要在施工现场随意堆放施工材料、施工所用设备必须整齐摆放、施工现场必须要配备整套安全设施、时刻保证施工现场的道路平整畅通、根据实际情况对施工制度进行改变、劳动纪律一出即成法，必须遵守以及保证施工现场劳动秩序等。这八项文明施工要求，制定符合环境实际的有力措施和保证这些措施能够贯彻执行的规章制度并坚持不懈地推行，企业的管理水平会得到大幅度提升，市场竞争力不断增强，一定程度上促进了工程质量水平和施工安全度的稳步上升。

（8）突出贡献奖励制度

突出贡献奖励制度是企业激励员工积极向上、提高管理水平和技术水平的有力措施。对在项目实施管理过程中具有管理创新、技术创新，在工程质量和施工安全方面做出突出贡献的管理人员和施工人员，除在实施项目中给予经济奖励外，在人事安排上给予提拔任用，形成人人自觉遵守规范和规程，人人争当质量和安全模范的良好氛围，确保了工程整体质量和施工安全。

四、桥梁工程常见病害与施工处理技术

（一）桥梁工程的常见病害

1. 裂缝问题

桥梁混凝土结构出现裂缝是桥梁工程施工环节中最常见的质量问题，裂缝的产生不仅影响桥梁工程的美观，而且还会加重桥梁的损坏，造成巨大的安全隐患。混凝土结构裂缝的产生主要有以下几个方面的原因：

（1）混凝土制作原材料的质量没有达标。

（2）混凝土制作过程中，搅拌时没有按照设计标准严格掌握适宜的配合比。

（3）进行混凝土浇筑时，振捣不足或过度振捣，导致混凝土结构内部混凝土分布不均，从而出现蜂窝、麻面等现象。

（4）施工时，水泥与水接触后产生的水化热聚集在混凝土内部，无法散发出去，造成混凝土湿度变大，拆模后湿度降低，从而产生了较大的膨胀拉力，导致裂缝的出现。以上这些问题都能使桥梁的混凝土结构产生大大小小的裂缝，如果施工人员不引起重视，甚至会引起桥梁倒塌的发生。

2. 桥梁断桩问题

桥梁断桩的问题是桥梁工程施工环节中出现的最为严重的质量问题，产生的后果也比

较严重。出现的原因主要有：

（1）混凝土灌注时间过长，导致填充不严密。

（2）施工围护工作不足或不正确，造成漏水漏料现象。

（3）混凝土搅拌不均匀或未能及时使用。

（4）土层分析不足，桥梁的设计标高与实际标高出现误差。桥梁断桩不仅会拖延工程的施工进度，而且还会使工程质量大打折扣。

3. 桥梁结构问题

桥梁的结构问题也是桥梁工程施工环节中常见的质量问题之一，桥梁结构是否达到设计标准要求的强度是桥梁施工环节质量管理及控制的一个重要内容。桥梁结构起着承受桥梁重力及其他附加力的作用，只有各项结构都达到了设计标准，才能使桥梁各部分间的作用达到稳定和谐。桥梁结构问题可由材料强度、施工方法等原因导致，并且一般出现在竣工投入使用后的一段时间。

（二）桥梁工程常见病害的施工处理技术

1. 裂缝处理技术

施工人员处理路桥面的裂缝问题时，必须要综合分析裂缝的深度、宽度以及形成原因等，恰当选择裂缝处理技术，实现最佳的处理效果。目前路桥面裂缝处理技术主要包括填充修补法、注浆修补法、表面修补法等，其中填充修补法多用于较大裂缝病害的处理，这是因为裂缝的程度较大时所需材料更多。填充修补法采用的材料主要是环氧砂浆、水泥砂浆等，发挥出这些材料的加固效果，能够很好地处理路桥面裂缝，实现良好的修补效果。注浆修补法则适用于处理一些裂缝程度适当的裂缝，主要是将环氧树脂材料和水泥砂浆灌注在裂缝内，利用这些材料的黏结力来粘接与填充裂缝，实现治理效果。

2. 桥梁墩台常防治

墩、台身混凝土存在质量缺陷，墩、台身通常都是钢筋混凝土结构，混凝土除了起到承载作用，它还对钢筋具有保护作用，防止其锈蚀。因而做好混凝土的施工质量是保证整个构筑物质量的必要条件。墩台质量缺陷主要包括混凝土表面缺陷，如，蜂窝麻面、露筋、孔洞、缝隙和夹层等；外形规格不符合要求，如表面的不平整、预埋件的位移；构件的位移。防治模板可以使用木模或钢模，最好选用组合钢模板或大模板，制作过程要保证刚度足够，避免变形；在施工过程中要严格控制集料，定期检查其组配是否满足要求，混凝土施工需要着重掌握好混合料的浇注、搅拌、振捣。

3. 承台标准化施工

施工人员应对用于施工作业的材料进行复查，并根据审核后的施工方案进行施工作业。在对桩头进行凿除作业时，应使用人工凿除的方式，避免使用膨胀剂后炸药。此外，严格控制进入施工现场的混凝土质量，确保其坍落度在 15cm 左右。为便于混凝土浇筑，及时清理水下淤泥，并检查预留孔与桩基的渗水情况。确保抽水作业应在混凝土强度达到主体的 70% 后进行。

4. 加强日常维护

桥梁工程常见病害的发生不仅与前期施工技术具有一定的关联，也与后期日常维护工作有关，因此施工单位在初步完成桥梁工程后，需要积极与交通部门进行沟通，共同进行交通管制，以免初步完工的道路桥梁受车辆的碾压而出现结构损坏问题。同时施工单位对道路进行裂纹、抗震等试验测试后，若发现相关指标与规定要求不相符，则应该采取相应的施工技术来整改问题，保证施工处理的效果。除此之外，加强对大型货车与车辆轮胎的通行，以免桥梁的路面发生多度磨损问题，进而延长道路桥梁的使用寿命，提高桥梁的舒适度及稳定性。

第四节　城市轨道交通和隧道工程

一、城市轨道交通

（一）现代化城市轨道交通建设工程管理

1. 我国现阶段城市轨道交通建设工程管理现状分析

最近几年，虽然我国的城市轨道交通建设工程取得了显著的成绩，在管理方面与之前相比较也有明显的进步，具有较为成功的一面。但是与发达国家相比较，我国的城市轨道交通建设工程管理方式及手段较为落后，在实现科学化及现代化管理方式上存在着很大的差距。尤其是在各个单位之间协调过程中，常常会感觉其中的管理工作失调，且未能有完善的标准对其进行规范。城市轨道交通建设工程是一个系统性与复杂性较强的工作，因此在施工过程中会投入大量的人力、物力、财力以及精力，所涉及的专业较多，其中还具有许多复杂的环节，所以管理起来也较为困难。

2. 现代化城市轨道交通建设工程管理工作的主要特点

（1）工程规模较大

现代化城市轨道交通建设工程的规模一般较大，路线基本都长达 20km 左右，车站数量为 16 座左右，主要是以地面以下建设工作为主。其次工程所涉及的建筑专业较多，系统非常庞大，其中的工序也较为烦琐，它不仅具有隧道、桥梁、地下以及地面建筑等大型土木工程的特点，还包括工程供电系统、车站自动售票系统、地下给排水系统等。

（2）工程造价以及工期的影响

因为现代化城市轨道交通建设工程的范围较为广泛、参与施工单位较多、系统非常复杂，因此自项目开始到运营阶段，通常需要近 10 年左右。同时，工程建设的过程中会途径城市的主要商业区、人流密集区域以及道路交汇点，因此若出现工期延长的现象，必然会对周围人民的日常生活及城市经济发展产生严重的影响，甚至会波及政府的整体形象，后果不堪设想。

（3）工程质量要求高

现代化城市轨道交通建设工程基本上是属于一个城市的永久性工程，设计使用寿命可达到 100 年。因此作为百年建筑工程，其质量是会受到社会各界的广泛关注，这样无形中对工程的质量提出了更高的要求。但是因为地下工程一般较为复杂，难以实现准确的勘测，同时随着地质的变化以及施工技术的转变，都会对原有的设计工作产生干扰，这也对具体的施工产生严重的干扰与影响。

（4）工程风险较大

现代化城市轨道交通建设工程因本身的特点所决定，工程在施工阶段存在着较大的风险。其中除了我们经常遇到的工程施工所存在的风险之外，它还会面临着地下地质勘测风险、地下机电设备工作风险以及政治风险等，一旦管理过程中出现问题，会对工程的质量、工期等产生严重的影响。

3.现代化城市轨道交通建设工程管理工作分析

（1）工程设计招投标管理工作

目前我国为现代轨道交通建设所涉及的工程企业提供一个公开的竞争平台，逐渐向市场化模式发展。同时，国家也出台了许多相关政策，但是其中的管理工作仍然不够完善，主要管理精力过多放在工程的施工阶段，对工程项目设计的可行性研究与管理较为忽视，未能真正的打破行业的垄断。因此，若想提高现代化城市轨道交通建设工程管理工作水平，首先必须要建立完善的工程设计招标制度，保证工程项目招标工作可以做到公平、公开与公正，同时需要择优选择相关企业，确保各个工程项目能够按照计划进行，同时还可以保障工期，提升工程质量。

在初期应以合同的形式作为依据，对工程设计中的细节进行规范，有效控制各个项目成本。工程设计可行性的研究也是确定项目具体施工的重要的依据，设计对于工程建设而言是非常重要的，它的好坏会直接对工程施工阶段的工作产生影响。但是目前城市轨道交通建设工程设计仍然处理垄断的状态，未能引入全新的竞争机制，因此会缺乏创新，设计标准及规划较为落后。所以，必须全力推进完善的工程设计招标工作，同时需要实行工程设计责任制度，对因工程设计而发生的事故，要追求设计人员相关责任，并从经济及行政上给予一定的处罚，这样可以有效提高工程设计人员的责任意识，确保工程设计质量。

（2）规范现代化城市轨道交通项目成本管理工作

对现阶段城市轨道交通项目的成本管理现状调查分析，可以建立起全过程动态项目成本管理模式，带运行正常之后，再通过计算机来实现管理工作信息化与自动化。

建立项目成本责任中心，它是具有管理权限，同时将责任、权利与利益相结合，对所发生的项目费用进行管控，并且需要负责承担经济责任的专职管理工作单位。其中责任人一般为项目部经理，再按照不同工程的成本要求来进行细致的划分，逐渐将责任分解到各个职能部门的责任人，形成全方位的项目成本管理局面，同时将个人的利益与项目成本指标紧密结合，严格对责任人进行考核。

在考核的过程中，需要尽量排除项目成本责任中心所无法控制的外在因素。在现代化城市轨道交通建设工程施工时，所有级别的负责人必须要分析成本差异的原因，以便能够及时采取针对性的解决措施，强化成本控制工作。

除此之外，还需要建立完善的奖励制度，提高项目责任人的管理工作积极性。建立责任目标成本，根据具体项目施工条件、工程材料的市场价格等，推算出各个项目的目标成本，进而下达给每个项目的负责人，促进其完成。

（3）强化项目完成后的评价管理工作

若想有效提高整体管理实效性，管理工作应当能够实现可持续性的改进。项目评价管理工作是对工程建设完成并进入到使用阶段后，对项目的前期准备工作、工程施工过程以及运营状况进行综合的研究与评价，分析项目的预期与实际状况之间的差异，确定各个项目的预期和具体决策是否正确，并分析其中的原因，进而为后续的管理工作提供经验与参考。

因此，项目完成后的评价管理工作是实现现代轨道交通建设工程可持续性发展的重要组成部分，它是基于科学发展观的一种有效评价方法，能够提高工程整体的决策及管理水平。现代化城市轨道交通建设工程是由多个部门共同完成的，因此评价工作管理必须确保全面性，能够针对各个阶段，各个环节，通过不同的角度来对其进行评价与分析。除此之外，项目完成后的评价管理工作应当被纳入项目管理体系之中，同时充分发挥出评价管理工作的作用，进而实现轨道交通建设工程管理工作水平不断提高与持续完善。

（二）城市轨道交通工程建设风险控制与管理

城市轨道交通作为城市公共交通的一种重要组成方式，以其运量大、速度快、安全可靠、准点舒适的技术优势，在日、美、欧等国家和地区已经成为主要的城市交通工具。随着我国城镇化进程的进一步加快，公共交通压力日益繁重，城市轨道交通正迎来一个发展的黄金时期。根据住房城乡建设部公布的《2013年城乡建设统计公报》显示，到2013年年底，全国有16个城市建成轨道交通总里程2213公里，有35个城市在建轨道交通线路总里程2760公里。预计到2020年全国拥有轨道交通的城市将达到50个，轨道交通建成总里程达到近6000公里的规模。

随着全国城市轨道交通工程建设的不断提速，越来越多的安全事故给我们敲响了警钟。城市轨道交通工程建设施工风险大，作业环境差，地质情况和周边环境复杂，各类危险源大量存在。2008年11月15日15时20分，杭州地铁一号线风情大道施工工地发生大面积地面塌陷，导致萧山湘湖风情大道 75m 路面坍塌，并下陷 15m，事故共造成 21 人死亡。2013 年 1 月 28 日 16 时 40 分，广州地铁八号线折返线隧道区间工程项目，因隧道矿山法施工造成荔湾区康王南路与杉木栏路交界处地表塌陷，导致 2 栋楼共 6 间商铺坍塌，塌陷面积约 690m²。2013 年 5 月 6 日 2 时 40 分许，西安地铁三号线胡家庙至通化门区间始发井左北隧道开挖至 8m 进深，隧道顶部突然塌方，导致 5 名工人死亡，1 人受伤。城市轨道交通项目投资额大，关注度高，一旦发生事故，除了带来巨大的经济损失，极易造成严重的不良社会影响。

1. 城市轨道交通工程建设特点

城市轨道交通是当前各地重点打造的民生工程，具有工期要求短、工程规模大、质量要求高、工程投资多等特点。作为现有公共交通网络的补充、完善和提升，新兴的城市轨道交通工程多为城市中心地下线，地下车站大多采用浅埋暗挖法、盖挖法或明挖法来施工，对交通有一定的影响，且地下管网密集，紧靠建（构）筑物，工程环境十分复杂；隧道区间一般采用盾构法或矿山法施工，往往下穿、侧穿各类建筑（构）物、城市干道、高架、铁路、河流及各种各样的地下管道，施工过程具有很大安全风险。同时，随着全国各地城市轨道交通项目的大量上马，使得原本就并不充足的技术力量被严重稀释，建设、勘查、设计、施工、监理、监测等方面的人才储备不足且缺乏经验，也使工程建设的安全风险被放大。

2. 风险管理的定义和内容

国际隧道协会（ITA）在《隧道风险管理指南》中称风险为"所识别的风险源发生的概率和影响后果的综合"。《城市轨道交通地下工程建设风险管理规范》（GB50652—2011）将风险定义为"不利事件或事故发生的概率（频率）及其损失的组合"。

风险管理主要是指对工程建设风险进行风险界定、风险辨识、风险估计、风险评价与风险控制。风险界定和风险辨识是进行风险管理的前提和基础；风险估计和风险评价是系统地得出工程项目风险和合理地进行风险管理两者之间的重要纽带，是决策分析的基础，是风险管理系统中的重要一环，具体分析方法有风险矩阵法等风险图法、故障树分析法、事件树分析法、决策树分析法、综合评分法、影响图、贝叶斯网络、层次分析法、蒙特卡罗、模糊评价法、进度计划评审技术等；风险控制是针对上述风险分析和评价的结果，采用经济合理的方式处理风险，以提高实现项目目标的机会，主要措施有风险消除、风险降低、风险转移和风险自留。

城市轨道交通工程建设过程中，特别是施工过程中可能发生的不利后果或负面影响较多，主要类型包括经济损失、工期延误、人员伤亡、环境影响包括：自然环境、周围道路、房屋、管线、桥梁和其他已有建（构）筑物等。社会影响包括政治影响和治安影响等，通过实施风险管理，尽可能合理、可行地降低上述不利后果或负面影响，促进城市轨道交通工程建设风险管理工作的系统化、规范化和信息化，最大限度地规避风险，避免人员伤亡和环境损害，降低工程成本和工期损失，为城市轨道交通工程建设提供安全施工保障。

3. 城市轨道交通工程风险管控措施

城市轨道交通工程建设的安全风险管理是一项复杂的系统工程，贯穿于工程建设的全过程。实践证明，科学化的风险管理模式是城市轨道交通工程项目实现其建设目标的重要保障。强化源头管理，落实安全责任，加大过程控制，减少安全事故，科学化的风险管理对提高我国城市轨道交通工程建设管理水平和投资效益具有十分重要的意义。

（1）明确各方主体责任

近年来国家对不断加大对城市轨道交通的安全生产监督管理力度，先后出台了《危险性较大的分部分项工程安全管理办法》（建质 [2009]87 号）、《城市轨道交通安全质量管理暂行办法》（建质 [2010]5 号）、《城市轨道交通工程周边环境调查指南》（建质 [2012]56 号）、《城市轨道交通工程周边环境调查指南》（建质 [2012]68 号）、《城市轨道交通地下工程建设风险管理规范》（GB50652-2011）等一系列文件、指南、规范，要求各级建设行政主管部门和监督机构要加强对城市轨道交通建设工程的安全监管，不断完善安全管理的规章制度和技术规范，督促城市轨道交通工程建设、勘察、设计、施工、监理单位等各方主体严格执行项目建设程序，落实安全生产主体责任，自觉遵守规章制度，杜绝违法违规行为发生。工程项目的各参建单位要明确各自安全职责，建立健全安全生产管理机构，配备专职安全生产管理人员，完善安全管理各项规章制度，切实落实企业安全生产的主体责任。

（2）做好地质分析和周边环境调查

在勘察阶段要详细把握工程水文地质资料，在设计阶段对地质稳定性准确判断，施工前探测不良地质体；针对错综复杂的地下管线，根据管线与工程项目的相对位置，深入分析其与地层的相互作用及影响、管线自身的变化规律，密切关注工程进展的监测数据；详细调查周边建（构）筑物年代、结构类型、设计图纸以及与城市轨道交通工程项目距离；做好安全技术交底，以便建设单位、施工单位、监理单位充分把握详细的资料。

（3）做好施工现场的风险管控

在城市轨道交通工程施工现场安全风险进行识别、分析与评价的基础上，工程管理者所要做的，是根据安全风险的性质及潜在影响，选择行之有效的安全风险防范措施，将安全风险所造成的损失减少到最低限度。

风险控制的目的，一是降低事故发生的概率，二是减少事故的严重程度。以具体的风险隐患为对象，采用工程施工技术的手段管理、法制政策、规章、经济奖励、罚惩和教育等手段，加强施工安全风险管理。

1）建立健全安全生产责任体系

要建立完善横向到边、纵向到底、逐级保证的安全生产保证体系。要落实安全生产责任制职责，就必须结合城市轨道交通工程建设施工特点，制定出切合实际的安全生产管理制度，按工序进行危险源识别，并制定出危险源控制措施和管理方案，进行专项安全技术交底。坚持班前安全讲话，明确责任区域和责任人，使每一位参建员工明白自己责任区域存在的风险源及控制方法，实现责任到人措施到位。同时，要建立以第一责任人为核心的分级负责的安全生产责任制并定期考核。对发生的安全隐患实行"三定"的原则，即定整改责任人、定整改时限、定整改措施。

2）加强施工技术、施工安全交底

在工程建设过程中，根据施工方案和施工组织设计下达施工任务时必须下达安全技术交底，各工种各分部（分项）工程均要进行安全技术交底，固定作业场所的工种可定期交底，非固定作业场所的工种对不同作业部位，不同作业内容，进行分单位、分部、分项工程定期交底，并要有交底人签字，交底要交到作业人员，不能只交到班组长，防止只有班组长知道安全交底内容，而其他作业人员不了解、不清楚的现象。安全技术交底内容应包括工作场所的安全防护设施、安全操作规程、安全注意事项等，既要有针对性，又要简单明了。根据城市轨道交通工程建设施工的特殊性，对危险性较大的分部分项工程，在施工前必须单独编制安全专项施工方案，其中部分方案必须经过专家的论证审核后才能实施。

3）加强施工监测管理

通过先进的施工监测技术，对施工过程中项目本身及周边环境进行密切监测，是获取项目自身及周边环境变化第一手资料的重要手段，也是城市轨道交通工程施工安全管理的必要手段之一。通过对各种监测数据的整理和分析研判，通过数据表象看清其背后隐藏的风险规律和形势，提前采取必要的防范和应急措施，及时发现风险苗头，及时采取防范和应急措施，做到未雨绸缪，防患于未然，有效提高建设安全管理水平。

（4）完善应急救援预案管理

对城市轨道交通工程建设过程而言，基于可能面临多种类型的突发重大事故或灾害，为保证各种类型预案之间的整体协调性和层次，并实现共性与个性、通用性与特殊性的结合，对应急救援预案合理的划分层次。根据住房城乡建设部最近出台的《城市轨道交通建设工程质量安全事故应急预案管理办法》（建质 [2014]34 号）要求，城市轨道交通建设工程质量安全事故的应急预案体系包括综合应急预案、工程项目应急预案和现场处置方案。其中，建设主管部门应当编制本部门综合应急预案；建设单位应当编制本单位综合应急预案，并按照影响工程周边环境事故类别编制工程项目应急预案；施工单位应当编制所承担工程项目的综合应急预案，并按工程事故、影响周边环境事故类别编制工程项目应急预案，同时制定事故现场处置方案。科学合理地制定应急预案，有利于做出及时的应急响应，降低事故的危害程度。

对重大事故进行应急预案的编制，应考虑以下因素：对紧急情况或事故灾害及其后果的预测、辨识和评估；规定应急援救各方组织的详细责任；应急救援行动的指挥与协调；应急救援中可用的人员、设备、设施、物质、经费保障和其他资源，包括社会和外部救助资源等；在紧急情况或事故灾害发生时保护生命、财产和环境安全的措施；现场恢复；应急培训和演练等。预案编制单位应根据实际情况采取实战演练、桌面推演等方式，结合实际情况定期组织开展联动性强、形式多样、节约高效的应急演练。其中，建设主管部门每三年至少组织一次综合应急预案演练；建设单位、施工单位应当有针对性地经常组织开展应急演练，每年至少组织一次。相关单位应当对应急预案演练进行评估，并针对演练过程中发现的问题，对应急预案提出修订意见。

（5）不断尝试新的风险管理手段提高管理效率

城市轨道交通在工程建设的各个阶段都有很多的安全风险需要认真控制，由于项目各方面的资源有限，必须认真将已完成项目的风险管控方法所取得的成效和不足进行总结，结合外部要求及时创新风险管理的方法来提高风险管理水平。

1）科学引入专业的第三方机构，进一步提升管理效能

在施工项目上围绕着业主、监理和施工三方利益的关系错综复杂，甚至忽视了风险的存在。为了预防这种不良管理的产生，一些业主、地方建设主管部门尝试委托第三方来进行项目风险评估和现场管理。第三方由于直接向业主等委托方负责，过程风险评价往往直入要害，对施工、监理等均有较大的监督约束作用。第三方机构对工程风险管控的能力取决于其专业性，其聘请的应当是有专业技术和丰富经验的资深工程师，如果随意聘请水平不高、专业不强的人员充斥其中，只会适得其反。

2）在项目上建立工程风险信息自动监测预报系统

主要控制工程施工过程中重大环境安全风险的问题，利用网络计算机系统、GIS（地理信息系统）和合理的施工经验，将现场工程风险控制数据进行自动采集，用有线、人为或无线方式进行传输到联网计算机，通过某一个地区施工经验的积累，经过专家讨论后人为设定预警报警值，当前端采集数据经计算机软件判别超限时，自动报警并按照事先设定的程序向相关各级管理人员自动报送信息，引起相关管理人员关注并及时进行处置。这样的系统目前可以作为工程风险控制的重要辅助手段，可以有效提升工作效能。

3）与保险业相结合，转移工程风险

针对城市轨道交通工程施工中可能发生的危险，应采取适宜的风险应对措施，最大限度地降低风险。工程保险是值得大力推广的一种风险转移方法，它利用有限的保险费的支出，为整个项目的投资资金提供了安全保障，可以避免业主、承包商由于巨大风险事故损失所导致的财务上的困难，有利于及时恢复建设；同时，保险能把项目不确定的风险损失转化为较为确定的保险费支出，有利于项目的财务核算。工程保险作为工程风险管理的重要支柱，对工程的顺利完工及项目交付后的使用有着举足轻重的影响。所以，保险虽然仅仅是整个风险管理过程中财务管理的手段之一，不可能转移风险的责任，但却因其明显的优越性，必定能成为工程项目风险管理中极为重要和不可或缺的风险防范措施。

（三）城市轨道交通工程施工技术要点与管理

城市轨道交通作为推进城市化发展进程的重要手段，又是构成城市交通领域的关键组

成部分。要想确保城市轨道交通在使用时能够安全稳定的运营，重中之重就是要保证施工工程质量。城市轨道作为地下交通的命脉，连接着地下的建筑、城市基础设施建设施工以及一些休闲场所。城市轨道的存在一方面解决了交通紧张的问题，避免了因为交通原因造成的大气污染；另一方面有效地利用了地下空间减少占地面积节约土地资源、一定程度上提高土地利用率。这种现象表明，城市轨道交通将会成为城市未来交通发展的主要途径。对于城市轨道交通工程的施工技术要点和管理措施的完善发展具有重要的推动作用。

1. 城市轨道交通工程的施工特点

城市交通问题的状况很大程度上是由城市轨道建设的工程决定。是引领城市发展的主要途径。它是城市交通设施建设中一项比较浩大的工程并且工程量比较复杂、对周期把握长、可变动性也较大。这种城市轨道建设的工程在城市建设初期就必须合理的规划好，后期的整改会比较困难和复杂。所以对工程施工的技术要求很高。工程有效实施的关键就是合理运用施工技术。

（1）根据所处地质环境选择施工技术

城市轨道交通工程在施工种类上属于城市地下空间施工工程。根据工程施工环境来着手进行分类从基底层特点上包括四类，即软黏土层、岩层、软黏土与岩石混合层以及砂卵石地层。通常情况下，轨道交通工程的施工都是在软黏土层，工程的施工过程会受到城市所处地理位置和周围土壤环境的局限。比如：北京的一些轨道交通工程会在岩层施工；广州的一些轨道交通工程会在砂卵层进行施工；而南京一些城市会在软黏土与岩石交替变换的地层施工……总的来说我们在施工过程中应该秉承具体问题具体分析的原则，因地制宜，不同地区的施工条件不同，因此，在施工之前需要对施工工程的地质环境进行充分调查分析来采取相对应的施工技术和措施。

（2）城市轨道交通工程的施工逐渐向环保和人性化道路发展

由于受施工条件的限制再加上我国在这一领域技术比较落后，施工设备不够完善和先进。这样就使我国的城市轨道交通的工程建设与欧美等发达国家相比有点落后。在轨道交通工程的建设中，设计施工方案时首要考虑到的就是施工问题，轨道交通工程的经济实用性逐渐地作为今后建设方面的重点问题之一。城市轨道交通工程随着社会经济的进步发展，施工技术变得越来越成熟。原有的传统的施工方式管理体系由粗放型逐渐地向精细性转变。工程施工过程中，需要多考虑人的因素，树立安全第一的概念，确保施工过程中安全问题，对所在城市的现场环境做一些相对的保护措施。

（3）城市轨道交通工程施工要用技术来促进进度的提高

城市轨道交通建设中需要的投资所占的比重很大，要想这些投资在一定程度上转化为经济效益和社会效益，那么就必须加快施工进度来缩短施工工期。那么，从这方面我们来讲，在工程施工方案的选择上采用新的施工技术，保证规定时间和确保质量的情况下完成施工。

2. 城市轨道交通工程施工的技术要点

经过我们调查研究轨道施工技术要点主要包括两方面：一方面是轨道设计技术要点；另一方面是轨道施工技术要点。

（1）设计技术要点

首先在轨道结构设计时需要充分考虑轨道的安全稳定性并且还要兼顾使用寿命和减震功能，等等。轨道在曲线路段需要承受车辆轮轨的横向荷载，因此，需要保证轨道的横向稳定性。

其次，要做到让轨道更安全使用寿命更长，在轨道设计时既要满足轨道自身强度，也需要保留一定多余的量当作安全储备空间。轨道板的底部要设置弹性层及相应的扣件系统也需要具备较好的弹性。降低轮轨的振动和动力作用。

（2）施工技术要点

明挖法在我国出现的时间最早，这种施工技术适合一些密集程度不大且建筑高度不太高的情况。明挖法开挖会直接从地面向地下挖，所以，需要根据现场情况对周围设置必要的围护结构。这种方法的优势在于成本低效率高，对投资和加快施工力度有很大作用，这种形式使复杂的轨道交通建设变得灵活多变，但是对环境要求比较严格。

区间隧道施工技术是目前比较新颖的技术，在复杂的工况下用盾构机技术施工。盾构机是一种通过使用盾构法隧道挖掘机来施工的机器。它可以用于岩石地层。在城市轨道建设过程中，工程的实施过程中经常会面临的施工复杂、难度大、设计环节多等一些难题时，通过盾构机的切削技术来穿越阻碍物，并且需要在网络信息的监控下施工。来满足工程质量的需求和实施。但是对盾构机的选择要因地制宜，尽量减少因为提高机械化程度而造成的环境污染。

3. 城市轨道交通工程施工的管理技术要点

为了能够提高城市轨道交通质量，城市的轨道交通工程系统大多分为多个子系统并且发挥多种不同的功能。轨道交通工程建设质量继续提高的关键，在于对施工技术的严格把关。因此，要想保证工程能够高质量超预期的完成，就得严格把控技术关。

（1）城市轨道交通给水、排水工程的施工技术

给水、排水工程是地下施工工程中的基本。要想确保城市地下交通网络正常运行，在城市轨道交通工程中，就得对给水、排水工程施工工程格外重视。通常情况下，城市轨道的给水、排水系统的设计原理就是从轨道的两端与城市给水、排水系统相互连接。使其链接结构布局系统化网络化，排水系统中将城市给水、排水、生产给水和消防用水等多个方面都纳入进去。保证每个排水系统都能发挥出自己的作用，在对其给水和排水系统的设计，强化排水工程的施工技术。在施工技术上要有所区分，还应该考虑到轨道空间的一些局限性，在设计排水系统中，要注意区分确保轨道正常的运行从而保证地下交通网络正常运行。污水和废水的排水，污水可以通过净化处理；废水要通过检修，两种排水系统的有效结合

一方面可以保证排水系统的畅通和供给平衡，另一方面保证排水系统不会因积水造成车辆安全隐患。

（2）城市轨道交通工程的通风系统技术

城市轨道交通工程中轨道地下空间的空气质量是由地下工程的通风系统决定的。在施工过程中，可以采用在隧道安装隧道风机的措施来提高空气质量。但是通风系统运行中会产生很大的噪音，尤其在这种地下空间的环境里，这种的噪音会更加明显这在一定程度上就形成了噪音污染，所以，我们还要后期跟进安装消声器和电动风阀来解决这些问题。

（3）城市轨道交通工程的电气系统技术

强化对施工过程中各个环节的管理，从而确保各项技术到位，施工过程中保证轨道施工工程顺利进行。

由于城市轨道交通施工工程是对地下空间进行施工，这也导致施工空间会与地面施工有所不同还会导致一些不可控制因素出现在施工过程中。要做好施工的预防性工作。对施工开始之前对有可能发生的问题进行研究分析并且制定一系列的相关处理措施。举个例子：在城市轨道施工中，它的一些基础的工程施工像给水排水系统施工、通风系统的施工以及电气系统的施工等等。会涉及一些专业问题，设计施工的技术要点，要针对这些施工中存在的问题进行分析，制定策略保证工程顺利完工。

在城市轨道交通施工的各个环节管理过程中，都需要制定与施工技术相匹配的措施，通过不同的施工环节动态化管理从而确保每个环节做到保质保量。经过检验合格后，才能进入下个施工步骤。

对城市轨道交通施工技术管理的重点工作就是针对机电工程实施管理。缩短施工时间；加快施工的进度；提高施工效率；积极采用新的管理方法和技术。因为，只有城市轨道交通快速高效的完工，才能获得更高的经济效益，利用收回投入进去的资金来创造出更高的社会效益。

4. 轨道交通工程施工的管理方法和措施

城市轨道交通工程的施工因在地下空间施工，施工难度加大，每个环节都可能会面临施工安全质量的风险。因为一些纰漏，降低施工工程存在的风险需要制定合理的管理方法和措施。

（1）严格检查保证施工质量

为保证施工质量，施工前需要严格考察施工工地的地质情况，进行全方面勘察；存在问题及时反馈避免发生更大的险情。做好防水施工工作一旦出现注浆堵水等问题要立即采取有效的解决方法。保证工作过程中的排水量，防止工作过程中因用水导致堵水情况。对出入口做好加固处理避免坍塌。做好风险防范避免出现安全事故。采用先进的设备勘察地形降低误差。对施工中的各项材料做好管理工作，每项必须到达规定的要求，坚决杜绝不达标的材料。例如：水泥的选购要根据地层的情况适当进行调整。做好基本工作降低安全事故，提高施工的质量。

（2）加强排水系统的规范意识和安全意识的培养

给排水问题关系着用户的出行安全，城市轨道交通的排水系统通常来讲大都比较复杂，强化管理意识，可以有效避免系统混乱以及管道接混的问题出现。解决一些细节问题保证排水系统功能的正常运行。很多工作人员对污水废水的排放检查不严格，导致排放不符合规定要求；从而产生各种方面的环境恶劣、污染问题，引进高科技高技术含量的管理方法，加强施工安全管理，确保生产活动全方位的安全，进行预防性管理，可以促进城市轨道交通工程施工项目的安全进行。

二、隧道工程

（一）城市隧道设计施工技术

1. 城市隧道设计注意要点

（1）城市隧道作为城市当中的基础设施，承载着的是城市人民的生活和城市的发展，在城市隧道的设计上要有长远的打算，从全局和长久的角度来进行方案的设计。同时，也应预留适当的发展空间，有效地减少日后对隧道改造造成的一些不必要浪费。

（2）城市隧道普遍位于城市的主城区，交通线路、地下管线和周边的地理条件较复杂，诸多因素导致对城市隧道的设计有一定的局限性。

（3）城市隧道的修建主要是为了日后为人们提供更好的交通环境，在设计上一定要体现出"以人为本"的理念。在进行出入口设置和施工的方法等方面都应该有精心的设计，在不影响周围群众的前提下应尽量做到节约投资，同时，也应考虑到景观的要求。

（4）对于城市隧道的设计来说，应采用与周边环境相结合的工法，再尽量做到功效最大化、投资最少化。

（5）城市隧道的浅埋暗挖法要求初期支护和二次衬砌需要分别承担100%的荷载，以此来保障施工以及运营的安全。浅埋暗挖法在这一点上与新奥法有着本质的不同，也是城市隧道在设计中最容易被忽视的部分。

2. 城市隧道施工方法的选择

在选择城市隧道的施工方法时，应根据工程范围内的土地质量、施工条件以及隧道长度等为主要依据，将施工安全问题作为工程质量管理中的重点部分，此外，要与隧道的使用功能、机械设备以及施工的技术水平等因素进行综合性考虑，以此得出施工应选择的方法。隧道施工中常常会发生因为施工方法选择而造成的对周围环境的不良影响，在选择施工方法时要将施工范围内的自然环境和岩石变化的可能性等进行分析，以此保证城市隧道施工中造成不必要的浪费。

3.城市隧道的施工方法分析

城市隧道的施工方法主要有两种，一种是明挖法；另一种则是暗挖法。明挖法主要有：沉管法、盖挖法以及明挖法等；暗挖法主要有：顶管法、浅埋暗挖法等。

（1）明挖法中的施工方法

1）沉管法

沉管法在隧道的施工一般用于穿越江河的浅埋隧道，但要确保施工现场能够满足条件，也会在其他的施工方法节约性较差的情况下采用沉管法。目前采用的较少，施工成本较高。

2）明挖法

在城市隧道施工方法中，明挖法是普遍使用的一种施工方法，明挖法包含有支护和没有支护两种情况，只要施工现场能够保证明挖的条件下均可采用明挖法。

3）盖挖法

盖挖法也是隧道施工的常用方法之一，适合在城市交通复杂、管线多次改迁或不能采用明挖法的条件下均可使用盖挖法。盖挖法主要有以下两点优势：

①能够有效地提升维护结构的可靠性和安全性，使临时支护的费用有所降低，同时也为工程安全提供了一定的保障。

②盖挖法中可以使用大型的机械进行施工，能够有效提高出土的速度，施工期得到加快，从而达到减少交通影响、使居民减少干扰的目的。

（2）暗挖法中的施工方法

1）顶管法

顶管法一般应用在工程无法采用明挖法进行施工时的城市浅埋隧道，例如：下穿铁路等一些特殊的场合。顶管法在岩石层或是土质地层中都能够进行使用，在施工现场无法满足顶管的条件时，可通过降水或预加固等以等措施创造顶管施工条件。

2）盾构法

目前在城市地铁区间段隧道的施工中最常用的就是盾构法，比较适用于埋深较大的隧道施工。在岩层或土质地层均适用，但对线性曲率半径较小段和水位较大段不适用。

3）浅埋暗挖法

浅埋暗挖法在城市隧道的施工中可以算得上是最基本的施工方法，采用浅埋暗挖法施工时要注意对地层加固和对城市的管线保护，这是浅埋暗挖法的施工成败关键所在。

4.关于浅埋暗挖法的施工介绍

浅埋暗挖法作为新兴的施工工法，它能够应用于任何地面和断面，是我国的一级工法。下面来谈谈浅埋暗挖法的技术都包含哪些。

（1）浅埋暗挖技术

所谓浅埋暗挖技术就是在隧道的暗埋段，首先对开挖地层进行预加固，然后利用CD或CRD等工法来分别进行开挖和支护。等到初期的支护达到标准的强度之后，或者待隧道全面贯通后，进行临时支护的拆除工作，并进行第二次浇筑衬砌。

（2）明挖暗支挖技术

明挖暗支挖技术普遍用于竖井或 U 型槽等地段。当施工场地无法满足明挖围护结构的条件时，可以利用暗挖技术来实施明挖基坑的施工，这可以有效地避免管线的过多改迁，同时能够有效地减少交通的压力。在进行施工前一定要对地面进行垂直预加固，才能进行竖向开挖和支护，等到支护达到一定的强度后，才能进行临时支护的拆除，并浇筑二次衬砌。

（3）明挖与暗挖相结合

当进行竖井或 U 型槽地段施工时，采用明挖维护结构没有施工场地的条件时，或是不能施作维护的情况下，可以采用明挖与暗挖相结合的技术来进行施工。采用二者相结合的方式能够有效地避免管线大量迁改，同时也能在一定程度上使交通压力得到缓解。此外，还能有效地控制施工中的风险、节省大量的资金投资以及减少对周围居民的生活扰乱。在对地层进行垂直预加固之后，应利用 CD 或 CRD 工法先进行下半断面的开挖和支护，等支护能够达到标准的强度后，再进行对上半断面挖基坑的竖向开挖和支护，在支护能够满足要求强度，就可以进行临时支护的拆除工作，并浇筑二次衬砌。

（二）城市隧道施工环境风险评估

1. 城市隧道施工环境风险评估的意义

在这个经济快速发展的社会里，城市隧道工程在当前社会中发挥着不可替代的作用。然而在城市隧道施工中，受施工环境因素的影响，会造成施工安全事故的发生，对施工作业人员以及施工企业的经济效益造成威胁。在城市隧道施工中，风险贯穿于工程施工的始末，是工程施工管理一项重要的工作，施工企业只有做好风险评估工作，才能有效地降低风险事故的发生，确保工程施工安全，为施工工程带来更好的效益。

另外，从我国当前城市隧道施工来看，受到经济条件以及科学技术的制约，施工技术水平偏低，没有做好施工环境的勘察工作，进而增加了风险发生的概率。再加上施工人员安全意识薄弱，在实际施工中不能做好安全施工。在构建社会主义和谐社会里，保障广大人民群众的生命安全既是我国现代社会发展的内在要求，同时也是人民日益增长的物质文化的根本需求。为此，在城市隧道施工中，施工企业只有做好环境风险评估工作，将环境风险因素控制在可控制范围内，降低风险事故发生，进而为企业带来更好的经济效益。

2. 提高城市隧道施工环境风险评估效益的途径

（1）技术交底

隧道施工是城市隧道施工的核心阶段，只有做好隧道施工，才能获得更好地效益。然而，隧道施工也是安全事故易发阶段，隧道的长度、深度等都是隧道施工中的风险因素。为了确保隧道施工安全，保证施工质量和进度，降低风险事故的发生，在城市隧道施工前做好施工技术交底工作非常重要。

首先，施工企业要严格按照施工图纸进行各项工作安排，全面落实相关管理制度。

其次，施工企业要将施工要求、施工进度以及施工过程中要注意的问题交代清楚，就隧道施工环境进行综合考量，提高施工人员的责任意识，规范施工行为，进而保障工程施工进步和安全。

（2）加强施工环境风险的勘察

在隧道工程施工中，受地形、环境、天气等自然因素的影响，会给工程施工安全及进度造成巨大威胁，为了更好地保障路基及隧道工程施工安全，保障施工进度，加大地质勘探技术的应用非常重要。地质勘探技术的应用可以很好地掌握工程施工场地的地形结构、地貌特征。在铁路地基及隧道工程施工前，要对施工地点的地势、地形以及地基基础现场进行全面的勘察，利用地质勘探技术来确定施工方案，通过工程测量确定地基基础的地形环境，从而为施工设计以及作业提供科学、合理的数据资料。

（3）土方开挖的风险评估

随着我国现代社会的发展，城市隧道工程建设数量也在不断增多。在城市隧道工程中，土方开挖是隧道基础工程开工后首道工序，土方开挖技术的好坏直接影响着整个地基基础工程的施工质量和施工进度。然而在土方开发工程中，受多种因素的影响，会造成土方塌方问题，进而引发系列安全事故。为确保隧道施工安全，施工企业就必须做好土方开发的风险评估工作，要对地基基础工程做好现场勘查工作后，确定土方开挖方案，选择合理的施工工艺以及施工所需要的机械设备。根据工程图纸设计要求，有序地进行土方开挖。

（4）层次分析

层次分析法是一种定性与定量相结合的多目标分析方法，这种评估方法改变了传统中最优化技术只能处理定量分析问题的观念，提出来定量与定性相结合的分析方法，在城市隧道施工中，隧道工程的多样性、复杂性使得其施工中存在风险因素不断加大，利用多层次分析法可以有效地针对隧道施工行中存在的各种风险因素进行分析，从而将风险因素控制在一个可控制的范围内，降低施工成本，提高经济效益。

（5）风险因素分析法

在城市隧道施工中，为了降低城市隧道施工环境风险，就必须对可能导致隧道施工风险的因素进行综合分析，以降低施工风险概率的一种方法。在城市隧道施工中，存在的风险有政策风险、技术风险、管理风险，利用风险因素分析方法就是对城市隧道施工环境中存在的一些风险进行分析，例如隧道的选址，施工方案设计等，在隧道施工中，必须考虑到环境带来的影响，只有做好了风险评估工作，才能为企业带来更好地效益。

（三）现代城市隧道的防排水技术

1.现代城市隧道防排水的主要内容及重要意义

（1）现代城市隧道防排水的重要意义

城市隧道是道路建设的重要组成部分，对城市化建设的进一步发展有重要意义，而随着近年来我国经济发展和社会进步，人们对城市隧道建设提出了更高的要求，尤其是在基础设施较多且分布较为广泛的城市，城市隧道防排水对城市的电力，电信以及自来水供应等项目都有着十分重要的影响。城市隧道建设中，地形复杂，管线多样化，而且具有较高的电压，如果没有进行良好的防排水工作，而导致雨水淤积入侵隧道等事故发生，则会严重影响城市隧道的正常运行，并且对城市道路交通以及电力，电信等行业带来较大影响，给人们的生活带来不便，所以应当做好城市隧道防排水工作，从而确保城市隧道的正常运行，促进城市化建设的进一步发展。

（2）现代城市隧道防排水的主要内容

现代城市隧道防排水对城市道路建设与城市化发展有重要意义，应当不断对其进行完善和调整，以确保城市隧道的正常运行，为人们提供更好的服务。

首先，应当根据城市隧道建设的实际情况，以及防排水具体要求，制定科学合理的防排水建设方案，明确防排水标准，对各项工作进行合理安排，并且进行科学的人员编制，任务分配等，保证城市隧道防排水建设顺利进行。

其次应当选择合适的防排水工具及设备，比如选择合适的防水膜，防水速率垫衬以及热合机等，同时要对相关工作人员进行培训和考核，使其掌握必要的专业技能和安全意识，质量意识，能够正确使用相关设施设备，顺利进行防排水工作。

此外，应当在城市隧道的不同部位进行不同的防排水措施，而在堵塞的地方更应该重视将拱部及边墙的地下水排出，而常用的防水措施包括喷射混凝土层，对岩体提供初期支持。敷设夹布橡胶防水板以对隧道提供二次衬砌，以及防水膜的选择与铺设，通过这三道工具的防排水处理，能够有效地避免隧道渗漏现象发生，确保城市隧道正常运行，从而推动城市道路建设的进一步发展，促进我国城市化建设实现良好发展。

2.现代城市隧道的防排水技术

（1）防水板铺设及铺设之前的准备工作

城市隧道的防排水施工关键在于防水板的铺设，防水板是一种广泛使用的防渗材料，由高分子聚合物为基础制成，不仅可以用于液体防渗，而且对气体防渗漏也有很好的效果，在建筑，交通以及隧道等的建设中有广泛应用。在防水板铺设之前，应当做好适当的准备工作，有利于更好地进行防水板的铺设，为后续各项工作奠定良好的基础。

首先，隧道中混凝土表面凹凸不平，在铺设防水板之前应当对其进行适当的处理，将凹凸不平的界面进行补喷找平，主要的操作就是喷射混凝土凹凸显著部位，而对凸起特别严重的位置，则应当进行切除，并辅以水泥朱砂抹平。

其次，在对混凝土表面进行必要的处理之后，应当对防水板质量进行必要的检测，确定其各项参数符合施工要求，对出现断裂，变形以及孔洞等缺陷的防水板则应当进行及时更换，确保防水板质量能够满足施工要求，将其按照规定铺设于隧道中。

（2）铺设泡沫塑料垫衬

泡沫塑料垫衬是城市隧道防排水中重要的工具，能够有效地防止积水渗漏，对城市隧道防排水建设有重要作用，而且具有操作简便，成本较低，防水性能好等特点，应用比较广泛。

首先，应当在隧道拱部标出中线，再沿着中线两边向墙下垂进行泡沫塑料垫衬的铺设，并且用热风塑料焊枪进行密封，确保泡沫塑料垫衬与隧道表面完全贴合而不留缝隙。

其次，在泡沫塑料垫衬铺设过程中，应当注意对固定点大小以及距离进行科学合理的设置，在稳定性较差的地段则应当对其进行加固，以确保泡沫塑料垫衬的铺设符合施工技术要求，能够起到良好的防排水作用，避免城市隧道发生渗漏等事故而影响其正常运行。在泡沫塑料垫衬铺设完毕之后应当定期对其进行维护保养，若有破裂等现象则应及时修补，保证隧道正常运行，从而促进城市隧道的防排水建设发展。

（3）防水膜的铺设与保护

防水膜是城市隧道防排水建设中的常用材料，具有操作简单，成本较低，防水性较好等优良性能，在隧道防排水建设中得到了广泛的应用。

首先，根据隧道实际情况和防排水建设的要求对防水膜进行裁剪，以隧道拱部为中线，将防水膜的中线与隧道拱部中线相重合，进行防水膜的铺设。

其次，在防水膜的铺设过程中，如果遇到凹凸不平的地方，应当使防水膜与混凝土表面完全贴合，否则会导致积水入侵。

此外，在防水膜铺设完成之后，应当对其进行细致的检查，确保防水膜贴合牢固而没有缝隙，再用专用热合机对衔接处进行焊接，从而完成防水膜的铺设。防水膜比较薄，在铺设完成之后，还应当对其进行定期的维护保养，不仅要进行第二次的混凝土浇筑，而且对其进行严格的管理监督，在进行混凝土浇筑时要注意控制力度，避免防水膜脱落或损坏，如果有损坏现象发生，则应当及时对其进行补贴。同时也要注意对防水膜进行细致的保护，比如在防水膜铺设地段禁止爆破或者电焊等，避免对防水膜造成损害。通过对防水膜进行细致的保护，延长其使用寿命，促进城市隧道防排水技术水平的提升。

（四）城市隧道工程渗漏水成因及防治措施

隧道渗漏水危害很大，导致混凝土衬砌损坏，降低隧道使用年限，恶化隧道环境，缩短机电线路设备的使用寿命，影响行车安全，增加维修费用，严重者造成地面及地面建筑物不均匀沉降及塌陷，影响周边环境。而渗漏水整治费时费力，影响外观质量。对于隧道存在的渗漏水状况，只有在设计上高度重视，在施工中严格工艺控制、规范施工操作、杜绝偷工减料，才能防患于未然，做到一劳永逸，从而真正达到节约成本、优质高效的施工目标。

1. 隧道防渗漏水的准备工作及检测方法

（1）隧道防渗漏水的准备工作

当工程发现渗漏水现象时，需要根据具体情况和工程特点，做好下面几项准备工作：

1）查找渗漏水来源

首先对工程周围的水质、水源、土质等情况进行调查，掌握水位随季节变化的规律和地表水的情况，以确定工程所承受的最大水压。此外还应了解生产用水、生活用水的上下管道是否完好，以便查明引起渗漏的原因，为制定防水堵漏方案与切断水源提供依据。

2）从结构上分析渗漏水原因

首先要了解结构的强度、刚度是否满足要求，以及地基是否存在不均匀沉降等问题，因为上述因素都可能导致结构开裂而造成渗漏。堵漏修补工作应在结构稳定、裂缝不再继续扩展的情况下进行。

3）检查材料质量

对工程所用防水材料进行检验，以判断工程渗漏水是否由材料质量不良或选材不当而引起的。在对以上几点进行分析的基础上，按照处理止水与防水相结合的原则，到现场进行实地调查，将漏水部位、数量根据渗漏形式进行分类编号统计，绘制堵漏平面展示图，即可制定堵水堵漏方案。

（2）隧道渗漏水的检测方法

1）湿渍检测方法

检查人员用干手触摸湿斑，无水分浸润感觉，用吸墨纸或报纸贴附，纸不变色。检查时，用粉笔勾画出湿斑范围，然后测量高度和宽度，计算面积，标示在"展开图"上。

2）渗水检测方法

检查人员用干手触摸可感觉到水分浸润，手上会沾有水分。用吸墨纸或报纸贴附，纸会浸润变色。检查时，用粉笔勾画出渗水范围，然后测量高度和宽度，计算面积，标示在"展开图"上。

3）滴漏和连续渗漏检测方法

隧道上半部的明显滴漏和连续渗漏，可直接用有刻度的容器收集量测，计算单位时间的渗漏量。也可以用带有密封缘口的规定尺寸方框，安装在要求测量的隧道内表面，将渗漏水导入测量容器内。同时，将每个渗漏点位置、单位时间渗漏水量，标示在隧道渗漏水平面"展开图"上。

若检测器具或登高有困难时，允许通过目测计取每分钟或数分钟内单位滴落数目，计算出该点渗漏量。一般来说，每分钟滴落速度 3～4 滴的漏水点，24h 的渗水量为 1L。如果滴落速度每分钟大于 300 滴，则形成连续线漏。

2. 城市隧道渗漏水的成因分析

隧道工程属于隐蔽工程，不同区段的地质和水文地质条件也不尽相同，所以隧道产生渗水质量事故的原因也是多方面的。

（1）地质条件原因

由于线形等控制条件，隧道不可避免地穿过含水的地层，如穿过砂类土和漂卵石类土含水地层；断层带节理及裂隙发育，含裂隙水的岩层；石灰岩、白云岩等可溶性岩层，且有充水的溶洞或暗河等与隧道相连通时；浅埋隧道地段，地表水沿覆盖层的裂缝渗到隧道内。

（2）勘测设计原因

1）隧道在选线设计上未避开断层及透水性岩层，对衬砌周围地下水的水源、水量、水质调查分析不足，没有调查清楚地下水的类型和与地表水的相互补给关系，又未进行防排水设计，致使大量地表水补给到地下，最终为隧道渗漏提供水源。

2）对围岩压力计算不正确，或对不稳定的围岩没有进行处理或处理不到位，造成衬砌受挤压、地基不均匀沉降导致衬砌结构拉裂，从而为地下水渗漏产生通道。

（3）施工技术原因

1）隧道防水措施失效，由于用于接缝的弹性止水条、止水带或密封膏在施工工艺上不到位，易松动脱落，或止水带与防水夹层存在搭接问题，不易形成一个封闭的防水圈，从而容易在变形缝和施工缝等处发生渗漏。而隧道衬砌变形过大导致防水板（膜）超出延展限值而断裂，致使地下水通过缺损部位渗入结构内部；防水层与基面黏结不良，在浇注二次混凝土衬砌时会造成防水层的空鼓、脱落等问题，都导致防水层的破损失效。

2）浇筑混凝土时其中混有易腐物质，易腐物质腐烂后使混凝土不密实，产生漏水缝隙。混凝土没有按放水级配设计施工，在地下水压力较大的地方，由于抗渗标号低于相应水压，从而出现渗水现象；混凝土水灰比过大，衬砌后隧道表面看上去还算光洁完整，实际上内部不密实，形成了泌水管路。

3）由于混凝土浇筑或养护不到位，导致衬砌混凝土结构出现裂缝、蜂窝、麻面、沟洞等，而在修补时选用砂浆不合理，且砂浆抹填又不密实，导致衬砌结构出现缺陷，导致结构自防水功能失效，出现渗漏水病害；对施工缝、伸缩缝、沉降缝未加处理或处理不当产生渗漏水缝隙。

4）先拱后墙或先墙后拱施工的拱墙连接处填充不实，形成渗漏。

3. 隧道渗漏水防治的技术措施

（1）勘测结果导致渗漏水的处理措施

勘测结果不准确或条件突变使围岩失稳，导致隧道衬砌变形开裂而渗水的，应先采用锚索、注浆固结、管棚、长大锚杆等加固措施，对变形区段围岩进行加固处理，之后沿隧道衬砌变形裂缝带，凿沟槽安放透水管与排水沟连通，沟槽表面用高标号抗渗砂浆抹平。

（2）排水系统不完善的治理措施

因排水系统设计不完善，或堵塞、二次衬砌抗渗标号偏低，引起的隧道衬砌渗水质量事故，视渗水情况如为点状，则在该处钻孔后插入排水管引入排水沟排水；如为线状或面状，则在该区段凿沟槽安放透水管与排水沟连通，沟槽表面用高标号抗渗砂浆抹平。

（3）施工缝、沉降缝渗漏水处理

由于不可避免砼浇筑不连续性，导致容易发生渗漏。处理方法比较单一且效果较好，将渗水施工缝或沉降缝沿渗水点开凿 1cm 的小缝，充分清除石屑、粉尘和松动物，在小缝底部压入底衬泡沫条，起到导流的作用。然后用单组反应型聚氨酯嵌缝胶，或双组分聚氨酯嵌缝胶等嵌缝材料，用灌缝枪压入缝内至密实即可。

（4）隧道其他渗漏水的处理

1）大面积渗漏水

对衬砌背后采用从低至高顺序进行回填注浆处理，从而保障结构的稳定性；于渗漏处混凝土表现以梅花形布设注浆孔；采用环氧树脂或者超细水泥浆等材料对混凝土内部的细小裂缝和孔隙进行充填处理。

2）基底渗漏水和翻浆冒泥

将基底水进行排除，然后采用注浆方式对排水后出现的孔隙进行回填加固处理。

3）特殊部位渗漏水

它指的是螺栓孔、预埋件、预留孔洞等部位的四周发生渗漏水。通常采用的处理方法是先将周边凿开，然后将遇水膨胀的橡胶圈套在螺栓或者预埋件上，采用防水砂浆将其抹平，运用水泥基渗透结晶型防水材料对表面进行处理。

第七章 城市园林工程

随着城市化进程进一步提高，城市对环境的要求也在不断提高着，今年来科技在不断进步各种新型材料的相继出现致使园林工程项目分工也变得更精细、多样，园林的规模也相继的扩大。这就预示着园林施工单位对任务的实施效率都要有好的把握。对园林建筑的施工组织的要求也相应大大地提高，由此，相应的管理模式在园林施工中有着不可估量的作用。

第一节 城市园林工程简述

一、现代城市园林工程规范化管理

当前形势下，全面做好城市园林工程的规划化管理是十分必要的，这也对园林工程提出了新的、更加严格的施工管理要求。

（一）加强园林工程施工前准备管理

1. 在园林工程施工前，首先要熟悉施工设计图纸和工程合同，全面了解图纸所有内容细节及合同基本情况，真正了解整个工程的意图。

2. 做好图纸会审和技术交底工作。

3. 做好现场实地踏勘工作，对施工场地的自然地势、地表及地下土质结构、周边环境和水源情况做深入调查。根据现场施工条件合理编制施工组织设计等工作。

4. 做好施工现场"三通一平"（水通、电通、路通、场地平整）等各项前期工作。

5. 做好物资与劳动力组织准备工作。园林工程施工中，物资准备工作包含土建材料、绿色材料、构配件与制品加工、园林施工机具等各项准备。

（二）增强参建各方内外沟通协调，提高施工质量

1. 协调好外部关系

园林工程是一项复杂的系统性、综合性较强的工程，要顺利圆满完成一个园林绿化工程，需要各参建单位人员在项目施工管理中，处理好各种关系。园林工程施工项目进场前，施工单位应协调好建设方、监理及其他施工企业间的关系。

2.做好内部沟通

施工过程中，组织施工相关人员，进行施工技术上的交流与沟通，以此提升施工人员综合素质与园林工程整体施工质量。

（三）坚持苗木采购规范化

1.建立健全苗木采购制度，提高采购工作透明度。

2.以控制成本为准绳，多家比选。

3.确保购进树种符合设计与施工要求，严格控制苗木质量。严禁购买病树、弱树、死树及不合格等树种进入施工场地，从根本上做好树种采购质量控制。

4.苗木采购要考虑区域性和适应性，掌握第一手苗木信息资料、苗木价格行情趋势。

（四）加强园林施工现场管理规范化

1.施工单位必须建立和完善施工质量管理体系，才能更好地指导施工。

2.提升施工队伍整体技术水平。加强技术人员的专业知识学习，提高专业技能，充分发挥专业人才的作用。

3.严格按照相关的国家规范和有关标准的要求来完成每一道工序，确保整个工程质量。

4.贯彻"预防为主"的方针，防患于未然，做好质量的事前、事中控制。

5.推行园林绿化工程项目监理制，发挥监理在施工过程中的职责。

（五）加强后期养护管理

园林绿化工程养护管理是一项长期工作，管理的好坏对绿地质量效果有着直接影响。一方面保护硬质景观成品。工程竣工后，应成立专门的管理机构，制定完整的规章制度，安排专人负责管理，及时维修被损坏地方。另一方面做好绿化苗木的养护管理。绿化苗木的养护管理工作，是确保园林绿化效果，提高整体施工质量的重要措施。

1."三分种、七分管"园林植物需要长期持久的精心养护，才能保证园林苗木的成活率及良好的生长势。

2.组建或聘请专业的养护队伍。精心管护下的园林绿化工程才能达到预期的景观效果，才能使绿地效益更大化。

3.加大管理力度。加强管理技术人员培训，提高管理水平，严格制定管理标准，使管理做到有章可循、有据可依。要进一步创新思路，在管理机制、管理经验和技术上不断创新。

（六）做好园林工程项目资料的收集与整理

做好园林工程相关资料的收集与整理工作，不仅能真实反映园林工程的建设、施工和养护等方面的内容，又能完整反映出工程变更、竣工等情况，为日后工程使用、维修等提供依据。

1.资料一定要完整真实，有代表性，客观地反映工程的施工情况，资料不得人为伪造或改动。

2.建立健全资料收集制度。施工过程中要及时、全面、准确地收集，按规定步骤对所收集的资料进行系统的整理和筛选。

3.根据相关规范要求，把与园林工程有关的重要活动且具有保存价值的各种载体的文件，均应收集齐全、整理立卷后归档。

二、城市园林工程经济管理的意义与措施

城市园林工程建设在近年来，其重要性逐渐体现。城市园林工程建设不仅是促进城市绿化建设的一大推手，同时也是实现城市和谐发展、生态环境改善的重要一环。而城市园林工程建设在强调其绿化与生态的同时，也应该充分考虑其经济价值及各项管理的科学化与规范化。

（一）城市园林工程

城市园林，在当前城市建设及发展过程中，具有其重要的地位与作用。随着城市经济发展的迅猛，在生产建设过程中，不仅让城市的规模及社会生产力得到了大幅度提升，同时也对自然环境造成了非常严重的破坏，空气污染、水体污染、噪音污染、光污染等，让"城市"这个衡量国家经济建设发展水平高低的重要指标逐渐变得不那么让人感觉愉快了。为了顺应现代化城市建设的绿色、环保、和谐的发展理念，同时也为了切实改善经济建设过程中所造成众多影响，城市园林近年来逐渐受到人们的关注与热议，逐渐成为当前城市建设的重要一环。

城市园林工程是当前现代城市建设的重要内容，城市园林的意义不仅在于美化我们所生活的环境、净化由无节制工业发展所带来的恶劣后果，同时也给我们指出了未来城市和谐发展的具体方向与目标。城市园林工程是精神文明与物质文明的结合，充分协调经济与环境的发展步调。城市园林其本身是一件现代化的艺术作品，而在打造这件艺术作品的同时，也要兼顾城市经济及自身经济管理。所以，加强城市园林工程的经济管理也显得十分重要。

（二）城市园林工程强化经济管理的重要性

城市园林工程是有效实现城市绿化建设质量提升的重要内容，而在绿化工程实施过程中又应该充分考虑其经济效益与管理的规范性与科学性。

1.加强城市园林工程经济管理，能够更充分的适应当前城市园林工程建设具体需要。能够加强城市园林工程从单位管理向全面管理的转变速度，能够加强园林工程筹资融资渠道拓展，能够真正将城市园林工程建设推向市场化与制度化运作模式，能够将城市园林工程建设从僵化的行政管控中解放出来，真正实现依法管理，并确立市场需求的导向地位。

2.加强城市园林工程经济管理，能够从分实现绿化工程与经济效益之间的均衡与协调。

城市园林工程，与一般生产建设及服务项目建设之间存在着一个非常明显的区别，城市园林工程的建设目的更多的是为了促进城市的环境改善、生态优化，很多时候并不能够像其他项目建设那样具有直观而及时的投资回报。然而，城市园林工程又是一个耗时长、投资巨大、劳动力密集的特殊经济活动，对资金的需求尤为强烈。综合其公益属性与资金注入需求，加强经济管理，寻求两者之间的协调，促进经济价值的更大化发挥就很重要了。

3.加强城市园林工程的经济管理，能够极大挖掘城市绿化工程潜在经济价值的力度，能够确保城市绿化这一公益行为在创造经济价值方面的力度及范围拓展，从而让城市园林工程摆脱资金方面只进不出的被动局面。从而，让城市园林工程被赋予更多层面的现实意义，让城市园林工程建设成为城市经济建设的新生代力量。

（三）加强城市园林工程经济管理的措施

城市园林工程其重要性我们已经有所了解，而如何实现其经济管理，实现有序建设，从而发挥出城市园林工程更多方面的价值就应该成为我们认真研究的方向。认为提升城市园林工程经济管理具体质量，应该从以下几个方面入手。

1.树立科学管理意识

城市园林工程的经济管理有别于简单的财务管理，需要在更高层面上、更大范围内进行经济的协调与控制。因此，树立科学管理意识就显得尤为重要。

首先，要重视城市园林工程建设，树立起重要性意识。

其次，要强调工程建设的严肃性与法制性。要从生态层面及市场层面两方面来综合管理项目的开发与建设。

此外，还要特别重视城市园林工程的经济价值挖掘，避免让工程建设成为只进不出的经济"消耗品"。

而要实现科学管理意识树立，领导层要加强学习，从扎实理论基础和观念入手，结合工程建设具体需求及市场变化发展情况，充分考虑各方面具体因素，寻求城市园林工程建设的最大化价值。

2.科学规划工程建设

加强城市园林工程经济管理，要从规划层面上实现经济与规范。城市绿化虽然是当今城市建设的主题，但也要重视绿化建设的科学性与规范性。一味追求经济建设而不顾绿化与生态固然是错误的，但是一味强调绿化与生态而失去规划和前瞻也是不可取的。科学规划工程建设，不仅要重视工程建设的质量，同时也要严格控制项目数量及规模，要严格遵守相关法律法规，严格履行管理职责，将绿化工程向着法制化、科学化的方向推进，实现建设活动有序管理。

3.加强工程建设的有机发展

城市园林工程建设在过去很长一段时间内都处于相对孤立的状态，与其他建设体系、生产格局互不相同，甚至在整个城市建设的全局来看，也显得缺乏协调性与融入性。这样的园林工程虽然能够达到绿化城市的效果，但在其他方面却少有贡献，尤其是在经济管理及活动中无法实现自身价值。所以，我们应该重视城市园林工程建设的有机发展，要加强其与相关领域的协调互通。绿化工程与经济发展不是格格不入的，寻找到合适的联合方式，能够让两者都得到提升，例如将城市园林工程与当地农业相结合，将城市园林工程规划纳入城市农业建设发展的全局之中，这样不仅能够避免绿化工程只进不出的尴尬局面，同时也能够凭着与生产领域的结合，实现资金筹措渠道拓宽，土地使用更趋合理，以及在建设过程中享受到更多优惠与便利，让绿化工程真正融入城市建设发展的大潮之中，实现其科学和可持续。

4. 加强工程建设的科学化体系构建

城市园林工程建设是一项长期、复杂、系统的综合工程，想要实现其经济管理有效性，就应该强化工程建设的科学化体系构建。根据城市园林工程的自身特点，其科学化体系构建，应该包括多个方面的内容。

（1）科学规划，不仅要重视园林工程本身的绿化与生态目的，同时也要重视市场需求，只有与市场相结合，才能够实现其经济性，达到经济管理合理化。

（2）要大力应用新的生产技术与施工技术。新技术与新材料的应用，不仅能够提升城市园林工程的绿化质量，同时也能够进一步实现其经济性，促进经济管理的质量提升。

（3）要加强与相关企业的联系合作，从材料生产环节实现质量与效益的双提升。在企业选择上，要重视企业资质、企业财务状况、产品质量及多方面的核查与筛选，让整个工程从施工建设阶段就绿色与经济起来。

（4）要重视工程建成后的经济价值研究及发挥，加强与当地旅游产业的联合，让城市园林工程能够成为城市绿色旅游、绿色农业的重要一环，让城市园林工程不再局限于绿化这一单一的任务和目的，使之与当地经济发展有机结合。

这样，城市园林工程才能够焕发出新的生机与活力，也才能够实现更高水平的经济管理，顺应市场需求，找到属于自己的未来发展之路。

三、城市园林工程对生态理念的应用

随着我国经济的不断发展，城市环境越来越恶劣，不仅对人们的身体健康造成一定的危害，还对人们的心情产生不利影响，所以人们应充分认识了环境保护的重要性，并对园林工程建设提出更高的生态要求。随着人们生活水平提高，对生存环境也提出了更高的要求，人们越来越渴望亲近自然。园林工程具有改善城市环境，净化城市空气等优点，也可以让人们近距离的接触大自然，使得人们在紧张的工作之余，能够得到放松，所以加强园林建设工程至关重要。同时在一定程度上，使得我国城市面貌得到了改善，充分发挥园林的价值。下面是结合自身工作经验进行的分析。

（一）城市园林工程中应用生态理念的重要性

伴随着我国经济发展水平的提高，城市化水平也越来越高，但相应的社会问题也逐渐暴露出来，其中比较突出的是水资源短缺问题。造成水资源短缺的主要原因是城市化进程中人口向城市聚集，城市水资源储备能力没有得到相应提高，同时水资源浪费严重，节水设施普及不到位。而园林景观设计里水资源浪费问题也是一个不能忽视的重要方面，我们需要将水生态理念运用到景观设计实践中，科学的利用水资源，努力提升水资源利用效率。

（二）当前园林施工中存在的弊端

1. 园林建设中存在的非生态行为

我国园林建设在设计和施工的每一个环节都充满设计师的意识，全由设计师一人来完成，所以使得园林具有独立完整性。但是在时代不断发展的今天，园林的设计和施工需要很多单位相互配合，许多不同单位的参与使得园林的设计建造中产生许多不同的意见。园林的设计建造必须满足主办方的意见要求，所以会对园林的全局性产生影响，其方案完整性和原有设计特质也会受到影响。例如：官僚主义的急功近利，为了会议或者特定的接待活动而进行的反季节绿化。另外，摒弃"前人栽树后人乘凉"的科学理念，盲目追求种植大树效果；为追求政绩，不顾成本的投入，盲目栽植大树，难以真正体现整个园林的规划建设科学性。

2. 植被覆盖和水景分布不合理，加大了用水量和灌溉难度

在实际的园林景观设计工作里过分的强调了绿化这一部分，强调森林覆盖率的同时忽视植被分布和水源分布，没有科学的按照植被实际状况科学的种植，这样一来，园林景观的观赏价值大大降低，同时在灌溉时难度会大大提高，导致水资源浪费过多。在实际的设计过程里，大部分设计者都会选择一些水景，但是这些湖泊和水池是不和外部相连接的，所以大部分都会使用自来水供水的形式进行，在蓄水时和换水时都会浪费很多水资源，所以必须通过科学合理的设计防止浪费资源。

（三）城市园林工程中生态理念的应用

1. 因地制宜，根据实际选择植物

选择植物是园林设计与施工中的重要环节，植物的搭配将直接影响园林景观的视觉效果。部分园林设计者为追求美学的体现，选择了不适合本地生长的树种，造成资源浪费现象。将生态理念融入园林设计与施工中，在植物的选择上，坚持因地制宜的原则，保证树种种植于适合其生长的环境中，提高成活率，达到实用价值与观赏价值兼具的效果。总之，因地制宜，适地适树是最好的生态作为。

2. 科学合理进行植物灌溉

要优化传统的灌溉方法，使用一些高科技的节水灌溉方法，通过喷灌和滴灌技术可以大大节约水资源，其中地下滴灌这一种方法应用效果比较好，有利于防止水分蒸发，达到节水的目的。

另外，加大对植物生长需水量的研究力度，有利于更合理地进行灌溉，在科学研究的基础上使用适宜的灌溉技术可以更好地控制成本，按照植物灌溉量的不同，在合适的时间给予合适的水量有利于植物更好的生长，同时还可以控制水资源，具有良好的应用效果。

3. 注意对雨水的利用

在园林景观设计中，要想提高节水工作设计水平就要充分地利用好雨水，这是节约水资源的有效措施之一，在实际的园林绿地设计节水途径过程里，很多园林绿地植被比较多，加上地面有很强的吸收能力，很难储存好雨水，这就要求设计部门在进行地形设计时做一些调整，集中储存一些雨水，在保持坡度大方向不改变的前提下让雨水汇集起来，有利于为植被生长提供充足的雨水，这样可以大大地降低用水量，实现水资源的节约。

4. 持续发展，应用生态物料与工艺

在园林设计和施工过程中，应该坚持可持续发展观念，以环境保护为前提，有效应用生态物料。由于园林施工会耗费大量的建设材料，为改善全国各地区的资源浪费和环境污染问题，将生态理念融入园林设计和施工环节中，落实节约原则，使用可再生资源和绿色材料，加大对节能灯、木塑材料等可循环使用材料的应用力度，反对大规模使用大理石、花岗岩、假树假花等材料，全面提高园林工程的施工质量，节约园林工程成本，发挥出生态理念的价值。

由于园林植物在生长过程中需要大量的养分，为保障植物的正常生长，在园林土壤中加入有机物质，通过施肥等措施提升土壤中的微生物和营养成分，为园林植物提供充足的营养物质。园林设计者在设计过程中需要应用科学的工艺和环保的施工材料，充分利用太阳能、风能等资源，通过其具有的可再生特性，全面降低能耗，减少破坏自然环境，树立可持续发展观念，有效避免资源浪费问题，科学地开展园林设计与施工工作。

不同地区部分园林工程中建有音乐喷泉，这将造成严重的能源浪费现象，并且容易导致城市热岛效应，不符合节能的实际情况。在进行城市园林设计与施工过程中，需要充分考虑节水因素，针对有水面的景观设计，需要使用再生水，提高对水循环的重视度，利用水生植物等生态措施净化水源，并建设雨水收集系统，在低洼处设置集雨渗井，提高节水灌溉技术。结合国外先进的工艺技术，应用科学的环境保护措施，使得城市园林景观达到最佳效果。

5. 合理安排乡土树种与外来树种

目前在园林工程施工过程中，引来了许多的外来树种，为城市增添了许多的不同的风景。但是在外来树种实际种植过程中，存在许多的问题，外来树种对生长条件与乡土树种

存在较大的差异，若当地的生长条件不符合要求，则会容易造成外来树种的枯萎死亡，这对园林施工带来了一定的经济损失，所以在引进外来物种时，必须进过严格的考察，并对当地的生长条件进行一定的处理，保证外来树种能够在当地的生存条件下成活率。与此同时还应注意乡土树种与外来树种的搭配，还应以乡土树种为主，外来树种主要用于点缀，使得乡土树种与外来树种协调生长，避免出现相互干扰的情况发生，进而构成良好的园林景观，达到美化城市的目的。

四、提升城市园林工程建设水平的措施

（一）城市园林工程建设重要意义

城市园林绿化，作为当前城市建设的主要项目之一，其能够对城市环境进行美化，提供给人们进行休闲娱乐的场地。构建起优质的城市生态环境。让城市能够更加宜居。因此，对于园林建设而言，其自身的建设水平，也是当前评判城市现代化水平的重要的参考标准，从某种意义上而言，城市园林绿化建设水平能够代表一座城市的品位，是城市人文精神与文化内涵的集中体现。城市园林绿化，作为一项市政建设的重要工程，同时也是城市建设当中的重要建设项目，是社会经济发展的一个重要的参考指标。与城市居民的日常生活息息相关。城市园林建设是"利在当代、功在千秋"的大事，其不仅能够为当前的城市居民提供优质的宜居的生态环境，还能够为子孙后代持续提供良好的人居环境。因此，城市园林建设并非是极少数城市居民的生活环境，而是会直接影响到城市的整体生态环境。从而让城市园林建设产生出多元化、深层次的社会效益价值。

（二）城市园林工程建设及管理中存在的问题

1. 未建立健全高效的建设管理体制

（1）在园林管理当中不具备规范化、标准化的科学合理的管理机制

现今，不少地区在园林工程建设管理方面，都具有无序化管理的特点，没有进行统一性的协调与管理，因此，不具备规范化、标准化的科学合理的管理机制，而缺乏科学合理的管理机制，就必然会导致各个主管的职能部门，未能够有效地发挥出自身重要的协调管理的作用，从而出现了城市建筑违法侵占园林绿地的现象屡屡发生。

（2）缺乏行之有效的城市园林管理的监管机制

由于当前的监督制度具有不健全之处，因此，信息公示与政务公开还未能完全贯彻落实。在当前不少的城市园林管理部门当中，还未能建立健全行之有效的督管机制，未将城市园林绿化管理工作，作为当地政府政绩考核的必要考核项目，有一些地区的相关政府部门还未将这项工作作为一项城市建设与发展的重点工作来推进落实。

2. 缺乏长期的远景建设规划

现今，我国大部分城市都已经制定出了相关的城市园林建设规划目标，可是，由于大都未真正地立足于本地的实际情况、不具有科学合理的发展理念，存在片面的追求短期效应的"面子工程"，因此，造成城市化发展与城市园林建设未能获得同步协调发展。

另外，还缺乏长期的远景城市园林建设规划，由于不具有长期的远景来进行科学合理的发展指导，在开展城市园林管理的过程当中，必然会缺乏实际的理论指导，直接造成当前城市园林规划当中，计划与执行的过程当中经常性的会出现理论与实际脱节现象，在市政规划当中原本是作为园林绿地规划的土地却被非法侵占，由此导致严重缺乏园林绿地数量，对城市化发展造成直接性的影响，难以有效地达成构建城市园林绿地的生态环境发展的目标。

3. 缺乏城市绿化建设意识

从现今的实际发展情况而言，不少城市都存在忽视园林绿化在城市化建设当中所具有的重要作用，特别是忽视园林绿化在城市生态环境保护当中的战略发展地位，反而会将园林绿化视为不重要的市政建设项目。难以在规划政策层面来有效的保障获得园林绿化用地，缺乏专项建设资金的投入等，未将城市园林建设纳入城市发展的整体战略规划当中，未能够真正地体现出城市园林事业的重要的地位与作用。

（三）提升城市园林工程建设水平的措施路径

1. 优化建设管理机制

当前，在城市园林绿化工程建设当中，应由政府相关部门来制定园林工程建设的战略性发展目标，并朝向构建优质生态园林城市的发展目标而迈进。应从不同角度来充分体现地方性的园林特色，传承园林绿化的生态化的发展理念，较好的营造起城市园林绿化发展的宏观格局。科学合理的来进行引导，建立健全城市园林绿化目标责任制，来以目标为引导、结果为导向的促进城市园林规划工作的有序推进。

2. 加强城市园林工程规划编制

政府的相关部门必须注重城市园林的规划工作，要组织专家学者对本地区内的城市环境开展深入的调查研究，掌握第一手的城市环境的原始资料，为城市园林规划工作提供真实的参考数据，广泛地宣传园林规划工作，使市民能够充分认知到城市园林规划工作的重要性，让全社会都积极参与到城市园林建设当中。按照城市发展的实际情况，立足于城市具有的历史文化、人文景观、社会风貌、民俗文化等，参考与借鉴我国传统的园林设计以及当代园林设计的风格、良好的实践经验，来制定出科学合理的城市园林发展规划。

3. 强化绿化建设管理和后期养护工作

通常而言，城市的园林绿化建设需要大量的专项资金、绿化树木及草地，以及养护的人工。因此，在开展园林工程建设管理过程当中必须高度重视植物的养护工作，要采用多种方式方法来保障植物的健康生长，同时，应进一步强化对园林绿化养护人员进行专业知识与技能培训。预防植物出现病虫害，在气候寒冷的冬季，必须依据植物的生长特性来开展防冻养护工作。在雨季则要注意修筑排水沟来适时排除积集的雨水，以免出现积水沤根的情况，使植物因为过度吸收水分而造成植株含水量过大而致病。在日常养护当中，要正确地进行浇水，确保植物的水分需要，使园林绿化植物常青，以此来真正达到美化城市的目标。

第二节　城市园林绿化工程

一、城市园林绿化对城市规划建设的影响

随着我国城市化进程的不断加快，在建设过程中，更加注重对城市的规划建设，只有做好前期的城市规划，才能够使得城市建设更加科学、合理。可持续发展作为我国的一项长期基本国策，在各个领域都要不断践行这一理念，在城市规划的过程中，为实现城市建设与环境的和谐发展，促进我国城市的可持续发展，在进行城市规划中更加注重功能分区与构建优美的城市环境，因此，园林绿化变得越来越重要，城市园林绿化工作不仅能够改善城市环境，而且可以提升城市美感。

（一）城市园林绿化对城市规划建设的重要意义

1. 有利于改善城市环境

我国城市化进程的不断加快，对土地环境造成的影响越来越大，为了缓和人与自然之间的矛盾，必须进行良好的城市规划，这就需要加强对园林绿化工作的重视。通过在城市当中进行园林设计以及绿化工作，使得城市的环境得到有效改善，并且缓和在城市发展过程中与环境之间的矛盾。通过园林绿化可以改善城市环境，能够大量吸收城市建设排放的废气，对一些工业粉尘和烟尘也有一定阻挡、过滤和吸附作用。

2. 增加城市内涵，为城市打造更加优美的人文景观

在城市建设过程中不仅要注重经济功能，更要注重服务功能。因此，在城市规划的过程中，更注重于打造适合人类居住的城市环境。通过园林绿化，可以在城市中修建完美的园林，可为人们提供休息的地方，工作繁忙之后可以在园林休憩，缓解工作压力。

3. 推进城市可持续发展

随着我国城镇化的快速发展，城市建设过程当中出现很多的矛盾和问题，直接影响到我国城市的可持续发展，环境污染现象日益严重。因此，只有在城市规划的过程中加强对

园林工作的重视，通过在城市修建园林，才能有效缓解城市的一些发展问题，促进城市实现可持续发展，从而创造出适合人们居住的生活环境。

（二）城市园林绿化对城市环境建设的影响

随着我国资源节约型和环境型社会的提出，在建设城市的过程中更加注重对生态环保的建设，因此，必须要加强城市园林绿化工作。具体来说，城市园林绿化对城市环境建设具有十分重要的影响，主要表现在以下三个方面：

1.降低城市噪音，打造人们宜居的环境

随着城市化进程的不断加快，在城市建设过程中产生了很多噪音，不仅影响了人的正常生产生活，而且对人们的健康造成很大影响。这就需要我们加强园林绿化工作，通过建立绿化带有效降低城市噪音。经调查研究发现，没有植树的街道噪音较大，而修建了防护林以及隔离带，可以有效缓解噪音。

2.有利于缓解城市热岛效应

城市人口工业密集导致了城市病的发生，需要我们通过植树造林，推进绿化工程，增加城市中的绿地覆盖面积。绿地具有吸纳热量的重要作用，能够有效缓解热岛效应。同时，通过绿地建设，可以加强对水资源的吸收与涵养。我国作为人口大国，人均水资源占有量并不高，因此，在城市建设中，通过园林建设既能加强对水源的保护，有利于保护我国地下水的质量。

3.保护生态环境是实现我国可持续发展的重要基础

在城市规划建设过程中必须要充分重视园林绿化工作，通过在城市中建设园林，能够使得城市的服务功能更加完善，为人们提供更加休闲舒适的娱乐场所，有效提高绿化覆盖率，缓解城市噪音，并且有利于城市的水源涵养，从而使得在我国城市发展建设中，人与自然能够更加和谐相处，实现城市的可持续发展。

二、城市园林绿化对城市环境建设的重要性

我国城市化的发展进入一个新的阶段，社会公众对环境舒适度的要求在不断提高，对城市园林绿化的设计要求随之也在提高。大量的市政工程开始兴建，社会基础设施日趋完善，但是一定程度上使得城市园林绿化建设中存在的问题开始显露出来，这些不足阻碍了城市环境建设的发展步伐。因此需要加深对城市园林绿化的理解和认识，进而更好地在城市环境建设中发挥其作用。

（一）城市园林绿化建设的重要性概述

1. 空气、水体和土壤的"净化机"

园林绿化建设中运用到大量种类较为丰富的植物，这些植物因其范围较广的叶面积覆盖，对空中的灰尘、飘尘具有阻滞、过滤和吸附作用。树木所具有的减低风速的优点，将大粒的粉尘沉降，在经过一些叶面粗糙，带有绒毛或者分泌油脂的树林时，被极大的吸附在叶面和枝干部分。据相关研究统计显示：榆树每平方米的叶面积可以吸尘 3.93g，丁香吸尘量为 1.61g，松树林一年可以滞留 36.4t/hm² 的灰尘。

城郊地区的水体受工业废水和居民生活污水的影响较大，不仅影响了城市的环境卫生，也非常不利于人体健康。植物深埋在地下的根系和土壤作用，将流经的水体中杂质进一步过滤，一定程度上降低了细菌含量。例如芦苇不仅可以吸收酚和其他高达 20 多种化合物之外，还能积聚污染物质，消除水中的大肠杆菌。

植物所依赖的土壤，在植物发达的根系作用下，能够吸收其中含有的有害物质，一些植物的根系分泌出的物质对侵入土壤中的大肠杆菌有抑制作用，导致其死亡，具有理想的净化土壤作用，还能够增加土壤肥力。

2. 调节城市气候

夏季树木的遮阴作用，将太阳辐射进行反射，减少了对地面的阳光直射，另外树木叶片蒸发水分的作用，因蒸发吸热的原理，不仅可以降低自身的温度外，还能够增加周边空气湿度。冬季树木具有降低风速的作用，缓解了冷空气的侵入作用，树林背向的一侧温度高于其他地方 1℃～2℃。另外，园林植物对空气的流动有调节作用，绿化地和非绿化地之间的温度差，根据气温升降扩散规律原理，冷空气是朝着热空气地方流动，能够形成轻微的自然风。

3. 降低城市噪音

城市生活中人们需要面临较多的噪音，噪音污染已成为现阶段公认的对人体危害性较大的污染问题，对人体的心血管和中枢神经系统带来不利的影响。植物尤其是树林带具有理想的天然噪音隔绝作用，声波在投射到树叶上后被反射到各个方向，进而引起树叶的震动极大地消耗了声能。

4. 有益于城市居民身心健康

城市居民人口数量众多，空气中弥漫的细菌数量也随之增加，绿化树木能够减少空气中的细菌含量，由于对灰尘的阻滞、吸附作用，从而减少了黏附在灰尘上的细菌。一些树木自身能够分泌出消除细菌的物质，具有较强地杀菌能力，如：白皮松、臭椿、侧柏、悬铃木、雪松等。除了杀菌作用以外，也美化城市的面貌，为城市建筑增加艺术效果，科学合理的对绿地规划布局，也能够为人们进行休息和休闲生活提供便捷的场所，充分的感受自然，亲近自然。

（二）开展城市园林绿化在城市环境建设中应用的对策

城市园林绿化在建设施工完毕后，在长期的使用中如何发挥其作用和优势，做好相关养护管理工作至关重要。养护管理是一项长期持续的工作，对城市环境的建设有重要的作用，所以一下针对城市园林绿化管理工作中的花卉种植、修理整形、水肥管理等工作展开分析。

1. 树木的养护管理

养护管理工作人员在修剪树木时，应建立定期修剪工作制度，防止频繁的修剪作业对植物带来的损伤作用，减少植物枝条在修剪后表皮暴露在空气中的次数，防止真菌和细菌感染。同时在开展修剪整形作业时，应有选择的对枝条进行短截、疏剪等，在保持植物艺术性的前提下，增强通风性、透光性，为植物的生产创造有利的条件。修剪时间夏季应在 4 — 10 月进行，冬季在 10 月到次年的 4 月进行，整形方式也应将人工式整形、自然式整形有效地进行配合利用。

2. 水肥管理

给予植物适量的肥料有利于改善土壤的性质和结构，进而为植物的生长提供所需要的养分。保持土壤的透气性、透水性，有利于植物的根系深入扎根，提高植物的存活率。施肥应根据季节的变化进行，在根系生长旺期时，水肥管理工作应在早春和秋末开展，根据植物成长的现实情况补充磷肥。灌溉也应根据当地的气候的特点以及植物的生长特性针对性地进展。

3. 病虫害防治管理

植物检疫工作应在生物、物理防治的基础上开展，把握养护管理原则，对化学农药展开科学合理的应用，有效地防止病虫对植物的侵害作用。在城市园林规划设置时需要科学地进行植物品种的布局和配置，加强病虫害的防治工作。对已有的植物强化养护管理工作，提升植物的抗逆能力，并且病虫害的发生与植物生长质量有密切的关系，所以在日常养护工作中，需要对生长较为弱势的植株开展全面的施肥、浇水、松土等工作。

4. 色带的养护管理

修剪工作应以挡住高于人的视线 1.0 ~ 1.2m 为佳，把握横平竖直的修剪原则，保持植株群的整齐和美观。修剪作业后，对植株及时喷洒叶面营养剂，防止叶面蒸腾作用给树叶带来叶尖发黄干枯的现象。此外，色带的养护应与草坪进行合理的搭配，按照植物的生长习性和生长环境，实施分区浇水。

三、城市园林绿化养护管理的发展创新

城市的发展水平不仅仅取决于城市内建筑的先进性和高度，同时也包含着城市的园林

绿化的水平，园林的绿化水平也体现着一座城市的文化底蕴。园林绿化的绿化管理不仅能够为城市增添绿色、美化环境，同时园林与建筑交相辉映也符合城市现代化建设的发展特色。因此，有必要以加强园林绿化养护管理发展创新为基础，进一步促进城市绿化的良性发展。

（一）园林绿化养护管理发展创新在城市中的重要作用分析

1. 美化城市环境，陶冶居民情操

在城市现代化的进程中，城市园林的建设起到非常大的作用，城市中的园林不仅美化城市的环境，更在一定程度上丰富人们的视野和生活内容，提高人们的生活品质。在城市建设中，园林的建设和管理已经成为城市现代化发展的一个重要的指标。例如，两个城市的经济发展水平相仿时，有良好的园林景观的城市则会更好地吸引人流，并且会更好地留住流动人口；而园林绿化养护管理相对较差的那个城市则人口流动性较强，同时导致市民的健康状况下降等各种问题。综合考虑，园林的建设和管理是一个城市现代化水平的一个重要的指标，园林工艺也慢慢地成为城市绿化过程中的重要的方案，给城市的绿化和建设提供丰富的选择和新的活力，让城市的园林绿化更加的美观，更加的丰富多彩。伴随着园林绿化养护管理的快速发展，美丽的园林景观在城市中随处可见，不仅仅能够淋漓尽致地表现城市地发展脚步，也会成为城市精神文明的标志，让城市的环境更加的与自然相融合，更有益于市民的身心健康。

2. 防治工业污染，改善城市环境

伴随着我国的经济发展，各行各业的发展水平也不断地加快，尤其在工业生产方面，我国的工业生产在世界上的排名也进步较快，慢慢地成为一个制造大国，在工业领域也取得多方面的突出成绩。然而在进步的背后，不断兴建的工厂厂房和不断加深利用的环境资源严重地污染着市民的生活环境，这也成为我国进行现代化建设的一个留下的隐患。对于园林来说，在减少工业污染方面存在着不可代替的重要作用，同时也能够更好地提高人们的生活环境，降低城市污染。例如，可以吸收工厂排出的污染气体，可以减少一些建筑、清洁、交通导致的地面扬尘等一些空气颗粒物的含量，此外，对于城市的地下水的净化也有着重要的意义。

3. 园林绿化养护管理的现状问题

目前，危害园林建设的主要问题在于病灾虫害的破坏。国内部分园林工作人员在实际管理工作过程中，易忽略病虫灾害对园林产生的破坏，在整个城市园林建设的过程中，规划种植许多本身就容易感染病虫害的植被类植物，这也容易使同一所城市中的各类植物出现交叉感染的状况，进一步造成一些变异体质昆虫的扩散，从而加剧病虫害对园林绿化养护管理的影响，使得城市中的园林大面积感染。但园林绿化养护管理实现创新发展后，便能够解决这些问题，从而使园林绿化养护管理水平提高，进一步使促进城市的良性发展。

（二）园林绿化养护管理发展创新主要思路策略分析

在上述分析过程中，认识到园林绿化养护管理发展创新对城市的进步及发展有积极的推动作用。因此，有必要采取有效策略，促进园林绿化养护管理的发展创新。

1. 积极做好保护园林的宣传工作

在园林绿化养护管理过程中，有必要做好保护园林的宣传工作，使人们保护园林的意识得到有效增强。在园林合理的区域空间进行广告标语牌的设置，使行人能一目了然，从而增强爱护公共绿化的意识。与此同时，利用多媒体技术以及通过网络渠道，加大多保护园林的知识宣传教育，使践踏草坪以及对大型盆景造成破坏等现象的发生得到有效避免。此外，还可以组织园林工作者开展保护园林宣传教育活动，让民众积极参与进来，从而使全民的园林保护意识得到有效增强。

2. 加强对园林树木的日常养护

园林树木是园林绿化养护管理中非常重要的一个环节，为了园林树木的日常养护得到有效加强，进而使垂直绿化、草坪以及乔灌木等具备优越的生长环境，对于相关工作人员来说，在日常养护过程中，便需针对草坪以及乔灌木实施科学的浇水以及施肥措施，并对草地进行合理规划整平。进一步对相关卫生设施进行设置，以此为树木的养护提供基础设施条件；同时，需做好街道内公共绿化的养护以及修剪等工作。值得注意的是，不同的树木的日常养护方法也有所不同，因此相关工作人员需根据树木的生长特征，结合相关规范技术进行养护，例如：抹芽、除草以及修剪等工作均需按照科学的技术方法实施。此外，还有必要对树木的生长习性加以掌握，采取科学的方法对树木进行管理，从而使园林树木的日常养护得到全面优化。

3. 全面强化园林绿化养护管理力度

一方面，对于园林公共绿地需加强养护及管理，对植物进行严格的检查，若存在缺株或者损伤等问题，需及时更换以及补栽，确保树木不会出现在土壤表层外露的情况出现，进而使公共绿化树木的成活率得到有效提升。

另一方面，需制定并实施科学的管理方案，明确岗位职责，将管理职责落实到每一位工作人员，在园林树木管理过程中，按照严格的规范要求执行，例如：在树木移植过程中，严格按照画线、修剪、定植以及浇水等流程进行，从而确保园林树木的移植效果得到有效增强。

此外，值得注意的是，还有必要加强对园林施工人员的管理，使施工人员能够应用先进科学的施工技术，并掌握高超的施工工艺，在施工过程中遵循"节能、降污染"等原则，从而确保园林施工质量得到有效保障，最终为园林绿化养护管理的强化奠定有效基础。

4. 园林绿化养护管理施行统一市场化管理

一方面统一化管理能更好地监督检查，便于统一指挥，团结协作。在统一情况下调配补植苗木，安排养护管理人员，便于养护管理企业统筹总体情况，做出全盘考虑。另一方面，更有利于及病虫害的整体防治，对于成虫易迁移的情况，小范围的防治不能达到理想效果，如近年来美国白蛾的防治，便于同时行动全面消灭虫害。

另外还可以根据园林养护管理经验，总结易发生病虫害和可以抑制病虫害发生的植物群落，在管理中发现问题，总结经验从而指导绿化建设。

四、城市绿化与可持续发展

（一）城市园林绿化坚持可持续发展的意义

1. 城市园林绿化坚持可持续发展可以有效实现保护与改善环境的目的

科学合理的城市园林建设工作能够更好地改善城市空气、优化土壤，还能解决更多环境污染问题，为人们提供防风避难以及休息娱乐的场所，而且城市园林建设工作还能对城市结构的优化起到促进作用，为城市带来较大生态效益，促进城市生态发展。

2. 城市园林绿化坚持可持续发展能促进城市经济快速发展

当前我国经济快速发展，城市绿化成为关键产业，其作用在于可对城市温度进行调节，并具有一定市场价值；另外，城市园林也能吸引更多游客，有利于城市风貌建设，实现城市经济稳定发展。

3. 城市园林绿化坚持可持续发展可以构建城市文明形象

城市中的园林建设必须要融合技术、科学以及文明等，才能创造更好的城市空间，为城市建设提供良好的条件，丰富城市景观，让居住在这里居民回归到大自然。

（二）城市园林绿化在城市可持续发展中的问题

1. 绿地机构过于单一，欠缺多样化体现

城市园林的建设属于城市建设中具有魅力的风景，在其建设工作中，园林景观是最关键的部分。可在一些城市建设中却未能有效开展绿化工作，因园林绿化应定期养护，才能确保植物更好成长，所以必须要投入大量的人力、物力、财力等。而且绿地结构呈现层次不丰富的表现，绿化量不充足，而且人工植物群落的景观比较单一，一般都是以单一的树种、灌木以及草坪为主，其比例搭配存在不均匀的现象，这使得园林绿化工作难以得到更好地开展。

2. 过于奢侈的园林材料

城市园林建设中，一些地区并未运用自然、简单、物美价廉的材料开展工作，而是运用过于奢侈的材料来打造一个过度豪华的环境。实际的城市园林建设中，会运用一些高档地砖、花岗岩以及不锈钢材料，因此建筑成本不断提升，未能满足城市园林建设的基本要求。

3. 市民法制观念有待提升

一些城市在开展园林建设时，因市民欠缺对园林景观建设的重视度，使得在城市园林建设后一些市民会出现随意践踏公共草坪、肆意攀折花草树木等现象，这些行为将会对城市园林景观带来严重影响。且市民在破坏园林景观后并不认为自己的行为是错误的。同时，有关城市园林景观管理工作未建设完善的管理特事特办，执法队伍的管理制度也不完善，故对城市的园林绿化工作带来一定影响。

（三）城市园林绿化和城市可持续发展的有效策略

1. 对绿地进行科学规划

在城市园林的建设中要重视园林绿化地址的选择，且城市园林绿化需要和城市建设规划保持协调性。以绿化建设规律为重点、科学发展观为基础，将城市园林绿化融入实际工作，注重经济发展情况与居民生活发展融合。因此结合实际十分重要，与自然优势融合，正确解读城市园林绿化文化的内涵，明确城市生态保护与绿化建设间的关系。因此，园林建设需要坚持以人为本，并以此作为重点。另外也要针对现代化的城市园林绿化内涵要求，进行更为有效的扩展和优化，并将城市园林绿化建设规划和整个城市的发展建设进行整合，结合经济发展情况以及人民生活需求，实事求是、因地制宜地开展相应工作，进而更好地将绿色环境的整体性以及可持续发展的特点展示出来。

2. 提升执法的力度

在城市园林景观的建设中应注重园林景观保护工作，这样才能发挥城市园林自身作用。因此城市园林绿化部门必须要制定完善的管理制度体系，增强宣传工作，且执法人员也要在管理工作中加大执法的力度，为园林绿化保护工作的开展提供更多保障。应加强立法工作的开展，不仅仅要将各级以及国家对于城市绿化管理的法律法规落实到实际工作当中，也要发动各级单位以及群众等，制定完善的园林绿化管理策略以及管理办法，确保城市园林管理工作能够有法可依。要将这些法律的作用发挥出来，确保城市园林绿化工作更好地开展，为城市可持续发展奠定坚实有力的基础。

3. 提升民众绿化意识，调动民众参与积极性

人民群众是城市园林绿化中重要的保护者，因此必须树立正确保护意识，使得群众能够正确认识到该工作的重要性。因此相关工作人员要增强绿化工作的宣传，让群众形成爱绿护绿意识，并调动起群众参与积极性。只有这样才能更好地维护城市园林并开展园林绿化保护工作。

第三节　城市园林工程施工

随着我国经济的腾飞，人们的生活水平不断提高，人们对居住条件的要求也越来越高，随之而来，在房地产开发市场中，园林工程越来越起到举足轻重的作用，园林绿化施工也在成为城市建设中一项重要的工程。节奏紧张的都市生活使处在其中的人们倍感压力，人们对舒适的生活舒缓紧张的外部环境愈加渴望，由此，以"健康，休闲"为主题的居住区应运而生，并逐渐成为刚需人群共同的追求。要想加快园林绿化工程的发展，就必须对施工技术进行不断研究、改革，让其更好地服务于整个园林绿化工程项目。

一、城市园林绿化管理

（一）城市园林绿化的内涵

城市绿化的建设过程、功能要求和经营目的，与林业有所不同，但都是生产建设的组成部分，一个是以取材为主，一个是以环境保护为主。城市绿化是对社会环境资本的投入，其经济回报是多方面的，而且是十分丰厚的。城市对园林的需求分为两个方面：一是作为基础设施；二是作为休闲设施。前者应当由市政当局作为公共产品供给全体市民，后者则可以由法人实体作为法人产品提供给部分市民。

园林城市是在中国传统园林和现代园林的基础上，紧密结合城市发展，适应城市需要，顺应当代人的需要，以整个城市辖区为载体，以实现整个城市辖区的园林化和建设国家园林城市为目的的一种新型园林。它的总目标是"空气清新，环境优美，生态良好，人居和谐"。它的一个突出特点是城中有乡，郊区有镇，城镇有森林，林中有城镇，总之，你中有我，我中有你，互相渗透，共同提高。

（二）城市园林绿化的特点

城市是人类聚集的地方，也是未来人类的终身居住场所，这就需要一座城市能够拥有较长的"寿命"，而园林绿化则是延长城市"寿命"的最好措施。构建一座城市的园林绿化需要有人文关怀，也就是要求做到可持续发展，建构生态型的城市园林绿化，在满足当代人需要的情况下，也要不损害后代人的利益，做到人口、自然环境、资源、经济的和谐相处。城市园林绿化有一定的特殊性，因为设计员们面对的对象并不是无生命象征的物体，而是有生命迹象的花草树木，针对这一点，对设计员们的要求就会更高。同时，不同的植物对城市的作用也是不同的，在规划城市园林绿化的时候要分清楚每一种植物的功能，尽量做到颜色的多种搭配以及不同物种的多种组合。

（三）城市园林绿化的主要作用

1. 保护环境资源

城市园林绿化通过人工重建生态系统和模拟自然的设计手段，不仅对城市原有自然环境进行合理维护，更对自然环境再创造，使园林植被这种能够塑造自然空间的资源在城市人工环境中合理再生、扩大积蓄和持续利用。

2. 综合功能

园林植物综合功能是城市生态系统中其他生态因子所不能替代的，如通过其生理活动的物质循环和能量流动产生的生态效益。通过植物景观创造的良好城市环境和为人们提供游憩空间的社会效益。创造减灾条件（如火灾）和提供避灾场（如地震）产生的城市安全效益。改善城市投资环境和促进旅游发展派生的经济效益等。

3. 提高生物多样性

城郊风景区和自然保护区的自然生境，以及人工建造的接近自然生境的园林绿地，可为植物、动物、鸟类、微生物等提供适宜生存的栖息地，为生物多样性创造有利条件。

4. 促进城市文明

城市园林绿化可促进人类与环境的可持续发展及城市文明建设，这不仅体现于优化环境质量，促进人类身心健康，也充分体现于继承和弘扬本国文化，陶冶情操，提高人们文化修养、艺术审美和行为道德。

（四）城市园林绿化的意义

城市园林绿化的意义具体体现在经济、社会、生态等三个方面。城市园林绿化的经济意义体现在城市园林绿化程度的提高会促进城市旅游产业的发展，会为城市带来很可观的旅游收入。城市环境的改善有利于城市可持续发展目标的实现，为城市经济发展注入更清新持久的活力，会吸引更多的企业来城市投资。城市园林绿化的生态意义在于，城市园林绿化程度的提高会大大提高城市绿地面积，对于降低城市热岛效应具有重要意义，同时也可以绿化城市空气，降低城市噪音，从而达到了改善城市生态环境的目的。城市园林绿化水平的提高的社会意义在于城市园林绿化水平的提高有利于实现城市绿色发展可持续发展的目标，同时有利于城市社会文明程度的提高，人文自然环境的改善。

（五）城市园林绿化存在的问题

1. 城市园林绿化面积覆盖率较低

当前大多数城市都存在着城市绿化建设与城市经济建设不协调的问题。许多城市在城市发展过程中存在着过度强调经济发展速度，追求经济发展水平提高，而忽视了城市各方面协调发展的问题。城市发展的用地大部分规划为商业用地和建设用地，用于城市园林绿化建设用地的面积是少之又少。城市绿化建设和经济建设极为不协调。城市园林绿化面积覆盖率低是一方面，与此同时城市高质量的绿化园林更是少之又少。

2. 城市园林绿化从业人员素质较低

政府和企业没有给予城市园林绿化应有的重视。致使城市园林绿化的从业人员大都是非专业人员，甚至是文化素质不高的上年纪的老人。他们大都不具备园林绿化如何进行施肥修剪维护等管理的专业知识。城市园林绿化严谨性专业性的缺失，是我国城市园林绿化不可忽视的问题所在。

3. 城市园林绿化设计过于单调

大部分城市园林绿化的设计都是千篇一律的草坪，缺乏创新。同时即便有绿色植物的种植，也毫无特色可言。体现不了城市当地的特色，这不仅仅是城市特色的缺失也是城市资源的浪费，本可以为城市带来经济效益的土地资源，却由于缺乏创意的设计，白白浪费资源，从更深远的角度来说这甚至是对城市生态环境的一种破坏。

4. 园林绿色规划资金短缺民众意识淡薄

由于政府关于绿色建设规划和经济建设规划的不协调，致使政府资金大量投入到了城市经济建设方面，用于绿色规划的资金是少之又少。而民众和企业受到经济利益的驱使，对于城市园林绿化建设的意识很淡泊。综上所述可以得出，城市园林绿化建设的缺失，归根是由于城市建设理念的失误，过分追求经济利益，而忽视经济、社会、生态三者相协调发展，忽视三者是相辅相成的。

（六）城市园林绿化的管理技术

1. 对城市发展做出科学合理的规划

政府在进行城市经济建设的时候要全面贯彻落实科学发展观，加强绿色发展，协调发展，全面可持续发展。合理规划好城市商业用地，工程建设用地，住宅用地，和绿化用地的面积比例。明确城市发展的目标不仅仅是追求经济效益的提高，同时还要追求社会效益和生态效益。制定合理的城市发展理念，保证城市经济生态社会协调可持续发展。城市间政府部门领导也要到生态环境建设较好的城市调研取经，学习其先进的城市建设管理理念。

2. 提高民众意识确保园林建设资金供给

政府在进行企业招标的过程中，一定要严格控制，严格筛选，对企业的企业理念，园林建设能力进行科学合理的评估，确保资金使用合理得当，严放粗制滥造，对中标企业施工过程进行严格的监控。与此同时要加大宣传力度，张贴横幅，设置指示牌，刷写标语等等，提高民众园林绿化建设的意识，号召民众投入到园林绿化建设当中来，为城市园林绿化的建设出一份力。政府在年度预算的过程中，一定要保证城市园林绿化建设施工的资金供给。同时也要大力号召企业以及民众，投入到园林绿化建设中来，为园林绿化建设出资出力。号召社会设立园林绿化建设的专项资金。

3. 做好园林绿化企业施工人员的管理

施工人员素质的提高，一方面可以提高园林管理的质量与效率，保证不会拖延工期，致使工程质量下降。另一方面也可以企业施工人员素质的提高也有利于企业质量效益的提升，企业形象的提升，这样企业在承揽工程时就会有更大的优势，为企业带来更多的收益，可谓一举两得。对企业施工人员的管理一方面要求对其工作态度，工作严谨程度进行管理，另一方面也要提升其业务水平，提升其专业技能以及服务意识。

4. 合理种植绿色植物彰显城市特色

城市园林绿化建设要一改以往千篇一律的草坪种植，要有创意，要新颖美观，要彰显城市特色。城市园林绿化建设可以结合当地气候条件，合理选择具有当地特色的植物。要做到花草树木相协调搭配。同时还可以引进其他城市或者国际上较为先进的园林绿色建设理念技术以及植物种类。

二、园林绿化施工方法

（一）场地平整与细平整

在施工前，先了解施工场内地下管线的情况。按照设计要求，确定标高。考虑到植物种植后排水通畅的需要，以及美观效果上的要求，土方向绿化带纵向中心线的方向渐高，形成中央略高，四周稍低的馒头状地形，为植物生长提供高燥的立地条件。根据地下管线的情况，采取必要的土方置换或换土，并逐步平整，这样可使各块场地的土方充分沉降，减少今后积水情况的发生频率。一般应使整体部分压实度达到80%以上（除表层外），且不允许含有块径超过10cm的石块。

在种植或播种前，对该种植地区的土壤理化性进行化验分析，以采取相应的消毒、施肥等措施。如需改良，在种植穴及周围要采用拌和山泥、营养土和有机肥的方法，降低pH值。土壤要求疏松湿润，排水良好pH值5 ~ 7，增加土壤肥力，确保成活率。园林植物生长所必需的最低种植土层厚度应符合草本花卉30cm；草坪地被30cm；小灌木45cm；大灌木60cm；浅根乔木90cm；深根乔木150cm。对草坪种植地、花坛种植地、播种地应施足基肥，翻耕25—30cm，搂平耙细，祛除杂物，平整度和坡度符合设计要求。

（二）种植施工放线

施工放线的方法多种多样，可根据具体情况灵活采用，现介绍两种常用的放线方法。

1. 规则式绿地、连续或重复图案绿地的放线

图案简单的规则式绿地，根据设计图纸直接用皮尺量好实际距离，并用灰线做出明显标记即可；图案整齐线条规则的小块模纹绿地，其要求图案线条要准确无误，故放线时要

求极为严格，可用较粗的铁丝、铅线按设计图案的式样编好图案轮廓模型，图案较大时可分为几节组装。检查无误后，在绿地上轻轻压出清楚的线条痕迹轮廓，有些绿地的图案是连续和重复布置的，为保证图案的准确性、连续性，可用较厚的纸板或围帐布、大帆布等（不用时可卷起来便于携带运输），按设计图剪好图案模型，线条处留 5cm 左右宽度，便于撒灰线，放完一段再放一段这样可以连续地撒放出来。

2. 自然式配置的乔灌木放线法

自然式树木种植方式，不外乎有两种：一为单株的孤植树，多在设计图上有单株的位置：另有一种是群植，图上只标出范围而未确定株位的株丛、片林，其定点放线方法一般为：

（1）直角坐标放线

这种方法适合于基线与辅线是直角关系的场地，在设计图上按一定比例画出方格，现场与这对应画出方格网，在图上量出某方格的纵横坐标、尺寸，再按此位置用皮尺量在现场相对应的方格内。

（2）仪器测放法

适用于范围较大，测量基点准确的绿地，可以利用经纬仪或板仪放线。当主要种植区的内角不是直角时，可以利用经纬仪放线。当主要种植区的内角不是直角时，可以利用经纬仪进行此种植区边界的放线，用经纬仪进行此种植区边界的放线，用经纬仪放线需用皮尺钢尺或测绳进行距离丈量。平板仪放线也叫图解法放线，但必须注意在放线时随时检查图板的方向，以免图板的方向发生变化出现误差过大。

（三）苗木准备

选苗应选符合设计图纸中的苗木品种树形、规格外，要注意选择长势健旺，无病虫害，无机械损伤，树形端正，根须发达的苗木，对于大规格的乔、灌木、最好选择经过断根移栽的树木，这样苗木易成活。

起苗时间最好和栽植时间能紧密配合，做到随起随栽，为了便于挖掘，起苗前 1~3 天可适当多浇水，使泥土松软，便于挖掘。土球可根据施工方便而挖成圆形、半球形，先以树干为中心，5 倍树干胸径为半径画出一个圆，于圆外用铲绕树起苗，垂直挖下至一定深度，切断侧根后，从一边加深，找深层粗根，加以切断，但应注意保证土球完好，并用草绳打紧，不能松脱，底不漏土，苗木根系保护完好。

苗木装卸时应小心轻放，不损伤苗木。小苗堆放不宜太厚，以防发热伤苗，对大树的运输，用采用吊装，移植大树在装运过程中，应将树冠捆拢，并应固定树干，防止损伤树皮，不得损坏土球，操作中注意安全。

大树移植卸车时，应将主要观赏面安排适当，土球应直接另放种植穴内，拆除包装，分层填土夯实。应尽量做到随起随运、随栽，以保证苗木的成活率，若因故不能当天栽完，应将苗木分散假植，假植前先开挖假植沟，深度以能埋住树木根系为度，放入苗木后覆土，踩实，并应浇水，遮阴养护。

（四）苗木栽植

种植前应进行苗木根系修剪，宜将劈裂根、病虫根、过长根剪除，并对树冠进行修剪，保持地上地下平衡。土球的乔木栽植时，种植穴底部要踏平，裸根的，种植穴底部要将土填成锥形。

填土时要分层压实，最好用锄把捣实，不留空隙，注意观赏面的朝向。种植带土球树木时，不易腐烂的包装物必须拆除。浇定根水苗木栽植后 24h 内必须浇定根水，且要浇透。以后应根据当地情况及时补水，北方地区种植后浇水不少于 3 遍。黏性土壤，宜适量浇水；根系不发达树种，浇水量宜较多；肉质根系树种，浇水量宜少。

固定支撑 5cm 以上的乔木应设支柱固定，固定物应整齐美观。平面位置和高度必须符合设计要求。树身上、下应垂直。如果树干有弯曲，其弯向应朝当地主风向。灌水堰筑完后，将捆拢树冠的草绳解开取下，使枝条舒展。

苗木栽植要特别重视以下两点：

1. 标杆树及行距设置

在对行列式树木进行栽植之前应该要设置好标杆树。其具体的方式：先栽植好 1 株标杆树，再将其作为瞄准的依据进行全面的栽植工作。在对绿篱进行栽植的过程中需要注意行距的设置。树形中较为丰满的一侧应该一致向外，按照苗木的高度以及树干的大小等进行均匀地搭配。在苗圃内经过了修剪之后的绿篱在栽植的过程中需要根据设计的造型进行栽植，深浅度要统一。在对绿篱进行块状栽植时应从中心开始向外逐步按照顺序进行。在坡式栽植时需要从上到下逐步进行栽植。对于一些较为大型的块植或者颜色较多时需要分区栽植。

2. 栽植深度控制

对于裸根乔木苗来说，栽植的深度应该距离原根茎土的痕深 5—10cm。对于灌木，栽植的深度应该与原来的土根齐平。竹类可以比原本种植的深度深 5—10cm。带土球苗木栽植的深度应该比土球的顶部深 2—3cm。带土球的树木栽植的过程中应该将不易腐烂的包装物拆除，以避免树木遭受污染。在树木栽植以及灌水堰修筑完成之后，应该解开树木树冠处的草绳让其舒展生长。一些珍贵的树木栽植之后应该对树冠进行喷雾，还可采取对树干进行保湿作业以及对树干喷一些生根激素等措施。

三、园林绿化施工存在问题及解决策略

（一）园林绿化工程特点

1. 以建立生态型宜居环境为目标

为了解防止自然环境进一步恶化，形成人与自然、人与环境的协调发展，实现生态的

可持续，人们只有不断改善居住条件和环境，才能使人与自然更加和谐，形成良好的关系，那么人类只有通过对环境的改善，才能进一步实现这一目标，园林绿化工程就是以保护自然环境、协调人与自然的关系为目的的产业。特别是经济发展，人类环境受到严重破坏和污染的情况下，人们更加需要良好的环境，最后形成自然资源、生态环境、人类经济等的协调进步。

2. 以艺术性思想为指导

园林绿化工程是为人们生活增添美观的，所以在进行工程设计施工时，一定要充分考虑到以塑造美景效果为目的，通过园林艺术，让人们感受到自然的美。在进行园林绿化时，作品一定要体现出美观大方的形态，讲究艺术性、美观性、协调性，特别是在对各类街头小品、小区景观、植物配置等方面要讲究艺术搭配，使景观呈现生命力，还要重点突出艺术感觉。

设计是一方面，而在实际施工中，还要根据当地现场情况，由工程技术人员不断发挥想象力、创造力，在施工时，不断改进施工技术，以美观为前提，进行工程景观最佳境界和理念的制作。

（二）城市园林工程绿化植物施工技术中存在的问题

1. 施工初期

园林工程施工涉及多部门、多单位，这需要施工单位与其他部门做好沟通工作，从而保证工程能够顺利进行。但大部分施工单位没有注意到部门沟通、协调各单位等工作的重要性，从而影响了施工进度。园林工程施工过程中，若没有结合当地水文条件、气候特点、植物生物学特点以及居民意愿等方面因素，盲目跟随其他工程及国外时间。过于重视人工造景，忽略对生态环境的保护，可能导致生态平衡的破坏。

2. 施工过程

在城市园林工程施工过程中，施工单位没有充分认识到工程建设目的，没有将设计者的设计理念及思维表现出来，从而导致园林工程的建设偏离了预期目标。且由于施工单位的专业素质较低，多数施工人员未经过系统的培训及专业教育，且又因自身文化水平限制，技术水平较低、专业素质不高，导致施工工程延后。此外，园林工程施工仍采取传统的管理方法，管理效率低，没有制定科学、完善的施工计划书，无法进行有效的工程质量控制。部分城市绿地结构单一，只有草地没有树木，影响了生物多样性；且植物景观在季节中的表现，无法实现季季有花，容易造成居民的审美疲劳。再加上政府投入资金的限制，城市园林工程绿化植物施工中多选取经济效益高、容易养护的植物，对美化城市功能造成一定的影响。

3. 施工后期

施工后期最要是对工程质量进行检查，但目前施工单位以及质量监测部门缺乏一套完整、统一的工程质量监督及质检体系。园林工程是一项系统工程，其主要由多个施工单位共同完成，无法对施工质量进行有效控制，当工程出现重大损失时也很难进行索赔。质量监督部门在施工过程中由于监管力度不严，没有重视施工过程中的定期检查、抽查工作，竣工时期的质量检查更是缺乏统一的标准。

（三）提高城市园林工程绿化植物施工技术的相关措施

1. 做好施工过程中的植物保护和储存

植物保护与储存是一项重要工作，对施工经济效益具有重要影响，需要由专业人员对园林植物按照相关标准和要求进行起苗和包装，在包装过程中要重视保护植物根茎，避免对植物主根造成严重损伤，同时还要保证根部的湿润状态，避免由于温度过高或过低造成的损伤。保存是尽量将植物放置在阴凉、潮湿的地方，也可以进行假植，减少植物死亡率。

2. 施工现场土壤处理

不同地区的地质环境不同，土壤是植物生长的重要影响因素，需要做好施工区域的土壤检测工作，除了检测土壤的营养成分外，还需要对土壤 pH 值进行检测，尤其对土壤客土质量、施入量、翻挖深度、地形平坦度、基肥的结构进行重点监测，才能够提高植物存活率。

3. 提高园林工程管理意识

园林工程管理层领导需要立于提高园林工程施工质量的基础上，正确认识园林工程技术管理工作对园林工程施工的积极影响，将其作为园林工程管理的重要内容，加大其管理力度，并创建独立的园林工程技术管理部门，并且不定时抽查部门的工作情况，通过加大监督、指导以及抽查的方式来提高园林工程管理工作水平，并建立相应的考核机制，通过设定相关工作标准以及指标，对园林工程技术管理质量进行定时定量的考核，通过技术管理制度的完善，实现技术管理制度化、合理化以及科学化发展。

4. 完善技术管理基础设施以及提高管理队伍素质建设

要不断完善园林工程技术管理的各种基础建设，构建比较全面的技术管理系统，并定期对其中的设备进行维护和更新，保障其对于技术管理的作用，同时定时对技术管理设备进行检查，并保证技术管理与养护工作能够有序开展，同时需要适当调整对技术管理的经费投入，例如添加养护设备的购入，加强绿化植物的养护。由于技术管理需要人工进行管理与记录的，并且园林工程技术管理具有专业性、难度大以及工作量大等特征，因此，在园林工程技术管理人员需要选择职业道德素质高、专业能力强以及工作态度认真、负责的员工，并不断加强对管理人员的思想道德培养以及专业技能培训，组织员工进行新型技术的学习，从而达到提高园林工程技术管理质量的效果。

四、城市园林坡面绿化施工

（一）园林工程中坡面绿化的重要作用

随着社会经济和城市建设的快速发展，园林绿化工程也在不断地发展，对于城市生态环境的建设起到重要作用。现代园林工程的建设除了要做到最基本的绿化城市环境的作用，还要契合城市经济发展和社会发展的需求。在园林工程中强调坡面绿化是因为坡面植被受到雨水等自然侵蚀力的影响最大，植被的稳定性最差。所以在园林工程中加强对坡面植被的建设，主要目的就是要加强坡面植被的稳定性，促进植被稳定生长，保证坡面绿化的稳定性，进而促进整个城市绿化工程的发展，进一步推进城市经济建设的可持续发展。园林工程中的坡面绿化的重要作用主要有以下几个方面：

1.平衡和改善区域内的生态环境

加强坡面绿化能够保证植被的稳定性，这样就使得小范围内的生态环境稳定平衡，使得植物和谐发展，这样不仅能够起到美化环境、促进生态平衡的作用，还能够吸收汽车尾气、吸收二氧化碳、释放氧气的作用。

2.保持区域内水土环境的稳定，防止水土流失现象的出现

加强园林工程中的坡面绿化，就会在小范围内构建出一个庞大的植物群落，也就会有一个庞大的、复杂的根系网络。这个根系网络使得坡面土壤的黏合力大大提升，固土能力也就得到提升，减少土壤流失。同时，植被的种植也使得区域内水流流速减缓，保水护水，减少水资源的流失。

3.保护坡面堤岸的稳定

坡地由于自然环境适宜，水资源丰富，所以生存着许多蟹类生物，这些动物筑巢打洞的行动会使得坡岸损坏；同时潮汐也会侵蚀坡岸。但是进行坡面绿化就会有效保护坡面堤岸的稳定。

（二）坡面绿化的主要技术和施工要点

现在很多城市对于坡面绿化工作都投以了足够的重视，坡面绿化技术也在不断发展和成熟，逐渐形成了科学的体系。在园林工程工作过程中，一定要根据工作的实际需求和环境的特殊性来选择合适的技术方法，这样才能保证坡面绿化的稳定和有效。目前园林工程中主要的技术方法和施工要点有：

1.连续拱骨架技术

连续拱骨架技术原本主要是应用在建筑施工过程中的，但是现在这项技术渐渐也主要运用在坡面绿化中了。这种技术主要就是在坡面上装置钢筋模板，然后再利用水泥来进行

灌注，这样能够保证坡面的稳定，减少水土流失，也就促进了坡面植被的生长。这种连续拱骨架技术主要应用在坡面不稳定、土质松软的地方。这种技术的主要施工要点是：

（1）为了保证工程的质量和美观，工程中护脚要使用面石，表面一定要仔细修整，确保石块与石块紧密咬合，砂浆饱满，绝对不能干砌。

（2）砂浆的搅拌不能使用人工，而是一定要使用搅拌机来搅拌。堆放拌和好的砂浆不能直接堆放在地上，而是要使用铁皮等进行隔离。砂浆一定要随搅随用，不能将堆放时间过长的砂浆用于实际生产当中，做好实验块的制作和保养工作。

（3）要改善土壤的酸碱度和肥力，就一定要调查好当地的土壤酸碱度、肥力、水利水文情况、土质特点等情况，然后根据实际情况进行试验配比，以达到最好的效果。

2. 三维植被网技术

三维植被网技术主要是一种网包技术，能够将坡面上种植的植被都包围在网包之中。这样的植被网自身具有高强度的双向拉伸性，能够保证土壤稳固，也能阻挡恶劣天气对植被的侵害。

三维植被网技术的主要作用有：降低坡面雨水、河流的流速，保持土壤、草籽的稳固，减少水土流失。

三维植被网能促进坡面植被的快速生长，也能够促进植物根系的固定。这样的技术目前在坡面绿化工作中得到了广泛的应用，这主要是因为：

（1）这种技术对于减少水土流失，增强坡面稳定性和景观装饰有着重要作用。

（2）这种技术的操作过程十分简便，施工速度快，同时成本比连续拱骨架技术要低很多，经济效益更高。三维植被网技术的主要流程是：对于坡面场地的处理→安装护网→进行固定→填土→播散草籽→遮盖无纺布→维护保养。

这个技术的施工要点在进行施工之前一定要进行坡面场地的处理工作，保证坡面的平整。

1）在施工过程当中，一定要注意开挖沟槽和刷坡的长度一次不要太长，这样才能防止雨水、风沙对于坡面的侵害。

2）在施工过程中，一定要严格按照图纸和规范进行，保证植物和坡面的紧密贴合，保证植被网的平整，对于植被网之间的重叠部分也要严格遵照规范进行。

3）在装置植物网之后，用竹钉或者钢筋进行固定，将植被网埋在沟槽中，进行回填。在固定好之后，将薄薄的一层细碎、肥沃、酸碱度适中的土壤打入薄网之中。

4）在进行好一系列的工程之后，一定要做好之后的维护保养工作，定期进行浇水、施肥、除草这些工作。

结　语

在我国现代城市建设规划和设计中，市政给排水系统是一项基础性建设。市政给排水工程是保障城市经济发展建设和居民日常生活需求的基础设施，给排水系统的科学规划与建设也日趋成为完善城市基础性建设的重要标志之一。因此，市政给排水工程施工质量的管理与控制工作至关重要，其不好把握的因素在于：影响现场施工质量的因素非常多，质量管理与控制是否严格，直接影响到城市给排水整体功用的发挥，且对于城市能否走可持续发展道路具有十分重要的作用和意义。

因此，必须在给排水工程施工的前期做好规划，在市政给排水工程施工管理中，建设单位、设计单位、施工单位、监督单位首先要树立认真负责的工作态度和严谨的作风，只有在加强对于每一具体环节的质量管理与控制的基础上，才能有效防治市政给排水工程中各种常见的问题，才能建设一个良好的城市人居环境。

参考文献

[1] 李红艳，许洪建，倪建华主编 . 市政道路与给排水工程设计 [M]. 海口：南方出版社，2018.11.

[2] 单位上海市城市建设设计研究总院主编 . 市政给排水信息模型应用标准 [M]. 上海：同济大学出版社，2016.10.

[3] 二级建造师执业资格考试命题研究组编 . 市政公用工程管理与实务 [M]. 成都：电子科技大学出版社，2017.09.

[4] 黄敬文，马建锋主编 . 城市给排水工程 [M]. 郑州：黄河水利出版社，2008.08.

[5] 崔福义，彭永臻，南军编著 . 给排水工程仪表与控制第 2 版 [M]. 北京：中国建筑工业出版社，2006.06.

[6] 李梦希著 . 城市道路建设问题研究 [M]. 北京：九州出版社，2018.06.

[7] 王东升主编 . 市政工程土建综合安全生产技术 [M]. 青岛：中国海洋大学出版社，2016.04.

[8] 王替著 . 市政道路工程 [M]. 成都：西南交通大学出版社，2017.09.

[9] 徐敏生主编 . 市政 BIM 理论与实践 [M]. 上海：同济大学出版社，2016.09.

[10] 刘灿生主编 . 给水排水工程施工手册 [M]. 北京：中国建筑工业出版社，2002.

[11] 赵金辉主编 . 给排水科学与工程实验技术 [M]. 南京：东南大学出版社，2017.02.

[12] 王利平编著 . 给排水工程概预算与技术经济评价 [M]. 北京：中国建材工业出版社，2014.10.

[13] 陈亚萍主编 . 乡镇给排水技术 [M]. 北京：中国水利水电出版社，2016.12.

[14] 王怀宇主编 . 环境工程给排水技术 [M]. 北京：科学出版社，2010.07.

[15] 本书编委会编著 . 市政给排水施工员一本通 [M]. 北京：中国建材工业出版社，2010.05.

[16] 瞿义勇主编 . 市政给排水施工员入门与提高 [M]. 长沙：湖南大学出版社，2011.01.

[17] 李杨主编 . 市政给排水工程施工 [M]. 北京：中国水利水电出版社，2010.03.

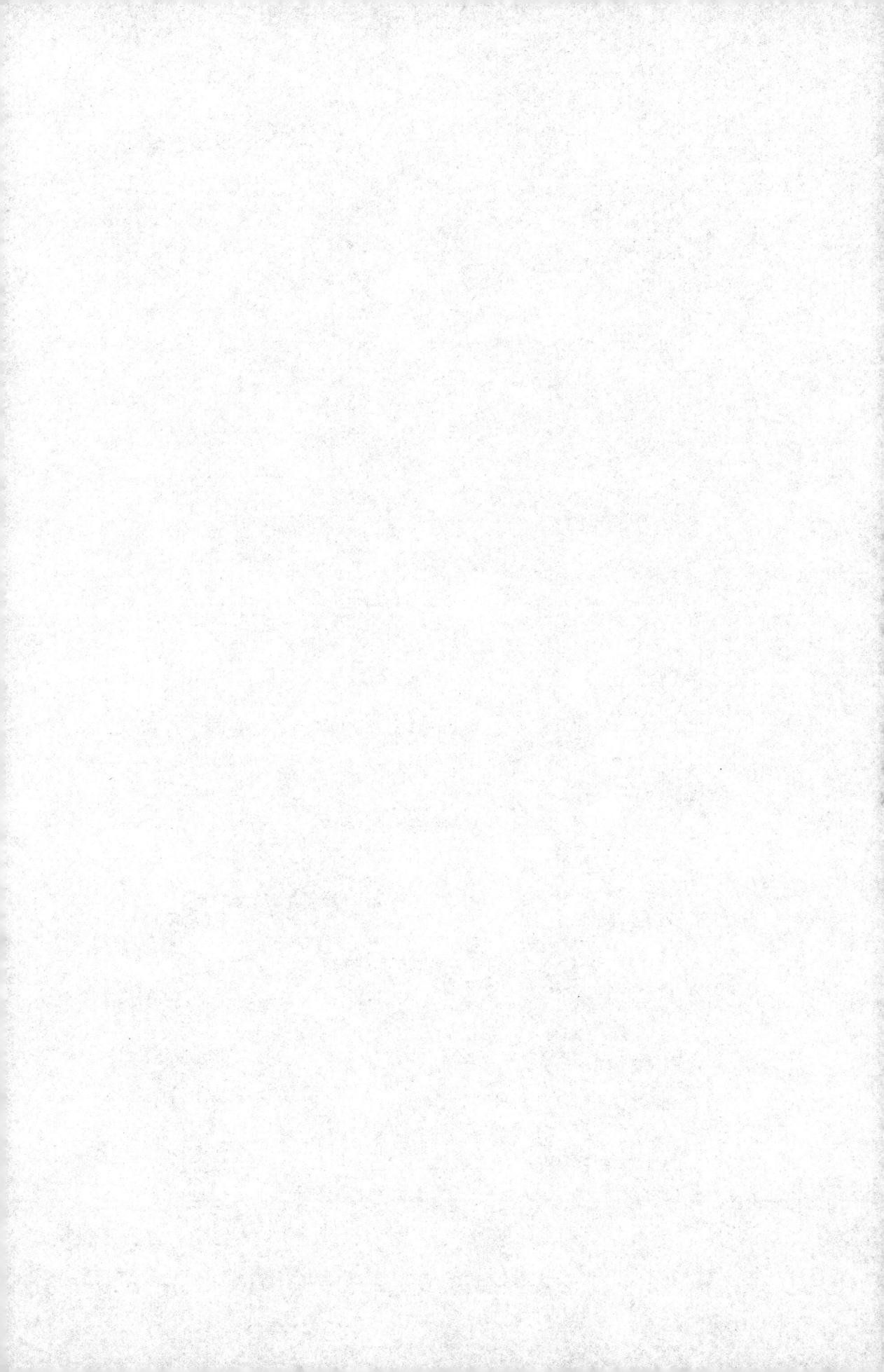